MARTINHO DA VIDA

MARTINHO DA VIDA

MARTINHO DA VILA

 Planeta

Copyright © Martinho da Vila, 2024
Copyright © Editora Planeta do Brasil, 2024
Todos os direitos reservados.

Preparação: Wélida Muniz
Revisão: Fernanda Guerriero Antunes e Caroline Silva
Diagramação: Negrito Produção Editorial
Capa: Fabio Oliveira
Ilustração de capa: Ilustrablack / OIO, agência de ilustração

CIP-BRASIL. CATALOGAÇÃO NA PUBLICAÇÃO
ANGÉLICA ILACQUA CRB-8/7057

Martinho da Vila, 1938-
    Martinho da Vida / Martinho da Vila. – São Paulo : Planeta do Brasil, 2024.
    320 p.

    ISBN: 978-85-422-2598-3

    1. Martinho, da Vila, 1938 – Memória autobiográfica. 2. Compositores – Brasil – Autobiografia. 3. Cantores – Brasil – Autobiografia. I. Título.

24-0137   CDD 927.8164

Índice para catálogo sistemático:
1. Martinho da Vila, 1938 – Memória autobiográfica

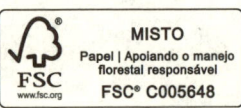 Ao escolher este livro, você está apoiando o manejo responsável das florestas do mundo

2024
Todos os direitos desta edição reservados à
Editora Planeta do Brasil Ltda.
Rua Bela Cintra, 986, 4º andar – Consolação
São Paulo – SP – 01415-002
www.planetadelivros.com.br
faleconosco@editoraplaneta.com.br

DEDICATÓRIA

Aos meus filhos, netos e bisnetos; aos jovens da minha origem; aos meus incansáveis produtores, Celso Luís e Fernando Sant'Ana (quem teve a ótima ideia do título deste livro); às minhas competentes assessoras, Lizyiane Carneiro e Márcia Madela; à doutora Lídia Costa, minha sócia na ZFM Produções e Edições; aos componentes da Escola de Samba Unidos de Vila Isabel e aos torcedores apaixonados pelo Vasco da Gama, com seu histórico estádio São Januário, onde o Presidente Getúlio Vargas, em 1936, instituiu o *salário mínimo* e anunciou a criação da Justiça do Trabalho; tendo sido também o estádio que, no Carnaval de 1945, foi o palco dos desfiles das escolas de samba.

SUMÁRIO

Dedicatória 5
Prólogo 9

1. Sonho que se sonha só junto 11
2. Isso não existe na cidade 15
3. Trabalho de brincador 35
4. A minha Vila é a Isabel 55
5. Não faço mal a ninguém 65
6. Canto livre 79
7. Pra fazer um Carnaval 113
8. A pura raiz do samba 133
9. Duas cidades 183
10. Um passarinho me disse 213
11. Burgueses são vocês 245
12. O país do futuro 257
13. O grande ideal do sonhador 265

Posfácio 275
Observação 279
Agradecimento 281
Na trilha da vida 283
Notas 307

PRÓLOGO

Alô, você que está com este livro em mãos, lançado pela Editora Planeta, você que foi atraído pela arte gráfica da capa, que leu o texto de contracapa e, agora, está indeciso se o compra ou não.

Adianto que esta é uma obra autobiográfica, mas escrita como se fosse ficção, em que o autor conversa consigo mesmo e relembra passagens importantes da própria vida, jamais reveladas nas inúmeras entrevistas que deu durante sua longa carreira artística. Se você é amigo dele, ou apenas conhecido, e já o viu atuando nos palcos da vida e em programas de televisão, pode ser que seu nome esteja citado em algum capítulo. As referências mais constantes são relativas a Duas Barras, sua cidade natal; à Unidos de Vila Isabel, sua escola de samba; e aos seus familiares.

O conteúdo é repleto de letras de músicas que você talvez conheça, mas é recomendável lê-las como se estivesse declamando uma poesia. Em vários momentos, é certo que você vai se divertir e sorrir. São hilárias as histórias da queda do cavalo, do sonho do Zé Ferreira de estar jogando no Vasco da Gama do tempo do Ademir Queixada, e da surra que a mãe lhe deu ao voltar para casa depois de uma fuga. A escrita não é rebuscada, os personagens usam muito a linguagem coloquial, mas há termos não usuais e haverá necessidade, talvez, de consultar o dicionário, ou "pedir ajuda aos universitários".

Esta obra foi elaborada pelo escritor Martinho José Ferreira – em artes, Martinho da Vila –, em tempo da pandemia do coronavírus, um período triste em que as pessoas se recolhiam, só saíam de casa se fosse por extrema necessidade e não se abraçavam nem se cumprimentavam enlaçando as mãos. Apesar dos pesares do tempo da pandemia, das precauções, o então mascarado autor compôs a música "Era de aquarius", gravada em clipe com o rapper Djonga, e interpretou, com a cantora Teresa Cristina, o samba crítico "Unidos e misturados". Ele permanece de bem com a vida, e a alegria está sempre presente no seu largo sorriso.

Zé Ferreira
Escritor

CAPÍTULO 1

Sonho que se sonha só junto

Ao despertar de um sono solto em um hotel cinco estrelas de São Paulo, mirou-se no espelho e falou aos seus ouvidos:

— Impressionante! Como você conseguiu chegar até aqui? Para um negro galgar os degraus da escala social, a subida é difícil.

— Eu tenho uma boa estrela, me dediquei à música e me dei bem. E você, que é de origem humilde como eu?

— Meu destino eu moldei, qualquer um pode moldar. Deixo o mundo me rumar para onde eu quero ir. Dor passada não me dói e não curto nostalgia. Só quero o que preciso pra viver meu dia a dia. Pra que reclamar de algo que não mereço? A minha razão é a fé que me guia. Nenhuma inveja me causa tropeço, creio em Deus e na Virgem Maria. Encaro sem medo os problemas da vida, não fico sentado de pernas pro ar. Não há contratempo sem uma saída pra quem leva a vida devagar. Que os supérfluos nunca nos faltem, nem o básico para quem tem carestia. Não quero mais do que eu necessito pra transmitir minha alegria.

Hospedado no 19º andar do confortável hotel, abro as cortinas da janela e vejo um imenso e redondo sol vermelho além dos edifícios, como se acima de uma serra, coisa rara no Planalto Paulista. Emocionado, elevo o pensamento a Deus e mando mensagens positivas para os meus familiares, amigos, pessoas conhecidas, para aqueles que trabalham comigo, e as assessoras que colaboram com meus ofícios e me incentivam. Vou mentalizando nomes que vêm a minha cabeça sem desviar o olhar do astro-rei, estrela de quinta grandeza, como afirmam os cientistas, e sinto-me numa posição invejável. Não se deve desejar mal a ninguém, nem aos invejosos, mas vibro ao vê-los padecer com a própria inveja.

Em causa própria, pedi ao Criador do Universo que realize os meus sonhos justos e, antes de o Sol se esconder, agradeci a Deus, Olorum dos candomblecistas e Zambi para os fiéis da Umbanda, por estar vivendo esses momentos e ter olhos sensíveis para admirar os fenômenos da natureza divina.

Anoiteceu, peguei o livro que estava pelo meio, o *Quincas Borba*,[1] do Machado de Assis, recomecei a ler e não consegui parar. Ao terminar, fiquei com a boa sensação que sinto sempre ao chegar ao ponto final de um livro. Falei comigo mesmo, exclamando em voz alta:

— Machado é o maior escritor brasileiro, quiçá do mundo! A sua obra *Memórias póstumas de Brás Cubas*[2] é fantasiosa e poética como quase todos os seus livros, plenos de citações reflexivas.

É julho do ano de 2016. Estou em São Paulo para participar de uma reunião com o Magnífico José Vicente, reitor da Universidade Zumbi dos Palmares, e combinar a minha participação na FLINK Sampa 2017 – 5ª Festa do Conhecimento, Literatura e Cultura Negra. (No ano anterior, eu tive a honra de ser o escritor convidado pelo curador daquela feira literária, Tom Farias, e fui homenageado na Noite do Troféu Raça Negra, evento anual da Unipalmares.)

Em um apartamento no mesmo andar do hotel em que fiquei, quase defronte ao meu, estava meu filho, o Preto. Me lembro de que, quando foi registrado com o belo nome, alguns parentes negros retesaram a face, e os brancos da família sorriram.

Naquele dia em São Paulo, o Preto bateu na minha porta convidando-me para dar uma volta pelos arredores e, depois, jantar. Achei que era uma boa ideia dar um giro naquele belo fim de tarde. Resolvi tomar uma ducha, ele também foi se banhar, demoramos a nos aprontar, anoiteceu e decidimos não sair. Jantamos em um dos restaurantes do hotel; de entrada, pedimos sopa de cebola. A comidinha estava bem apetitosa; o vinho branco, decente. De sobremesa, um pudim de leite para dois, com duas colheres. Satisfeitos, fomos pitar na porta do hotel, em noite sem vento nem garoa e não muito fria.

Eu fumo que nem tabagistas de charutos, sem tragar. Fumar não é uma boa. O tabaco irrita a garganta e empretece os pulmões. O ideal é não fumar o cigarro inteiro, só dar umas pitadinhas, apagar e guardar a guimba dentro do maço. Assim dá para fumar o mesmo cigarro várias vezes. Passei esse hábito para o Preto, mas ele voltou aos tragos profundos.

Estávamos fumando longe do porteiro uniformizado, com casaca e cartola, um homem bonito. Mantivemos distância dele para não o importunar com a fumaça. Uma senhora que chegava, do tipo das adeptas à seita Tradição, Família e Propriedade, olhou-nos com cara de nojo e repugnância. O pessoal da TFP via os fumantes como perigosos inimigos da humanidade, e nos fitava de maneira repressiva. E não era maconha, benéfica para uns e maléfica para outros. A maneira como a velhota nos mirou parecia a dos conservadores do passado, que olhavam para um leitor do *Pasquim* julgando-o um subversivo da ordem estabelecida. Lembrei-me da ditadura militar, que cassava os políticos de esquerda, e me senti desconfortável, com a sensação de estar sendo reprimido, como foram no passado os militantes que eram partidários do socialismo.

Comecei a fumar aos quatro anos de idade. Isso mesmo, na primeira infância. Explico: na roça, nos primeiros anos de vida, eu engatinhava no terreiro de chão batido, e peguei a mania de comer terra. No interior, há muitas crianças que têm essa mania. Nas metrópoles, não, porque o solo está todo cimentado ou coberto por asfalto. Há pessoas que nunca puseram os pés na terra; no máximo, pisaram em areia de praia. Quando pequenino, minha mãe, Tereza de Jesus, ralhava comigo ao me ver comendo terra, e a vovó Procópia, mãe do meu pai, Josué Ferreira, disse para ela que, quando me pegasse saboreando terra, botasse um cigarro na minha boca, pois assim, sempre que me desse vontade de comer terra, eu me lembraria do gosto do cigarro e não comeria.

O problema é que gostei do sabor do fumo e, sempre que via alguém pitando, queria também. Se não me dessem, eu chorava e, para interromper o choro, deixavam-me dar uma pitadinha. Assim, por volta dos quatro anos, fui iniciado no tabagismo. Hoje, sou viciado, mas não compulsivo, consumo poucos cigarros por dia. Nos maços, obrigatoriamente, consta: *Este produto causa câncer*. Em mim, não, porque pito sem tragar. Um cafezinho e um cigarrinho após o jantar me dão um grande prazer. Tudo que é gostoso faz mal ou engorda, com exceção da prática sexual, um exercício saudável que queima as gorduras e diminui as tensões.

Epa! Onde é que eu estava mesmo? Ah! Lembrei. Falava de uma senhora que, com sua feia expressão facial, censurava a mim e ao meu filho por estarmos fumando. De volta ao quarto, vi umas bobagens em um canal de televisão, passei para outros e parei em um com a reportagem sobre uma adolescente que sobreviveu a um acidente de carro e ficou órfã. Faleceu toda a família. Fiquei triste ao pensar na morte deles, e me senti mal. Chamei o Preto e pedi que ele me ministrasse um johrei. Preto é messiânico, e johrei é uma oração silenciosa. No hotel, o meu quarto estava com muita luz; diminuí a iluminação e me deitei. O Preto sentou-se em uma cadeira próxima e, com uma das mãos sobre o peito e a palma da outra levantada em direção ao meu corpo, cerrou os olhos. Em silêncio total, pensei no Espírito Santo, baixei as pálpebras e imaginei uma onda de luz convergindo para o meu corpo. Ficamos imóveis não sei por quanto tempo; adormeci e só despertei na manhã seguinte, feliz.

CAPÍTULO 2
Isso não existe na cidade

Messianismo é uma prática religiosa, baseada em culturas antigas, que consiste na crença da vinda de um Messias divino, capaz de reorganizar e restabelecer a ordem econômica e social, além de promover o entendimento entre as pessoas de todo o planeta. Durante o sono após a sessão messiânica, sonhei que via a luz invisível baixar no cérebro dos compositores e que havia uma auréola sobre a cabeça de um musicista conhecido como Da Vila. No sonho sonhado, a luz se personificou, transformando-se em uma bela jovem, diferente do padrão de beleza universal. A luz, agora uma pessoa, era amiga íntima do compositor. No devaneio, eu me aproximei do artista, portando uma máquina fotográfica, com a intenção de fazer uma *selfie*. A senhorita Luz, também minha conhecida, se antecipou:

— Seja bem-vindo!

E nos apresentou, dizendo:

— Da Vila, este aqui é o sr. Ferreira, escritor que já foi militar e é seu fã.

— Já o conheço. Éramos amigos da Édina, arrendatária de uma cantina no antigo Ministério do Exército, onde você almoçava. Lembra-se?

— Claro. Uma boa lembrança que tenho de você é a da sua primeira apresentação na TV, no Terceiro Festival da MPB, em São Paulo. Eu estava lá. Se a sua "Menina moça" tivesse sido classificada para a finalíssima, como queria a maioria da plateia do incendiado Teatro Paramount, não teria havido aquela cena dantesca do Sérgio Ricardo quebrando o seu violão.

A jovem, imóvel, permaneceu calada, até se afastar devagar e, sem se despedir, levitou.

As boas energias do johrei me fizeram bem e, em estado de graça, semiacordado, fiquei elucubrando com a continuação da nossa conversa:

— Como ela disse, eu sou seu fã, ou melhor, fanático. Se alguém fala alguma inverdade sobre você, eu reajo. Pode me considerar o seu maior amigo.

— E eu sou seu admirador, conte com a minha amizade, nascida ao ler uma biografia sua. Gostaria de saber mais sobre a sua vida. Estive em Duas Barras, cidade pequenina, tranquila e hospitaleira; está muito diferente?

— Não a conheci no passado, saí de lá muito pequeno. Meu pai, desiludido com a vida de meeiro, resolveu se aventurar no Rio de Janeiro. Ficou uns dias hospedado na casa do seu compadre Bertoldo, arranjou emprego em uma fundição, alugou um barraco na Serra dos Pretos-Forros, na Boca do Mato, e trouxe a família: Mãe Tereza, as filhas Elza, Deuzina, Nélia, Maria José, e eu. Não tenho lembranças de nada da minha primeira infância em Duas Barras, mas, de tanto ouvir falar, quando voltei lá, já adulto, tive a impressão de que tudo me era familiar. Daquele tempo para o de hoje, obviamente cresceu, mas mudou muito pouco. Mantém a calma e a hospitalidade. É o município mais tranquilo do estado do Rio de Janeiro.

— Você se referiu a meeiro, o que significa?

— É a função de um trabalhador rural que arrenda um pedaço de terra de algum proprietário para plantar, e lhe paga com a metade da colheita. Lá, o seu Josué era um lavrador incomum, não tinha patrão. Arrendava terras para cultivar, gozava de bom conceito entre os fazendeiros, alguns analfabetos, e, como sabia ler e escrever com boa caligrafia, era solicitado para fazer anotações de produção de algumas pequenas fazendas, das quais era uma espécie de guarda-livros. Alfabetizou os filhos de alguns fazendeiros, que o chamavam de Professor.

Há um samba, ainda inédito e um pouco melancólico, que parece ter sido inspirado na vida dele na roça:

> Acordava com o canto dos passarinhos,
> Ia para o trabalho vendo a aurora raiar.
> Respirava um ar puro, bem fresquinho,
> Descansava sob árvore frondosa quando o astro-rei estava a brilhar.
> Vinha a noite, a escuridão fazia medo,
> Mas a lua parecia nascer mais cedo.
> Dormia sobre uma fina esteira,
> Aquecido pelo fulgor da lareira.
> Tinha dias de grandes festas,
> Nas fazendas e casas pequenas.
> Participavam de alegres serestas,
> Sadios rapazes e belas morenas.
> Dançava-se ao som da sanfona enfeitada,
> Do pandeiro e da viola afinada.
> Tudo isso não existe na cidade,
> É lá na roça que se vive de verdade.

— Plenilúnios, crepúsculos e arrebóis na roça devem ser comoventes.

— Muito. Dormíamos antes das dez e despertávamos ao alvorecer. Como não havia luz elétrica, a diversão era passear ao clarão da lua até a sede da fazenda onde, normalmente, éramos convidados pela patroa a entrar, e ela sempre nos oferecia café com broa de milho. Aqui, no Rio, papai era um operário como outro qualquer, nem conheceu o patrão, dono da fábrica forjadora de ferro, a Fundição Americana. Acostumado a trabalhar ao ar livre, sofria com o terrível calor do interior da fundição e, ao ver o ferro derreter nas fornalhas, tinha a impressão de que estava no inferno, palavras dele. Mamãe, que vivia sempre alegre, passou a sorrir pouco. Na roça, ela morava em uma casa pequena, sem luz elétrica, mas de piso cimentado, com banheiro anexo, água corrente da nascente, galinha solta no terreiro... Em noites turvas, viam-se estrelas grandes que pareciam muito próximas. A Mãe dizia para as crianças não apontarem o dedo para elas porque isso causaria verruga. Acreditava que o risco luminoso em céu escuro causado pelo choque de dois meteoritos era uma estrela cadente e que, de imediato, devia-se fazer três pedidos, e um deles seria concretizado.

— Fale-me, por favor, mais um pouquinho da vida na roça.

— Mãe Tereza cultivava uma horta com várias hortaliças, tinha uns porquinhos na pocilga, duas vaquinhas leiteiras e um cavalo que só o pai montava. A Elza cuidava de mim e das manas e alimentava os animais. Mamãe fazia a comida que era levada para o marido e para quem estivesse trabalhando com ele na lavoura. A de que papai mais gostava era angu mole bem temperado com alho e cebola, acrescido de galinha caipira. Eu era criança, só brincava. Nasci no mês do Carnaval, no décimo segundo dia de fevereiro de 1938. Quando alguém quer saber onde fica a minha terra natal, dou a posição geográfica recitando a letra da música "Meu off Rio":[3]

> Nos arredores, Cantagalo, Teresópolis
> Nova Friburgo e Bom Jardim, bem no caminho
> Meu off Rio tem um clima de montanha
> E os bons ares vêm da serra de Petrópolis
> É um lugar especial
> Para quem é sentimental
> E aprecia um gostoso bacalhau
> O galo canta de madrugada
> E a bandinha toca na praça
> Na entrada há um vale
> Que é encantado
> Tem cavalgada, tem procissão
> As cachoeiras principais de lá são duas
> E a barra é limpa porque lá não tem ladrão
> Tomo cachaça com os amigos
> Lá em Cachoeira Alta
> E na Queda do Tadeu, churrasco ao lago
> Pra ir pro Carmo

Tem muita curva
E a preguiça então me faz ficar na praça
Eu nem preciso trancar o carro
A chave fica na ignição
A minha Vila fica meio enciumada
Se eu pego estrada e vou correndo para lá
Se alguém pergunta, eu não digo
Onde fica o tal lugar
Mas canto um samba para quem adivinhar.

A bucólica cidade, durante o dia, parece cenográfica com poucos atores circulando; de noite, não se encontra ninguém na rua por volta das 21 horas. Na Boca do Mato, fomos residir em um barraco de zinco sem piso cimentado, com casinha privada coletiva para várias famílias, iluminada por lamparinas de querosene. Me vem à mente a maviosa voz da Elizeth Cardoso cantando "Barracão", um samba triste:[4]

Vai, barracão
Pendurado no morro
E pedindo socorro
À cidade a teus pés
Vai, barracão,
Tua voz eu escuto.
Não te esqueço um minuto,
Porque sei
Que tu és
Barracão de zinco,
Tradição do meu país.
Barracão de zinco,
Pobretão, infeliz.

— Estranharam a cidade grande e a vida favelada?
— Aos poucos, fomos nos habituando. O lugar era tranquilo; e as pessoas, solidárias. Vendedores ambulantes subiam o morro equilibrando na cabeça grandes cestos, de pão, de verduras... Um mascate

transitava portando grande mala, vendendo roupas, toalhas e tecidos. Algumas vezes, deixava a mala lá em casa e só pegava no outro dia. Pai Josué largou aquele trabalho infernal na Fundição Americana, procurou outro emprego e conseguiu colocação na Fábrica de Papéis Engenho Novo. De início, não sei o que ele fazia, mas logo passou para o serviço externo, buscando material para fabricação e entregando encomendas, de caminhão. Com um salário melhor, alugou outro barraco, mais amplo, em outra parte do morro, geminado ao da tia Genoveva, tendo na frente um terreiro, com um grande pé de carambola. Havia um buraco na parede comum das cozinhas, e sempre que ela fazia café no seu coador de pano nos passava uma caneca pelo buraco.

As condições foram melhorando, e mamãe, ficando feliz: primeiro, foi trocado o fogão de lenha por um a carvão; depois, as lamparinas por lampiões. O chato é que faltava na casa um banheiro interno. Próximo aos barracos, havia um para seis famílias. Cada dona de casa era encarregada de cuidar do reservado por uma semana e guardar a chave. Era desagradável bater na casa das responsáveis semanais, de noite, e pedir para ir ao banheiro. Eu preferia forrar o penico com jornal, fazer a "necessidade dois" e embrulhar. Cocô embrulhado não fede, e de manhã eu saía, disfarçadamente, com o embrulho de merda debaixo do braço e o jogava na lixeira.

— E as noites, como eram?

— Às dezoito horas, todos ficavam em silêncio. Só se ouvia a oração da Ave-Maria dos rádios, cantada, falada ou instrumental. Que energia boa! Depois, à medida que anoitecia, o ar ia ficando pesado. As pessoas faziam suas necessidades em urinóis; ao escurecer, iam entornar na latrina do banheiro coletivo, e o cheiro dos dejetos exalados dos penicos era sufocante. Em noites turvas, para se chegar em casa tinha-se que andar com cuidado, porque o morro não era iluminado. Isso não estranhamos muito, porque estávamos acostumados a viver sem luz elétrica. Lá na roça, também não havia. Só sentíamos saudade das criações que tínhamos no galinheiro, dos porquinhos na pocilga e do leite tirado diretamente das vacas. O pai lamentou bastante não ter podido trazer o seu cavalo.

Com o passar do tempo nos adaptamos e, integrados, vivíamos felizes, principalmente a mamãe, pois foi trocado o fogão de carvão por um a gás de botijão, e ela cozinhava com prazer, como tudo que fazia, inclusive a lavagem de roupas para fora. Porém, ao passá-las, ficava tensa, receosa de queimar alguma peça com fagulhas do ferro a carvão. Ao comprar um ferro elétrico com suas economias, tranquilizou-se. Tenho boas lembranças da minha infância e da adolescência na Serra dos Pretos-Forros.

Eu me sinto bem ao dar um giro pelos lugares onde morei. Em Quintino Bocaiuva, costumo ir à igreja de São Jorge; em Pilares, à de São Benedito; em Vila Isabel, à de Nossa Senhora de Lourdes, mas não gosto de visitar a Boca do Mato, porque está muito diferente. No passado, apesar dos pesares, a alegria imperava: nos meses juninos aconteciam grandes festas no terreirão do seu Bento, no Dia de São Pedro; no de São João, o pai montava uma fogueira no nosso terreirinho; no Dia do Santo Sebastião, a festança era na casa do seu Antônio Rosa, que tinha uma Folia de Reis, para a qual o meu pai escrevia os versos que o mestre Geraldo Monteiro cantava com seus foliões. Esses saíam no Dia de Natal, batiam de porta em porta, cantavam e só retornavam em 6 de janeiro, Dia dos Santos Reis, cansados da cantoria. Há uma cantiga alusiva:[5]

> A vinte e cinco de dezembro
> Se reúnem os foliões
> E vão pra rua
> Bater caixa nos portões
> Lá vão pandeiro, sanfoneiro, violões
> (Santos Reis aqui chegou ai, ai
> Pra visitar sua morada ai, ai, ai, ai)
> Eles só voltam pra casa dia seis
> Dia de Reis
> Por sete anos se repete o ritual
> Pra todo canto levam o bem, espantam o mal
> Ô de casa, ô de fora
> Ô de casa, ô de fora
> Quem de dentro deve estar
> Os de fora Santos Reis
> Que lhes vieram visitar
> Que vieram visitar, ai, ai

Na folia tem palhaço
Que faz verso e diabrura
Representa o tinhoso
Tentador das criaturas
Mas também tem a bandeira
A Bandeira do Divino
Mais atrás os três Reis Magos
Procurando o Deus Menino
Ô de casa, ô de fora...
Batem lá na sua porta
Pra pagar uma promessa
Levam mestre e contramestre
Pra poder cantar a bessa
Dia vinte de janeiro
Eles dão uma festinha
Com viola, violeiro
Desafio e ladainha
Ô de casa, ô de fora...

Meu cunhado, Otávio Santana, marido da mana Elza, era o palhaço da folia do seu Antônio Rosa e dizia que só dançava e dava seus pulos para alegrar a criançada e versejar para os adultos rodeados à sua volta, que se divertiam com suas prosas:[6]

Sou palhaço de folia, porque eu gosto de ser
Espantar a criançada é o meu maior prazer

Faço verso na mazurca, mas a chula vem primeiro
Eu sou bom no pula-pula, mas só se jogar dinheiro
Pois é muito ruim ser pobre, nesse Rio de Janeiro.
Senta o pau, sanfoneiro.

A folia é o que eu mais gosto no meu Rio de Janeiro
Que tem samba, Carnaval e mulher à revelia

Mas não encontro nenhuma pra ser minha companhia
Porque eu dou logo a dica pra subir no meu puleiro
Tem que ser viúva rica ou filha de fazendeiro.
Corre os dedos, sanfoneiro.

Diz um dito popular que é muito verdadeiro
Rico se casa com rica pra juntar o capital
Pobre se casa com pobre, pra viver pra sempre mal
É por isso que eu digo, quero o meu filão primeiro
Se não acho um bom abrigo, prefiro viver solteiro.
Pula fora, sanfoneiro.

Nesta roda só tem rico, pois estão de mãos fechadas
Quando um rico fecha a mão, não adianta fazer nada
Vou saindo de fininho, junto com meus companheiros
Eu vou lá pro outro lado, que tem pobre com dinheiro
Vamos nessa, sanfoneiro.

Vamos embora, companheiros,
Vêm comigo, meus parceiros
Vou dar um pulo certeiro
Quem trabalha quer dinheiro.

O palhaço de Folia de Reis simboliza a tentação, mas também representa a sabedoria popular, com sua poesia improvisada e a alegria, dando cambalhotas para o deleite da petizada do morro. A parte mais animada era um setor habitado por imigrantes do interior de Minas Gerais que, aos sábados, se reuniam para cantar calango e bailar ao som de sanfona de oito baixos. Ainda miúdo, algumas vezes acompanhava o meu pai àqueles bailes.

— Quando seu Josué foi para o céu, você tinha apenas dez anos. Além da dona Tereza, quem cuidava de você?

— Elza e Deuzina. Não tive padrastos. Morei na residência de duas respeitáveis senhoras, dona Alzira e dona Ida, que me tratavam como a um filho e, aos sábados, quando eu ia para casa, me davam um dinheirinho para levar. Elas foram importantes na minha formação: como verdadeiras mães me encaminharam. Mães são as que criam ou ajudam a criar. Sem comparar com a Nossa Senhora, a Mãe das Mães, a genitora de cada pessoa é a melhor do mundo e enquadra-se no poema da música "Ser mulher":[7]

> É muito bom ser mulher.
> Ser amada, cortejada,
> Possuir, ser possuída...
> O amante pode ser um qualquer,
> Se for afável e de interior beleza.
> Ser mulher não é ficar na vida qual água,
> Inerte, presa.
> É tentar a glória escalando as aspirações de um ideal superior:
> A liberdade, o labor.
> É lutar contra as ilusões dos preceitos
> E os grilhões dos preconceitos gerais.
> Calcular o infinito transposto,
> Dominar os desejos,
> Seguir os ideais,
> Dar à luz, filiar ou adotar
> E assim ser verdadeiramente mãe.
> Talhar a cria para as lutas e os principais gozos da vida:
> A música, a poesia e o amor.

O Zé conviveu muito pouco com o seu pai, mas traz na lembrança o jeito dele de falar, o sorriso, a sua voz cantando em Folia de Reis... Há um poema do Manoel de Barros que ele recita de cor e diz que gostaria de tê-lo feito. O título é "A voz de meu pai":[8]

> Abro os olhos.
> Não vejo mais meu pai.
> Não ouço mais a voz de meu pai.
> Estou só.
>   Estou simples.

> Não como essa poderosa voz da terra com que me estás chamando, pai —
> Porque as cores se misturam em teu filho ainda
> E a nudez e o despojamento não se fizeram em seu canto; mas simples
> Por só acreditar que com meus passos incertos eu governo a manhã
> Feito os bandos de andorinha nas frondes do ingazeiro.

Pai Josué, ao falecer, deixou uma pensão que mal dava para dona Tereza pagar o aluguel do barraco onde morava com cinco filhos. A sobrevivência ficou difícil, mas nunca passaram fome, graças aos jornais com alguma notícia marcante que seu Josué, depois de ler, guardava. Havia um monte deles empilhados em cima e dentro de um armário. Naquele tempo, mercearias, quitandas e açougues compravam jornais para embrulhar os artigos vendidos, tais como carne-seca, outras carnes, verduras...

Josué Ferreira, pai do Martinho,
em farda de gala de soldado do Exército.

Dona Tereza pegava uns periódicos e mandava o filho ir vender para comprar algo para o almoço ou jantar, que quase sempre era um mingau de fubá bem gostoso, cozido com alguma hortaliça e nacos de carne-seca, delícia de lamber os lábios que, de lembrar, dá água na boca. Um dia, não havia quase nada para comer, só fubá e farinha. Dos jornais velhos, só restava um com as folhas já amareladas, e mãe Tereza ordenou que o filhote fosse à quitanda da dona Transcola e trocasse por algum legume. A tal senhora disse que com um único jornal não dava para levar nada, e o menino ficou parado, olhando para as verduras. A boa comerciante o reconheceu.

— Menino, você é o filho da dona Tereza?

— Sim, senhora.

— O que é que ela pediu para você levar?

— Qualquer coisa. Não temos quase nada para o almoço.

— Me dá esse jornaleco.

Abriu o velho jornal em cima do balcão, botou uma porção de legumes e verduras, enrolou e lhe deu, dizendo:

— Leve e dê um abraço na dona Tereza, gosto muito dela. Pode pegar aquele cacho de bananas também.

Pegou o embrulho, as bananas, agradeceu e saiu feliz da vida. No dia seguinte, a mãe foi à igreja de Cristo Rei e falou com o pároco das dificuldades. Sabia que ele, graças a contribuições das beatas, distribuía, semanalmente, uma bolsa com alimentos para pessoas muito pobres, e ela conseguiu uma. Continha produtos alimentares básicos: arroz, feijão, farinha, carne-seca, pó de café e açúcar, suficientes para o almoço e o jantar durante uma semana.

Elza, com vinte e dois anos, trabalhava em uma casa de família, mas naquele tempo as empregadas eram muito mal pagas. Deuzina também foi ser doméstica, e o Zé Ferreira, ainda Ferreirinha, trabalhava como empregadinho doméstico, dormia no emprego e voltava para casa aos sábados com uns trocados no bolso.

Os patrões se mudaram, o Zé não arranjou outro batente e passou a se virar fazendo qualquer coisa para ganhar um dinheirinho, inclusive limpava caixas de gordura, um trabalho nojento, mas compensador. Solícito, aos domingos, ficava ao pé do morro e, se alguma senhora ia subir com uma bolsa de compras ou outra coisa pesada, ele prestava ajuda e sempre era recompensado. Além disso, pegava estrume de boi, no pasto da dona Maria das Vacas, para vender nas casas que tinham quintal nos fundos e jardim na frente. Bosta de boi não é repugnante. Composta apenas de capim ruminado, excremento bovino ressecado, não tem cheiro e é leve.

O rapazinho enchia um saco de estopa, botava nas costas e ia oferecer como adubo nas casas ajardinadas. Havia dias em que ele andava para um lado e para outro, numa rua e noutras, sem conseguir vender. Aí jogava tudo em um terreno baldio e voltava com o saco vazio debaixo de braço. Mas isso passou a não acontecer mais, porque teve uma boa ideia: pegar seu patinete de rodas de bilha, sair patinando e oferecendo adubo para entregar depois. Era mais diversão do que trabalho. Parte do dinheiro ganho ele dava para sua mãe, porém, antes, passava na padaria e se enchia de doces e refrigerantes. Naquele tempo, havia lugares em que se podia alugar bicicletas e, quando o dinheiro omitido dava, ele locava uma e pedalava feliz, sem falar nada com dona Tereza.

Um certo dia, a mãe disse:

— Filho, o aluguel está em dia e temos mantimentos. Toma esta parte do dinheiro, fruto do seu trabalho, e pode ir à padaria e gastar com pão doce, roscas ou o que quiser.

— Precisa não, mãe!

— Precisa, sim. Você é o homenzinho da casa, trabalha e tem direito de ficar com um pouquinho.

Teve ímpeto de contar que sempre ficava com uma parte da grana para tomar sorvete, comprar sonhos e outras guloseimas na padaria, mas faltou coragem. Com a consciência doída, no domingo seguinte foi à missa, se confessou ao padre e ele lhe impôs uma penitência leve; comungou e sentiu-se aliviado. Na segunda-feira, chegou da escola, almoçou, pegou seu patinete e foi procurar freguesia para vender adubo. Mãe Tereza reiterou as recomendações que fazia sempre: tenha cuidado, não patine com velocidade, volte antes da hora da Ave-Maria.

A zelosa senhora cuidava bem da prole, lavava roupa para fora e tinha uma boa freguesia. Nélia ficava em casa e tomava conta da mana

Zezé. Elza e Deuzina, empregadas domésticas, colaboravam com as despesas, e a situação melhorou. Então, a honesta senhora foi à igreja, agradeceu e dispensou a bolsa de alimentos que recebia.

— Jogou no bicho e acertou no milhar, é isso, dona Tereza?

— Não, senhor. É que a filharada arranjou trabalho, e agora dá para remediar. Sei que tem muita gente mais necessitada.

O padre, emocionado, disse que era a primeira vez que alguém fazia um ato desse.

Católica praticante, botou o filho na escolinha de catecismo da dona Margarida, uma piedosa senhora e boa catequista que agia como um sacerdote. Tanto é que, à boca pequena, era chamada Dona Margarida Padre. Zé Ferreira, hoje um senhor oitentão, fez a Primeira Comunhão aos oito anos, junto com sua irmã Deuzina, perto dos doze, num 8 de dezembro, Dia de Nossa Senhora da Conceição, intercessora junto ao seu filho Jesus Cristo. Ele de terninho branco, ao lado da irmã de vestidinho claro, parecia nubente. Os alvos trajes, patrocinados pelas beatas da igreja de Cristo Rei, estão em uma foto guardada com carinho, a única que têm da infância. Ele entrou para um grupo de jovens religiosos, os Cruzadinhos Eucarísticos, e Deuzina passou a ser uma das Filhinhas de Maria. Não faltavam à missa aos domingos. Assistiam à celebração divina com fé. Ele usando a faixa amarela com uma cruz azul, representativa dos Cruzadinhos, todo garboso, e a irmã, com a faixa azul e branca das Filhas de Maria, atraía as atenções com seu brejeiro vestidinho de chita.

O pároco achava que o menino tinha vocação sacerdotal, e ele foi levado para conhecer o Mosteiro de São Bento, mas não se empolgou. Não quis nem ser sacristão, porque tinha que usar a veste característica, composta de uma blusinha de rendas e um saiote vermelho. Provou o traje, mirou-se em um espelho e não se sentiu bem como um menino de saia.

As primeiras orações, ele aprendeu com a mãe; o alfabeto, com o pai, e o curso primário foi feito na Escola da Dona Glória, estabelecimento de ensino particular que ninguém pagava. O colégio era subvencionado por um grupo de beneméritos, e os estudantes eram todos dos morros Cachoeira Grande, Cachoeirinha, Boca do Mato e Morro da Guia. A professora ensinava Matemática e Linguagem de maneira intensa, e as demais matérias, superficialmente. O objetivo era preparar os alunos para o mercado de trabalho.

Dona Glória era professora formada na Escola Normal Carmela Dutra, mas não conseguiu um colégio para lecionar por causa da sua aparência e do preconceito racial. Ela era uma negra retinta, alta, forte e de olhos esbugalhados. Entretanto, tinha uma fisionomia muito doce, e o Zé Ferreira a achava linda quando sorria, com seus alvos dentes.

Aos onze anos, Zé Ferreira foi trabalhar e morar na casa de duas professoras religiosas que residiam na rua Pedro de Carvalho, Lins de Vasconcelos, e nos finais de semana ia para casa com dinheiro no bolso.

As citadas senhoras, dona Ida e dona Alzira, o inscreveram para fazer o CA, Curso de Admissão ao Ginasial (que corresponde, hoje, à segunda etapa do Ensino Fundamental) na Escola Municipal Rio Grande do Sul, no Engenho de Dentro, mas ele não passou na prova. Tirou nota máxima em Matemática e Português, e zero em História, Geografia, Ciências e Educação Moral e Cívica. O Curso Primário feito na escola da dona Glória não tinha tais matérias. Então, para ser matriculado, se submeteu ao exame para a quarta série, mas também não passou. Envergonhado, se inscreveu para frequentar o terceiro ano, e o resultado foi o mesmo. Quis desistir, mas uma professora, dona Dulce, o encorajou. Ele se candidatou e foi aprovado para frequentar o segundo ano, com doze anos de idade, junto com crianças de oito e nove anos, em maioria. Os problemas dos coleguinhas eram a Matemática e o Português, matérias em que ele era craque. Dona Dulce, a mestra, o colocou na função de monitor de turma, e ele ajudava as professoras. As aulas eram matinais e, à tarde, dona Ida arranjava algo para ele fazer, na maioria das vezes na casa de quatro irmãs solteiras, residentes no Méier.

Havia um convento de freiras enclausuradas na rua Fábio Luz, Boca do Mato. Do claustro, elas não saíam, e só entrava um padre, aos domingos, para oficiar a missa, ou um médico, em caso de doença. Ir ao hospital, só em casos de enfermidade muito grave. Até o século passado, havia muitos conventos de freiras enclausuradas. No claustro da rua Fábio Luz havia poucas, talvez uma dúzia. Elas rezavam em conjunto de manhã, nas refeições principais, na hora da Ave-Maria e antes de se recolherem aos leitos. Liam diariamente a Bíblia, se divertiam cantando músicas sacras. Preparavam as refeições, faxinavam, cuidavam do jardim e do pequeno pomar existente nos fundos do terreno. A sóror, que foi amiga de infância das minhas mães postiças, um dia perguntou a uma delas se sabia de alguém de confiança para ceifar um gramado interior e os capins nas trilhas do pomar, e eu fui indicado.

A madre superiora, de rosto coberto, me deu um sino com a recomendação de badalá-lo sempre que fosse de uma trilha para outra, evitando assim que encontrasse uma freira de face descoberta. O dia estava quente, sentei-me à sombra de uma árvore, duas noviças caminhavam distraídas, deram de cara comigo, sorriram e se afastaram apressadas. Eram lindas. Deviam estar enclausuradas por castigo.

— Que absurdo, hein, Zé Ferreira?

— É possível. Algumas se internavam por vontade própria, e outras, coitadas, eram forçadas a entrar para o convento por pais de famílias tradicionais que tinham uma filha deflorada sem matrimônio. Houve um tempo em que a virgindade era sagrada. Moças desvirginadas eram expulsas do lar, mandadas "para o olho da rua", e muitas iam parar em casas de meretrício. Não sei qual era a pior penalidade: ser expulsa de casa ou internada num convento. Muitas que foram excluídas dos seus lares iam, como disse, parar em casas de meretrício e acabavam gostando de ser meretriz. Um amigo me contou que se apaixonou por uma prostituta, ou melhor dizendo, profissional do sexo, pois há um projeto na Câmara dos Deputados para regularizar a profissão. Concubinou-se com ela e vivem felizes.

— As meretrizes se acostumam com a profissão, mas não abandonam o sonho de ter um lar com marido, filhos... São invejadas por algumas mulheres casadas que gostam de, durante o ato sexual, serem xingadas de vadia, cachorra, piranha, vagabunda, safada, quenga... Até as mais sensíveis se excitam quando chamadas de minha putinha gostosa.

— Eu tenho uma amiguinha do tempo de escola que é garota de programa, apaixonada pelo seu namorado fixo, e um amigo do tempo de escola que é casado com uma *mulher da vida* que vive exclusivamente para ele. Diz-se feliz, mas não tira do coração nem da cabeça uma noiva que o traiu. Residem na citada rua Maranhão, que é ligada à Aquidabã, que vai até a Dias da Cruz. Depois do largo formado por elas, ficam as ruas Bocaina, Morumbi e Caparaó, onde a Família Ferreira morou ao sair do morro.

— Vamos parar com esses assuntos de relações contraditórias e lembrar das nossas infância e adolescência. Onde você cursou o primário?

— Já lhe disse que foi na Escola Municipal Rio Grande do Sul, que ficava na rua Adolpho Bergamini, no Engenho de Dentro, uma escola-padrão. Tinha um complexo esportivo e um pequeno parque de diversão, onde eu dava show no vai e vem do balanço, em pé. Balançando com grandes impulsos, saltava e os colegas admiravam. Certa vez, ao pular, caí e, ao levantar-me, o balanço, que havia ido para trás, já voltava e bateu na minha cabeça. Tombei e, ao tentar levantar-me, o balanço voltava e por pouco não me atingiu de novo. Os colegas, que olhavam as piruetas, acharam engraçado e riram. Só um foi me socorrer. Meio zonzo, fingi que estava bem, peguei a pasta cheia de cadernos, um livro e outros materiais escolares e senti algo escorrendo pela parte de trás do pescoço. Passei a mão, vi a palma ensanguentada e saí correndo para a enfermaria. Tive de levar uns pontos. Apertei os lábios e contive o choro, só lacrimejei.

Zé Ferreira terminou o primário com quinze anos, e "suas mães" o matricularam em um curso intensivo no SENAI (Serviço Nacional de Aprendizagem Industrial), em regime semi-interno. Entrava às sete horas da matina e saía às cinco da tarde. Na parte da manhã, cursava o ginasial. Nas tardes, aulas profissionalizantes teóricas e de práticas laboratoriais. Era perceptível o seu orgulho envergando jaleco branco, tal qual um doutor.

O Segundo Grau Profissionalizante fez na Academia de Comércio Cândido Mendes, que era sediada na Praça Quinze, cujo nome é referente à data da Proclamação da República: dia 15 de novembro de 1889.

— Vez por outra povoa a minha mente a imagem de uma colega do curso, Maria Luiza, sempre vestida de tailleur azul, recepcionista de uma firma contábil. Soube da minha atividade de compositor e, entre uma aula e outra, batendo um papinho comigo na cantina, revelou que gostaria de ter uma canção com o seu nome. Eu lhe disse:

— O Tom Jobim já fez uma.

— Costumo fantasiar que foi criada para mim e, após o delírio, caio na real que aquela musa não sou eu.

"De presente, ganhou um samba:[9]

Maria, que quer ser independente,
Sempre acorda sorridente
E vai cedinho trabalhar.
Luiza, que na vida quer vencer,
Sempre ao anoitecer,
Sonha com o vestibular.
Maria me pediu no outro dia
Que eu fizesse um sambinha pra ela cantar.
Luiza, que do samba não precisa,
Me pediu uma prosinha, muito em particular.
Esta Maria que está na minha lista
Das meninas que me pedem um sambinha devagar,
É a mesma Luiza que vai ser contabilista,
Pra contar as alegrias que alguém há de lhe dar.

"A música foi gravada pelo cantor Bebeto, com participação do Da Vila. Não sei se Maria Luiza ouviu a gravação.

"Resolvi estudar contabilidade pela vantagem de ser um curso equivalente ao Segundo Grau e profissionalizante, contrariando o meu sonho de menino, que era ser mecânico de automóveis. Ao perambular pelas ruas do Rio, via muitos profissionais com suas caixas de ferramentas, à procura de carros enguiçados por falta de água nos motores, principalmente no verão, e achava bonitos os macacões sujos de graxa. Me candidatei a uma vaga para estudar no SENAI, com a intenção de ser um deles. O Serviço Nacional de Aprendizagem Industrial ficava na Rua São Francisco Xavier, Maracanã, e preparava jovens para serem cerâmicos, sapateiros, alfaiates, eletricistas, auxiliares de químico industrial... A matrícula em cada curso dependia da nota alcançada nas provas de Português e Matemática; eu tirei nota máxima e fui aconselhado a me tornar auxiliar de químico. No curso, trajando jaleco branco, me sentia importante, formei-me em Preparador de Óleos, Ceras, Graxas, Perfumes e Sabões, mas nunca exerci tal ofício e não sei mais nada do que aprendi, esqueci quase tudo. Só me lembro da fórmula da água, H_2O, e a do sal, NaCl."

De posse do diploma, dona Ida e dona Alzira, as senhoras consideradas mães do Zé Ferreira, planejaram colocá-lo em uma repartição, para ser funcionário público. Elas eram amigas da professora Marieta Lott, irmã do Marechal Henrique Batista Duffles Teixeira Lott, que foi Ministro da Guerra, e o Zé Ferreira o conheceu em uma íntima comemoração de aniversário na casa da dona Marieta. Com a influência dela, foi encaminhado para ser contratado como servidor civil no Laboratório Químico e Farmacêutico do Exército. Ao se apresentar, foi informado de que, para ser admitido, teria que prestar o serviço militar, o que só seria possível no ano seguinte.

Enquanto aguardava, trabalhou em uma pequena farmácia, no bairro do Méier, e passava a maior parte do tempo admirando os invólucros das caixas de medicamentos. Gostava de desenhar e sonhava ser artista plástico de um laboratório e criar embalagens diferentes, alegres. Hoje, graças à tecnologia, pode-se criar imagens lindas usando o computador. Não se tornou artista plástico e, na idade adulta, formou-se em técnico de contabilidade na citada Escola de Comércio da Cândido Mendes, mas nunca exerceu a função contábil.

Em conversa imaginária pelo aplicativo Zoom, Da Vila digita:

— Tudo bem, Zé?

— Melhor agora, te vendo. Você vai ter vida longa. Acabei de falar com um amigo a seu respeito.

— Do cantor ou do compositor?

— Dos dois. Você respira música. Deve ter estudado muito, pois atua no popular simples, no rebuscado e no erudito. Vi o vídeo do *Concerto negro*, com você cantando com uma orquestra sinfônica!

— Eu não tenho formação acadêmica, sou músico autodidata e adquiri conhecimentos teóricos através da leitura, e sei que a música clássica é um desenvolvimento da popular. Me esforcei para ouvi-la; aos poucos, minha audição foi se apurando e passei a gostar de ópera, concertos de cordas, de piano... Isso me ajuda a compor. Um compositor estudado e um indutivo agem quase da mesma maneira. Uma nota musical, isto é, a partícula mínima de um som, surge na mente, e o compositor escolarizado escreve as notas musicais em pauta e acrescenta outras correspondentes até resultar em um produto: a música. O indutivo imagina um som, pensa em outro, os une e assim sucessivamente. Quem inventou a partitura foi o monge italiano Guido D'Arezzo.

CAPÍTULO 3
Trabalho de brincador

Alguns estudiosos dizem que é mais difícil letrar do que musicar, e eu concordo. Ora escrevo a letra, depois a música, ora faço o inverso e, algumas vezes, isso se dá simultaneamente. Colocar música em uma letra é, praticamente, mais fácil, porque se admite a não existência de música errada, o importante é sentir. Quanto à letra, idem. Com base na licença poética, pode-se usar na mesma frase os termos "tu" e "você". O Chico Buarque escreveu: *Hoje o samba saiu procurando você. Quem te viu, quem te vê?*[10] É claro que foi de propósito, pois o povo não diz "quem o viu, quem o vê". *Ouça bem o que eu tenho a lhe dizer, não existe diferença entre eu e você*: são versos do xote "Vidas negras importam".[11] O correto seria "*entre mim e você*"; entretanto, eu não concordo, porque o "mim" não existe, e o "eu", sim. Além disso, na linguagem coloquial, normalmente se fala entre eu e você.

Na parceria com o Noca da Portela, ele me mandou um esboço de letra e uma ideia de música; achei interessante e desenvolvi. Já em parcerias com os poetas Geraldo Carneiro e Hermínio Bello de Carvalho, faço as melodias, como as de "Rio: só vendo a vista"[12] e "Nem réu nem juiz".[13] Com os Joões, o Bosco e o Donato, fui letrista de "Odilê, odilá"[14] e "Gaiolas abertas",[15] respectivamente. Quem ouve "Jobiniando", criada em parceria com o pianista Ivan Lins, pode pensar que a letra é dele:[16]

Criei uns acordes jobinianos
Saudoso ao piano
E fui lentamente harmonizando
Nas pretas, nas brancas

No "Samba de uma nota só"
Botei notas do coração
Depois de um bem dissonante dó
Então eu fiz um ré maior
Lembrei de outras lindas canções
E até do Orfeu da Conceição

Brinquei com "A felicidade"
Mas agora vou te contar
Chorei ao tocar "Chega de saudade"
E se meu amor quer cantar
Eu sigo e "Vivo sonhando"
Jobiniando, "Eu sei que vou te amar".

   Da mesma forma, com o violonista Moacyr Luz em "Zuela de Oxum":[17]

Me veio à mente um som,
Não identifiquei não.
Peguei meu violão e comecei a dedilhar,
Então eu me toquei que o som, canção tão bela
Lembrava uma zuela, que alguém vivia a zuelar.
Parei de dedilhar, pois minhas mãos tremeram, ai.
Difícil confessar, promessas não poder pagar.

Então eu me curvei, bati cabeça a Oxalá.
Praquela que se foi, jurei jamais alguém amar.
E tenho um novo amor que é uma filha de Obá
E aquela canção era zuela de Oxum.

Ora yêyê ô, me valha ô meu pai Olorum!
O que é que eu vou fazer? Pedir maleime aos Orixás
Iemanjá, Ogum, Pai Xangô, Iansã,
Orumilá, Oxóssi, Nanã e Xapanã.

A diferença entre um compositor acadêmico e um indutivo é que o primeiro escreve, em pautas, uma nota seguida de outra correspondente, e o segundo fica repetindo os sons mentalmente. Assim agem os compositores de escolas de samba, e autoras como a Leci Brandão, Mart'nália, Dona Ivone Lara... Ivone foi parceira do lendário Silas de Oliveira e de Bacalhau, com os quais compôs o poético "Os cinco bailes da história do Rio":[18]

Carnaval, doce ilusão,
Dá-me um pouco de magia,
De perfume, fantasia
E também de sedução.
Quero sentir nas asas do infinito
Minha imaginação.
Eu e meu amigo Orfeu,
Sedentos de orgia e desvario,
Contaremos em sonho
Os cinco bailes da história do Rio.

Quando a cidade completava
Vinte anos de existência,
Nosso povo dançou.
Em seguida era promovida a capital,
E a corte festejou.
Iluminado estava o salão
Na noite da coroação.
Ali, no esplendor da alegria,
A burguesia fez sua aclamação
Vibrando de emoção.

O luxo e a riqueza imperou com imponência.
A beleza fez presença
Condecorando a Independência.

Ao erguer a minha taça,
Com euforia
Brindei aquela linda valsa.
Já no amanhecer do dia
A suntuosidade me acenava
E alegremente sorria.
Algo acontecia.
Era o fim da monarquia.

Com Mano Décio e Manoel Ferreira, Silas compôs um dos mais emblemáticos sambas-enredo, o "Heróis da liberdade":[19]

Passava a noite, vinha dia
O sangue do negro corria
Dia a dia
De lamento em lamento
De agonia em agonia
Ele pedia
O fim da tirania
Lá em Vila Rica
Junto ao Largo da Bica
Local da opressão
A fiel maçonaria
Com sabedoria
Deu sua decisão.
Com flores e alegria veio a abolição
A Independência laureando o seu brasão
Ao longe soldados e tambores
Alunos e professores
Acompanhados de clarim
Cantavam assim:

Já raiou a liberdade
A liberdade já raiou
Esta brisa que a juventude afaga
Esta chama que o ódio não apaga pelo Universo
É a evolução em sua legítima razão
Samba, ó samba!
Tem a sua primazia
Em gozar de felicidade.
Samba, meu samba,
Presta esta homenagem
Aos heróis da liberdade.
Ô, ô, ô, ô Liberdade, senhor!

Fazer um samba-enredo perfeito é um trabalho estafante. O compositor Osório Lima conseguiu traduzir bem a difícil tarefa, no samba "Obsessão":[20]

Que linda melodia! Que lindos acordes!
Que lindas passagens, músicas
Quando estou inspirado fico fora de mim
Não sei se outros autores se sentem assim
Este sangue de artista não me deixa sossegar
Esta veia de poeta conseguiu me dominar.

Parece que ouço uma orquestra tocando
A orquestra contém violões e pandeiros
Quando terminar o meu delírio
Teremos mais um samba no terreiro.

Tinha pedido ao Criador que não queria mais compor
Porque me achava cansado na minha imaginação
O samba é obsessão eu não posso evitar
E daí, mais uma melodia eu fiz para cantar com alegria.

Osório Lima foi membro da Ala de Compositores da Império Serrano, escola da Ivone Lara, a Dama do Império, cuja musicalidade atravessou fronteiras. No exterior, dividi palcos com ela em apresentações na Itália, França, Suíça, Argentina... Em Angola, tive um problema de saúde e fui cuidado pela saudosa Ivone, que antes de ser artista foi enfermeira. Fomos à Dinamarca com um show sinfônico dirigido e regido pelo saudoso maestro Silvio Barbato. Na Suíça, no Festival de Montreux, eu a apresentei com um partido-alto criado na hora e burilado depois:[21]

Ivone Lara, Ivone Lara
Ivone Lara é fruta rara
É fruta rara, é fruta rara
É fruta rara Ivone Lara

Tem sentimento profundo esta compositora
Pessoa tão bela
Vou conclamar todo mundo
A dizer o nome dela.

Ivone Lara, Ivone Lara...

É uma dama do samba e o seu coração
É o Império Serrano
Tem elegância nos passos
O Seu samba é soberano.

Tocando o seu cavaquinho
Emana um astral maravilhoso
E até sem acompanhamento
Ela canta bonito e samba gostoso.

Dona Ivone é uma estrela
Que brilha no meu firmamento.

Viajando pelo mundo
É sempre aplaudida com merecimento.

É fruta rara, é fruta rara
Essa Dona Ivone Lara.

 Ela entrou sambando, e o público vibrou com seus passos e trejeitos e se encantou com sua voz maviosa ao entoar, entre outras composições próprias, "Sorriso negro",[22] letra do seu frequente parceiro Délcio Carvalho:

Um sorriso negro, um abraço negro,
traz felicidade.
Negro sem emprego fica sem sossego.
E negro é a raiz da liberdade.

Negro é uma cor de respeito,
negro é inspiração.
Negro é silêncio, é luto,
negro é a solidão.

Negro que já foi escravo.
Negro é a voz da verdade.
Negro é destino, é amor.
Negro também é saudade.

 Minhas filhas, Analimar e Mart'nália, apreenderam a sambar com a *Dona* Ivone Lara, assim referida pela juventude. Única mulher admitida na Ala de Compositores da verde e branco de Madureira, foi confreira de Aluízio Machado e de Laudeni Casemiro, o Beto Sem Braço, que saíram da Unidos de Vila Isabel para a Império Serrano e lá fizeram um dos sambas-enredo mais marcantes, o "Bum bum, paticumbum, prugurundum".[23] O Beto era meu amigo e bom parceiro, frequentava a minha casa do Grajaú e a Fazendinha Cedro Grande, onde compôs músicas de sucesso. Um dia, ele me convidou a fazer uma música e eu lhe disse que composição é trabalho e, em Duas Barras, só gosto de ficar à toa. Devido à insistência, criamos o samba "Pra mãe Tereza":[24]

> Coração de mãe não se engana
> É a voz do povo que fala emana
> É a própria energia que emana
> É o perfume que exala
> É a caixa e o segredo
> Segredo
> O clarão que mais clareia
> Clareia
> É a bomba que bombeia
> Seu sangue pra minha veia
> Foi a mão de Deus
> Que te lapidou
> Pra amar seu Filho
> Do jeito que for
> As suas mãos são moldadas
> Pra coser, lavar e passar
> A sua boca talhada
> Pra cantar canções de ninar
> Seu peito, leito, aconchego
> Por cansaço se libertar
> Seu colo é um paraíso
> Pra se dormir e sonhar

O mesmo ocorreu com o partido-alto "Deixa a fumaça entrar".[25] Minha mãe tinha mania de incensar a casa na primeira sexta-feira de cada mês, com um turíbulo improvisado com uma lata de gordura de coco Carioca, de alça de arame, cópia dos incensórios usados nas igrejas, mantidas as distâncias com relação ao material usado. Beto Sem Braço, inspirado no poderoso cheiro do incenso, escreveu:

Deixa a fumaça entrar,
Deixa a fumaça entrar na sala,
Deixa a fumaça entrar.
Deixa a fumaça entrar na sala

Já botei casca de alho
Alfazema, benjoim, alecrim
Esse meu defumador
Está em ponto de bala
Tem segredos de alguém
Que sofreu lá na senzala

Seca o seca pimenteira
Falador também se cala
A fumaça te protege
De uma faca e de uma bala
Se não fosse essa fumaça
Tava morto numa vala.

Aproveitei a melodia e completei:

Deixa essa fumaça entrar
Pelos lados, pelos cantos
Ela quebra os quebrantos
Quando seu olor exala
Olho grande fica cego
Azarento nem se cria
Os Eguns dizem:
Cruz-credo!
Credo em cruz!
Virgem Maria!

Deixa a fumaça entrar...
Deixa a fumaça entrar no banheiro,
Deixa a fumaça entrar na cozinha,

Deixa a fumaça entrar no quarto,
Deixa a fumaça entrar na sala.

Certa vez, o Beto levou uma namorada sua, bela morena novinha e toda amorosa com ele; um sujeito, com inveja, falou, de sorriso sarcástico:

— Não sei como você consegue arranjar mulher bonita.

Mamãe se antecipou na resposta:

— É que mulher feia não gosta dele. Se avistar o Beto agarrado com uma feiosa, pode separar que é briga!

Gargalharam, e o invejoso ficou sem graça.

A incomensurável produção musical do Beto foi construída em pouco tempo, na fase adulta; o Da Vila, porém, começou a compor na adolescência. Antes de entrar para o Boquense F. C. ele fazia paródias de *hits* populares para animar a torcida. Por exemplo:

Vamos ganhar
Vamos ganhar
De goleada ou até com um golzinho
Vamos ganhar e festejar
Com guaraná, com cervejinha ou com vinho

Fazia também acrósticos:

Felicidade
Esperança
Liberdade
Indiferença
Zelo

Nascimento
Alegria
Talento
Alforria
Libelo

— Você começou a trabalhar em música assim, e o meu primeiro trampo foi de brincador.

— Brincador? Não entendi.

— Com oito anos, fui contratado para brincar com Rômulo, filho da dona Amélia, a patroa. Ele era, mais ou menos, da minha idade, e ela, jovem, talvez com uns vinte e dois anos, casada com um coroa. Quando o Rômulo ia para a escola em horário diferente da irmã Francisca, de dez anos, eu ficava brincando com ela. Um dia, dona Amélia foi tomar banho e Francisquinha me propôs brincar de beijar; antes de eu concordar, ela me deu uma bicota rápida, seguida de outra mais lenta e, depois, uma demorada, de lábios colados. Adorei quando ela meteu a língua na minha boca. Não me esquecerei jamais, foi o meu primeiro beijo. Mas não ficou só no primeiro, seguiram-se outros, de brincadeirinha.

— Empreguinho bom o seu, hein? Confesso que estou com inveja de você.

— Dona Amélia mudou-se para outro bairro, e eu fiquei saudoso da Francisquinha, primeira saudade que senti. Depois, laborei num aviário. Na época, era comum as pessoas comprarem galinha viva para matar e cozinhar em casa. Estava gostando do emprego, porque comia galinha quase todos os dias. Lá em casa, era só aos domingos e nem em todos. Saí do aviário por um motivo nojento: uma penosa, que andava cambaleante, morreu; eu ia enterrar e o patrão mandou que a levasse para a cozinha. A patroa depenou, limpou e botou no forno, para o almoço. Tive ânsia de vômito e, sem me despedir, dei no pé.

— Tenho boa memória e não me recordo do meu primeiro emprego, nem do amor primeiro. Na mente, guardo apenas os nomes de umas namoradas da fase pré-adulta, sem os detalhes. Lembro-me, vagamente, da imagem de uma linda coleguinha do Curso Primário, no Colégio Rio Grande do Sul, a Sedy Coelho. Eu a amei, creio que ela também a mim, mas não fomos namoradinhos.

— E a sua primeira vez?

— Não devo contar, mesmo que seja para os meus próprios ouvidos. Depois da inicial experiência, só posso dizer que *"já tive mulheres de todas as cores, de várias idades, de muitos amores*".[26] Poderia citá-las, mas acho que não é legal.

— Eu não tive nenhum caso interessante de que me lembre, como o que me contou sobre seu amor por uma lourinha, filha do dono de uma farmácia onde você trabalhou.

— Por falar em laboro, Deus ajuda quem trabalha e estuda. A preguiça é um pecado capital, mas espreguiçar é muito bom. Um provérbio, alterado, diz: "O trabalho enobrece o empregado e enriquece o patrão". Talvez por isso você nunca tenha sido de pegar no pesado. Leva a vida cantando, grava com a prole... São impressionantes as interpretações da Mart'nália em músicas do pai, particularmente o samba "Ninguém conhece ninguém",[27] no qual ele, afirmativo, escreveu o que pensa. Os dois cantam sorrindo:

Ninguém conhece ninguém,
Pois dentro de alguém ninguém mora
Há quem acorda sorrindo
E, na mesma manhã, também chora

Não há alguém tão ruim
Que não tenha uma boa qualidade
Ninguém atravessa idade
Somente em passo certo

Não há deserto sem água
E nem coração sempre aberto

Há mariposa noturna
De angelical semblante
Há corpo deselegante
Que é tão perfeito na dança

Braço que enlaça o amado
É o mesmo que embala a criança

Nunca se pode afirmar
Se alguém é assim ou assado
Quem hoje está em um canto
Amanhã pode estar do outro lado

E quem nunca foi do samba
Ainda vai ser do samba rasgado

— Martina, Tina, Tinália e Carvu são apelidos da Mart'nália, herdeira da mãe, Anália Mendonça, que tinha voz possante. Ela cantava no Teatro Opinião, onde acontecia o evento *A fina flor do Samba*, promovido pela Tereza Aragão, mulher do Ferreira Gullar. Anália fazia sucesso com o samba "Tom maior",[28] música que ganhou de presente quando estava grávida do primogênito Martinho Antônio.

E então quando ele crescer
Vai ter que ser homem de bem
Vou ensiná-lo a viver
Onde ninguém é de ninguém
Vai ter que amar a liberdade
Só vai cantar em Tom Maior
Vai ter a felicidade de
Ver um Brasil melhor.

"Tom maior" foi regravada nos anos finais da década de 1980, ocasião em que, no Dia do Trabalhador, ocorriam eventos comemorativos de cunho político contra a ditadura militar. Houve atentados em várias manifestações, felizmente sem vítimas fatais. Mas, em 30 de abril de 1981, acontecia, à noite, um ato em Jacarepaguá, com milhares de pessoas, e eclodiu o atentado do Riocentro. A pretensão dos seus autores era detonar três bombas no local e incriminar os grupos de esquerda, fazendo com que o processo de abertura política cessasse. O planejamento não foi perfeito: uma das bombas explodiu em um carro no estacionamento do Riocentro, matando um sargento e ferindo gravemente outro oficial; outra bomba não explodiu, e a terceira, reservada para a central de energia do local, felizmente, não causou o efeito desejado.

— Muitos artistas se apresentavam naquela comemoração do Dia do Trabalho; você estava lá?

— Não. Participei de eventos anteriores, mas, nesse, eu fui cantar em um showmício em outro estado.

— Eu marcava presença nos shows do Dia do Trabalho. Não sei por que nas suas participações você não cantava o samba "Avante, trabalhadores", criado em parceria com a Ivanízia e o falecido Leonel:

> Avante, trabalhadores do Brasil!
> A Vila traz à memória a sua História.
> No Pindorama o índio foi precursor
> Das lutas de um povo tão laborador.
> Contrariando o branco que surgiu
> Se rebelou contra a escravidão
> E tiveram que ir buscar no além-mar
> O negro que muito suou por esta nação.
> Malês evocaram o grande alá,
> Quilombolas simbolizaram a liberdade,
> Mas até hoje a maioria clama por igualdade.
> O imigrante chegou para trabalhar nosso chão
> E a classe operária exigiu direitos de cidadão.
> E sopra um vento lá do sul pra clarear,
> Traz um alento e esperança pra sonhar
> E, no embalo de um sonho de conquistas,
> Surgem as leis trabalhistas.
> Na migração nordestina,
> "Triste vida severina".
> Com o nosso candango,
> O Brasil cresceu e Brasília nasceu.
> Em plena opressão,
> O trabalhismo em rebeldia impulsionou a democracia.
> Ó divina luz, que nos conduz,
> Alavanque este país!

Nosso povo trabalhador só quer paz
Pra ser feliz. Avante!

— Não cantava porque o samba nunca foi gravado e, em shows populares, não se deve apresentar música inédita. Eu pensei em cantar o "Samba do trabalhador", do Darcy da Mangueira, mas na hora desisti. Iria pegar mal, o trabalhador (na música) é ocioso:[29]

Na segunda-feira eu não vou trabalhar
Na terça-feira não vou pra poder descansar
Na quarta preciso me recuperar
Na quinta eu acordo meio-dia, não dá
Na sexta viajo pra veranear
No sábado vou pra Mangueira sambar
Domingo é descanso e eu não vou mesmo lá
Mas todo fim de mês chego devagar
Porque é pagamento, eu não posso faltar

E quando chega o fim do ano,
Vou minhas férias buscar
E quero o décimo terceiro
Pro Natal incrementar
Mas na segunda-feira não vou trabalhar

Ao gravar, acrescentei uma segunda parte:

Eu não sei por que eu tenho que trabalhar
Se tem gente ganhando de papo pro ar
Eu não vou, eu não vou
Eu não vou trabalhar
Eu só vou, eu só vou
Se o salário aumentar

A minha formação não é de marajá
Minha mãe me ensinou foi colher e plantar.

Tenho orgulho de ter trabalhado desde criança. Já falei que o meu primeiro emprego foi de brincador e expliquei que, naquele tempo, um casal que só tinha um filho costumava contratar um menino para brincar com ele. Repito que, com oito anos, fui empregadinho na casa da saudosa dona Ida, com a boa obrigação de brincar com a Francisquinha, e disse também daquele trabalho no aviário, no qual os donos vendiam galinhas vivas e comiam as que morriam lá.

Antes da minha incorporação ao Exército, trabalhei naquela farmácia em que tive um imbróglio com a lourinha problemática, no Méier, bairro suburbano cortado por uma linha de trem. Na época, depois da Tijuca, o Méier era o bairro mais elitizado, com cinemas e boas lojas de vestuários no lado esquerdo das linhas de comboios da Central do Brasil. Na parte da direita, a mais simples, havia um teatrinho de marionetes e um mafuá, parque de diversões com barracas, jogos, música etc. Na pracinha, aos domingos, rapazes e moças circulavam à procura de namoro.

A farmácia do dr. Celino, onde eu trabalhei, ficava na rua Dias da Cruz. O proprietário depositava total confiança em mim e, ao se ausentar, me deixava sozinho, atendendo os clientes, cobrando e dando o troco. Ainda não havia cartões e maquininhas. Ele morava próximo da farmácia e tinha uma filha lourinha que, algumas vezes, quando eu estava só, ia ficar comigo. Não me ajudava, só fazia companhia. Era muito divertida, bonita e atraente, mas eu não demonstrava notar.

Me toquei de que estava gostando dela quando passou uns dias sem aparecer, e eu senti a sua falta. Dormia pensando nela, sonhava. Nos devaneios, os seus cabelos eram fios de ouro que eu alisava com minhas negras mãos. Seus lábios, apesar de finos, eram deliciosos e sugavam os meus rechonchudos, ora com doçura, ora com volúpia. Num desses delírios, eu estava em casa dormindo, e ela chegou com uma bolsa repleta de notas, de dinheiro, perfumadas, despejou em cima de mim, nos enlaçamos e rolamos na cama, com dinheiro por todos os lados. Que maluquice! Na realidade do dia seguinte, ela apareceu toda sorridente, e eu a recebi com um largo sorriso:

— Poxa, você sumiu, hein?!
— Ficou com saudades de mim?

Queria dizer que sim, mas a palavra não saiu. Engasgado, fui salvo por um freguês que entrou na farmácia, e eu corri para atender. A bela se assentou defronte à caixa registradora, um freguês me pediu um remédio, fez o pagamento, a sonhada me deu o troco e eu passei para o cliente. Observei a esguia ladina pegar o dinheiro e meter na bolsa. O que fazer? Diante do espelho, ajeitou-se arrumando os lindos cabelos, pegou a bolsa e, com os lábios em forma de flor, mandou-me um beijo estalado.

Antes que ela saísse, eu peguei um bloco de anotações e pedi docemente:

— Faz um favorzinho! Anota aqui a quantia que você pegou e assina.

— São apenas uns trocadinhos para comprar sorvete.

— Tudo bem, mas eu tenho de anotar.

— Precisa não. Tô indo, beijinho!

— Vou ter de falar com o teu pai.

A bonita ficou feia e, furiosa, abriu a bolsa, pegou as notas e jogou em cima de mim. Nunca a tinha visto raivosa. As notas atiradas pareciam repetição da cena do sonho, com a diferença de que, no devaneio, ela tinha face angelical. Eu sorri e ela ficou séria, com aparência diabólica. Nos olhos de quem ama a feiura é linda, e eu a vi como uma bela diaba. Logo que saiu, o seu Celino chegou. Eu ainda estava abaixado, recolhendo do chão o dinheiro jogado em mim. Ele perguntou o que houve e, para não dedurar a lourinha raivosa, falei, sem olhá-lo nos olhos, que estava arrumando as notas, juntando as do mesmo valor e umas escaparam das minhas mãos.

Nesse momento, parou um carro na porta, e ele me mandou ir para os fundos da farmácia. Sem entender, obedeci. O carro era da fiscalização. Os fiscais fizeram umas perguntas ao farmacêutico, passaram para o lado de dentro do balcão, olharam tudo e entraram na parte em que eu estava. Me perguntaram se eu trabalhava ali e pediram a minha carteira profissional. Matreiramente, seu Celino disse que eu não era seu empregado e que estava aguardando para tomar uma injeção. "Pode aplicar, depois continuamos", foi dito. Eu, que tinha, e ainda tenho, pavor de agulha de injeção, tomei uma aplicação de um complexo vitamínico na veia. Abandonei o emprego, mas que saudade da loirinha!

Há saudades boas, doídas, desagradáveis e memoráveis, como a que sinto da atriz Glória Cristal. Ela fazia parte da equipe que fez shows comigo pelo Brasil e no exterior. Me acompanhou em uma excursão ao Nordeste. Gostava de conversar com ela, comentar sobre os espetáculos e, no Maranhão, terra da grande amiga Alcione e dos saudosos Ferreira Gullar e Nonato Buzar, depois de um show, a convidei para tomar uma cervejinha e comer um peixe frito na Praia do Calhau.

Era noite de lua cheia, decidimos colocar os pés na água morna da praia deserta. Deu vontade de dar uns mergulhos, deixamos as nossas vestes num ponto da areia e nos banhamos, eu de cueca, ela de calcinha e sutiã. A lua se escondeu entre as nuvens, bateu um vento súbito, as leves roupas dela foram empurradas para o mar e as minhas, talvez por serem mais pesadas, não. Deixei um isqueiro com ela e fui para a barraca de bebidas e petiscos instalada na beira da calçada; consegui uma toalha, levei para cobrir o seu corpo escultural. Paguei a cerveja, dei uns trocados a mais para a dona da barraca e retornamos ao hotel, ela, vestida de toalha. Graças à gloriosa Glória, nasceu a música "Manteiga de garrafa",[30] inspirada no acontecido:

> Tão pequena e tão grande
> Tão moderna e tão pura
> Tão bonita
> Tão perdida, tão segura
> Tão negrice, tão brancura
> Esquisita
> Você é um som africano
> Você é calor cuiabano
> Vai e vem do mar sergipano
> Você é a brisa.
>
> Você é vento batendo
> Lá na Praia do Calhau
> São Luiz do Maranhão.

Você é pimenta
Quiabo e cachaça
Manteiga de garrafa
Carne-seca e pão.

Eu não vou ficar tão longe
Tão distante dos seus pelos.
Vou voar pros seus cabelos
E vou lhe dar mamadeira.
E então, me banhar na lava
Do vulcão que existe em você.
Eu quero lhe transar
Eu quero lhe curtir
Eu quero lhe entender.

Pois é... pois é.
Eu só sei dizer
Que o amor é lindo.

CAPÍTULO 4
A minha Vila é a Isabel

A negra Glória Cristal era o inverso da Lôraburra do Gabriel O Pensador.[31] Achava a música preconceituosa contra as louras, mas, ao fazer uma nova leitura do rap do Gabriel, mudei de ideia. Rádios especializadas em Música Popular Brasileira não tocam rap nem samba, a não ser que seja composição de autor branco, com exceção de o ritmo ser cantado por um preto de muito sucesso.

Note-se que, embora ele seja compositor eclético, é classificado como sambista de Vila Isabel, mas, antes, era citado como partideiro da Boca do Mato, onde foi criado. Sabe-se que nasceu de parteira em Duas Barras, numa casa sem luz. Dona Joana, a parteira, profetou: "Hoje é noite de lua cheia e quem nasce no plenilúnio vai ter sempre muita sorte". Pegou o menino, levou-o à janela, virou a bundinha dele para a lua e exclamou: "Lua, luar! Pega esta criança e ajuda a criar!".

Registrado e batizado com o nome Martinho José Ferreira, da sua infância e adolescência já se sabe. O falecido pai, Josué Ferreira, transferiu a família de Duas Barras para o Rio de Janeiro, e foram residir em um barraco sem iluminação elétrica, no Morro dos Pretos-Forros, também denominado Serra do Mateus. Adulto, Zé Ferreira foi morar em Pilares, na rua Heliodora, logradouro suburbano em que somente uma casa tinha telefone.

Em entrevista com a escritora Helena Theodoro, para o livro *Reflexos no espelho*,[32] declarou:

— Certo dia, em Pilares, recebi um recado da vizinha informando que atendeu a uma ligação de alguém que pedia que eu tentasse um contato com ele e que eu deveria comparecer, com urgência, à sede da TV Rio. Perguntei se adiantaram o assunto, a vizinha disse que não, mas frisou que disseram ser algo importante e que eu deveria procurar uma pessoa chamada Roni, cujo sobrenome eu não me lembro. Achei estranho, agradeci e no dia seguinte compareci à emissora. Fui recebido com euforia por um funcionário da emissora de nome Roni:

— Rapaz, meus parabéns! Sua "Menina moça"[33] foi classificada para o Terceiro Festival da MPB que será realizado daqui a um mês, em São Paulo. Todos os concorrentes já estão ensaiando e você não deu sinal de vida! Eu tive que procurar a sua rua nos *Classificados*, descobrir alguém que tivesse telefone e pedir o favor de te localizar.

— Muito obrigado!

— Você é maluco? Ganhou na loteria e fica normal. Qualquer outro pularia de alegria. Teve um compositor, já famoso, que até chorou.

— É que eu não esperava, mas estou contente. O que tenho que fazer?

— Partir para São Paulo sem demora e se apresentar à TV Record, nossa matriz.

Eu nem sabia que a TV Rio era sucursal da Record.

Na década de 1970 e início dos anos 1980, aconteceram muitos festivais de música no Brasil transmitidos pela televisão e alguns amigos que gostavam muito dos meus sambas me incentivaram a participar. O Cezar e o José Maurício, irmãos da Ruça, me deram um folder com as instruções e providências que deveriam ser tomadas para a inscrição: enviar pelo Correio uma gravação de boa qualidade, partitura com a melodia da música, dez cópias da letra impressa, endereço e número de telefone para contato. Eu nunca tinha entrado em um estúdio e teria que ir a um, acompanhado de músico, arranjar um maestro para escrever a partitura, datilografar as letras e ir a uma copiadora para imprimir as cópias exigidas. Não fiz nada disso. Gravei em casa, numa fita cassete, batucando em uma caixa de fósforos, e mandei sem a mínima esperança. Mesmo assim, a música foi classificada.

Da Vila consegue controlar bem as emoções. Sorrindo por dentro, sem deixar transparecer na face, recebeu a notícia com naturalidade. A ficha custou a cair, como dizem, mas logo o coração acelerou e ele ligou para o Cezar, o Zé Maurício e outros amigos. Nem deu tempo de comemorar com outros camaradas, porque no outro dia seguiu para São Paulo.

Na porta de entrada da Record, cruzou com uma jovem interessante que vinha saindo, olhou para ela, a moça também o fitou, voltou-se e o chamou sorrindo:

— Ei, rapaz! Acho que lhe conheço. Você é carioca?

— Sou. E você?

— Também. Desculpe a abordagem. Lembro de ter visto você em um ensaio da Unidos de Vila Isabel.

Visualizou um crachá pendurado no pescoço da aproximante, perguntou se trabalhava na televisão e informou que era compositor de uma música selecionada para participar do Festival. Ela arregalou os olhos, com um largo sorriso:

— Você é o autor da "Menina moça"?

— Sim.

— Eu sou jornalista. Toda a imprensa está procurando você. Me dá uma entrevista que depois eu levo você ao Solano Ribeiro, o diretor.

Assim foi. Ele nunca havia falado com alguém da imprensa, Antonieta Santos foi a sua primeira entrevistadora.

Solano o recebeu com um ar enigmático e disse, brandamente:

— Você me deixou muito preocupado, porque o Festival tem um cronograma. Parabéns pela música, sua composição é bem diferente, nem um pouco convencional. O compositor classificado deve acompanhar a gravação da sua obra. Como você não aparecia, tive que gravar com o grupo musical O Quarteto, sem a sua presença.

O diretor do festival informou que o Jamelão foi indicado para defender "Menina moça", que ele também ainda não havia comparecido e indagou se o conhecia. Com a resposta positiva, pediu, por favor, que entrasse em contato com o cantor. Já estava tarde para voltar, e o Da Vila ficou parado na saída, sem saber para onde ir.

Walter Silva, conhecido como Pica-Pau, tinha presenciado a conversa que teve com o Solano Ribeiro, se aproximou e o convidou para tomar uma cerveja em um bar próximo e gravar uma fala para o seu programa de rádio. Ali, iniciaram uma amizade. O radialista perguntou se ele sabia onde era o hotel em que ficaria, e o carioca não sabia. Walter residia em Santo Amaro e o convidou para dormir na sua casa. Cansado da viagem e atordoado por tantos acontecimentos repentinos, dormiu a sono solto até bem depois de o sol raiar.

De volta ao Rio, custou a achar o cantor Jamelão, único artista famoso que conhecia. Minto: era amigo da Elza Soares e da Alaíde Costa, bem diferentes do Jamelão, que tinha fama de mal-humorado. Mas ele foi gentil, porém estava de partida para uma viagem de duas semanas. Ia fazer show no Rio Grande do Sul e visitar o Lupicínio Rodrigues, de quem era o melhor intérprete. Mandou que o Da Vila ensaiasse com uns ritmistas e o convidou para participar do coro. As vocalistas sugeridas pelo Jamelão não apareceram, e o Da Vila treinou com as suas irmãs, Nélia e Zezé, e a Elenice, que foi porta-bandeira da Aprendizes da Boca do Mato e era quase da família. Levou-as para São Paulo e ensaiou com os músicos da Record. Jamelão só pôde aparecer na véspera da apresentação, não havia decorado a música, mas a consequência foi boa. O compositor teve a honra de subir no palco do Teatro Paramount e cantar com o maior sambista daquele tempo, que fez poucas intervenções.

A apresentação foi um sucesso, mas a canção "Menina moça" não conseguiu classificação para a final. O júri ficou indeciso se votaria no partido-alto "Menina moça", ou no estranho samba "Beto bom de bola".[34] No último momento, os jurados decidiram pela música do Sérgio Ricardo.

Da Vila, em conversa com Erenice e as irmãs, falou:

— Estou um pouquinho chateado. Pelo andar da carruagem e a reação do público, parecia que iríamos para a competição final.

— Fique triste não. Fizemos bonito, viajamos de avião, conhecemos um pouco São Paulo...

Erenice aparteou a Nélia, dizendo que se sentiu importante no meio de tantos artistas, sendo tratada como tal.

Maria José, a Zezé, completou:

— Até dei autógrafos. Foi uma boa experiência, valeu. Vamos assistir ao encerramento juntos. Adorei a "Roda viva",[35] defendida pelo MPB-4, e vou torcer para o Chico Buarque.

Durante a transmissão, ao vivo, a cena mais chocante foi a do Sérgio Ricardo. Recebeu uma enorme vaia, irritou-se, quebrou o violão e o jogou na plateia. Levantei do sofá e soltei um grito:

— Bem feito!

Vaiaram também, como se ele estivesse ouvindo, e Zezé disse, quase gargalhando:

— Coitado do violão!

E mamãe:

— Não se deve se alegrar com a desdita alheia. Antes de dormir, tratem de pedir perdão a Deus.

Emplaquei outra música no festival seguinte, dessa vez um misto de partido-alto e samba de roda. Nas apresentações prévias, "Casa de bamba" se destacou e estava cotada para ser campeã, mas não chegou à final. Muitos jornalistas me procuraram e abriram espaços para eu reclamar, porém me contive. Disse que as classificações em festivais são problema dos jurados e eles têm o direito de gostar de uma música, ou não. E concluí, sorrindo:

— Gosto musical não se discute.

A decepção maior foi em casa. Cheguei em Pilares todo feliz com a certeza de ter me apresentado bem, abracei minha mãe, beijei e, todo eufórico, perguntei:

— Gostou de ver seu filho na televisão?

— Gostei, mas no festival passado sua música "Menina moça" era melhor. Este ano o júri teve razão, o samba que você cantou é mentiroso.

— Poxa, mãe!

— Aqui todo mundo bebe? Todo mundo briga? Todo mundo xinga? Vão falar mal da nossa família. A pior é aquela parte que diz "macumba lá na minha casa tem galinha preta". Mentira pura! Aqui não é casa de macumba.

As manas me socorreram, quase em uníssono:

— É só brincadeira, liga não, mãe. Fica só com a parte final.

E entoaram:[36]

Mas se tem alguém cantando
Todo mundo canta, todo mundo dança
Todo mundo samba e ninguém se cansa
Pois minha casa é casa de bamba

"Casa de bamba", anunciada como um novo tipo de samba, fez muito sucesso, e, numa entrevista para um grande periódico paulista, o jornalista perguntou, preambulando:

— Sei que você é carioca, mas carioquice é um estado de espírito. Há cariocas naturais de vários cantos do Brasil. Onde você nasceu?

— Para a vida artística, eu nasci em São Paulo, pois a minha primeira aparição em público foi lá.

Gravada prioritariamente pelo Jair Rodrigues, "Casa de bamba" atingiu o topo da parada musical paulista, e a minha gravação foi muito executada nas rádios. Andei pensando em me mudar para a terra do Adoniran Barbosa e até fiz um samba, o "Daqui pra lá... de lá pra cá",[37] de que o Zé Ferreira gosta, com ressalva:

— Essa, autobiográfica como tantas outras suas, é bem maneira, mas o refrão final é um plágio da "Tom maior".

— Se for plágio, é de mim mesmo, está tudo em casa!

Ó meu São Paulo que progride tanto!
Eu já te amo quase como o Rio
Porque tu sabes entender meu samba
E eu já gosto de sentir teu frio.

Não sei se vou, não sei se fico
Se eu fico aqui, se eu fico lá.
Se estou lá tenho que vir
Se estou aqui eu tenho que voltar.

Em ti eu tenho um aliado certo
Na minha luta pra subsistir

Mas lá eu vejo o sol nascer de perto
E canto samba pra me divertir.

Só a saudade é que me faz seguir
Estrada longa em dia de regresso.
Vou lá pra Vila onde o samba é quente
Vou ver a mina lá em Bonsucesso...
Vou pra Pilares rever minha gente
Depois eu volto correndo pra ti.

Daqui pra li, dali pra aqui
Daqui pra lá, de lá pra cá.
De avião é daqui pra li
Pela estrada é de lá pra cá.

Não sei se vou, não sei se fico
Se eu fico aqui, se eu fico lá.
Se estou lá tenho que vir
Se estou aqui eu tenho que voltar.

Em uma das minhas idas a São Paulo, no aeroporto avistei uma linda mulher negra de pele clara, a reconheci e, com jeitinho de quem não quer nada, me aproximei dela. Era uma atriz que tinha feito uma campanha para uma fábrica de lingerie.

— Que prazer ver você ao vivo e em cores! Sou seu fã. Vai viajar?
— Fico feliz em saber que tenho um admirador. Vim reclamar de uma bagagem extraviada, que viria de São Paulo.
— Creio que é melhor ir resgatar lá. Estou indo gravar um programa de televisão e retorno amanhã. Vamos? Posso ajudar você.

Não esperei a resposta. Comprei uma passagem no nome dela e seguimos. Durante o voo, em conversa ladeada, soube que a Cleia era natural do estado do Acre e brinquei:

— Isso quer dizer que você é acretina.
— Acretina, não, acreana.

No setor de "achados e perdidos", não tivemos sucesso. A mala havia sido embarcada para outra cidade e já estava a caminho da residência dela. A convite, foi comigo ao programa de TV; eu a acompanhei na compra de uns artigos pessoais e sugeri que se hospedasse no hotel onde eu estava. Às 21 horas, liguei para o quarto dela e a convidei para jantar no restaurante do hotel. Tomamos o café da manhã juntos e seguimos para o aeroporto.

No Rio, ofereci-lhe uma carona até sua casa e aconteceu um lance lastimável: um carro abalroou o meu por trás, a porta se abriu e ela caiu. Felizmente, não se machucou, teve apenas uns arranhões nos joelhos. Nunca mais tive notícias dela. Será que voltou para o Acre? Por um amigo em comum, soube que a Cleia residiu durante uns anos na "cidade da garoa", onde andei pensando em ir morar, não por causa dela, e sim por conveniência artística.

Naquela época, São Paulo e Rio eram cidades distintas, nos costumes, nas vestes, nos gostos... Havia uma parada musical carioca e outra paulista. Os artistas de cá sonhavam com o décimo lugar de lá, porque significava uma vendagem maior que a do colocado em primeiro no Rio. Em contraposição, os paulistas batalhavam para entrar na parada do Rio, porque tudo que acontecia na Capital Cultural tinha ressonância nos municípios principais de todas as regiões.

A minha gravação de "Casa de bamba" estava sendo muito tocada nas emissoras de São Paulo, e o José Messias, radialista que apresentava um programa de grande audiência na Rádio Nacional, teve a ideia de uma vez por mês apresentar um artista paulista. O diretor artístico da minha gravadora me ligou, eufórico:

— Da Vila, você foi convidado a participar do Programa do Messias, é muito importante!

— Irei com prazer. Tem que levar músicos?

— Se preferir leva, mas pode ser também em playback.

— Deixa comigo!

Cheguei na Rádio Nacional, a emissão já havia começado, mas não houve problema, eu faria o encerramento. O apresentador José Messias anunciou:

— Atenção, Brasil! É com prazer que apresento, diretamente de São Paulo, o grande sambista de lá, Martinho da Vila!

Fui muito aplaudido e, no final, o Messias me entrevistou no ar:

— Você é da Vila Matilde, da Vila Maria ou da Vila Mariana? Seus trejeitos são de carioca.

— Acertou, em parte. Eu nasci em Duas Barras, fui criado na Boca do Mato e a minha Vila é a Isabel.

CAPÍTULO 5

Não faço mal a ninguém

Vila Isabel foi o primeiro bairro projetado do Rio de Janeiro. Conhecido como a Terra de Noel e da princesa Isabel (Noel de Medeiros Rosa e Isabel Cristina Leopoldina Augusta Micaela Gabriela Rafaela Gonzaga de Bragança e Bourbon), foi criado pelo barão de Drummond, inventor do jogo de bicho. O Morro dos Macacos ganhou esse nome porque era uma colina com muitos primatas. Morei na Vila, transitei muito pelo Macacos, tenho saudades.

— E a Serra dos Pretos-Forros, na Boca do Mato, onde foi criado, por que tem esse nome?

— É situada entre Água Santa, Lins de Vasconcelos e Jacarepaguá. Faz parte do Maciço da Tijuca, mas, apesar do nome, nunca foi um quilombo.

— É verdade. No meio da sua floresta, no tempo da escravidão, residiam negros livres, bem-sucedidos, em comparação com os demais. Depois foram se fixar lá, antes da entrada da mata virgem, pessoas que tomaram posse de áreas e surgiram sítios como o da dona Maria das Vacas e a chácara do seu Zé Rolão, que tinha um terreiro de macumba. Aliás, não era um terreiro, e sim um templo espaçoso, com várias dependências, onde os filhos e filhas com incorporações eram recolhidos. Na Serra dos Pretos-Forros, conhecida também por Morro da Boca do Mato, residia um homem apelidado de Tutuca, muito brincalhão, e um outro, alcunhado de Bento, este muito respeitado, até temido, que todos chamavam de senhor. Tutuca e Bento ocuparam terrenos, ergueram barracos para alugar e assim se formou o Morro da Boca do Mato, que não era como as favelas normais, tinha características próprias.

— No Pretos-Forros moravam brancos?

— Sim. Havia muitas famílias de alvos, como a do Arnaldo Locatel, conhecido como Ruço, que foi noivo da minha irmã Nélia. Também a família da Onorina. Me lembro agora do amigo Beu de Abras, um sujeito muito gozador, totalmente inverso aos respeitáveis branquelos como os senhores Durval e Chiquinho, diretores da Escola de Samba Aprendizes da Boca do Mato, presidida pelo seu Aristides, um preto alto e esguio, funcionário público, que andava sempre de paletó e gravata. O lugar era tranquilo, sem marginais. Raramente ocorriam desentendimentos com consequentes brigas de mão, separadas pela "turma do deixa disso". Morei lá da infância até a idade adulta, e, nesse tempo, jamais ocorreu um crime de morte. Os únicos considerados "foras da lei" por fumar eram da turma do Mário Criolinho. Quase todos os evitavam, eu me dava bem com eles, nunca me ofereceram nada. Andavam sempre bem-vestidos, eram bons ritmistas, tocavam na bateria da escola verde e branca, Aprendizes da Boca do Mato. Em meio a um bate-papo descontraído, falei que a escola estava com poucas alas para desfilar e que seria bom se eles fundassem uma. Abraçaram a ideia e sugeri o nome Ala dos Esquisitos. Alguns ficaram carrancudos, mas as carrancas se abriram em sorrisos quando eu cantei um samba que havia acabado de fazer, inspirado neles:

Sou esquisito, não devo nada a ninguém
Quem de mim fala é muita mágoa que tem

Sou da pesada e do bem, não faço mal a ninguém
Aqui só tem ponta firme que gosta de Carnaval
Pra ser esquisito não pode ser vacilão

Tem que estar por dentro de qualquer situação
Se o assunto é samba ou futebol, tamos aí

> Qualquer prazer me diverte, levo a vida assim
> E só trato de mim.

Fundaram a ala, lancei o samba na quadra, os componentes aprenderam rápido, as pastoras cantavam sorridentes e passaram a vê-los com bons olhos.

No morro, todos gostavam do Timboca, negro alto e forte; bancava um jogo de ronda e não permitia que menores jogassem. Grande amigo do presidente Aristides, se responsabilizava pela segurança nos ensaios. O Timboca era uma espécie de xerife do morro: acabava com arruaças, apartava brigas de pivetes, bate-bocas de mulheres e até briga de casal. Se visse alguma jovem ou senhora sozinhas, subindo o morro de noite, ele as acompanhava até em casa. Queridíssimo pelos moradores, recebia apoio dos líderes comunitários, de seu Bento, senhorio de barracos, e do seu Dorvalino, eterno presidente do Boquense F. C.

Não me esqueço do dia em que fui convidado para jogar no segundo time do Boquense. Tinha quatorze anos e calcei chuteira pela primeira vez, uma já usada que o presidente Dorvalino me deu. Era um pouco grande, eu colocava uns pedaços de jornal na ponta.

Seu Bento tinha a melhor casa do morro, subia e descia montado no seu cavalo branco e, ao caminhar a pé, andava sempre com um rebenque. Mais poderoso do que o Timboca por ser macumbeiro, quando passava, as crianças que estivessem brincando paravam, se levantavam e pediam a bênção. Um dia, não sei por que o nosso primo Zé da Cruz permaneceu sentado onde estava, e seu Bento deu-lhe uma surra. Mãe Tereza, ao saber do ocorrido com o sobrinho, ficou revoltada e falou para o meu pai:

— Josué! Seu Bento surrou um nosso sobrinho, e eu não gostei. Qualquer dia poderá bater no nosso filho. Vá à casa dele e diga que se o Ferreirinha fizer alguma má-criação, ele deve falar com a gente que nós castigamos.

— Quando eu encontrar com ele, vou falar isso.

— Não. Vá lá agora e leve o menino para ele reconhecer.

Eu tinha nove anos, e o pai, contrariado, me pegou pelo braço e fomos. Era de noite, e ele parecia preocupado, pois caminhou em silêncio. Teria de falar firme com o seu Bento, e creio que pensava na forma de dizer. Bateu palmas na entrada do portão e foi recebido amistosamente:

— Entra, seu Josué! Que bons ventos o trazem? Se precisar de alguma ajuda, conte comigo.

— Venho só visitar o senhor e apresentar o meu filho.

— Já o conheço. É muito educado, não é igual a um em quem eu tive de dar um corretivo hoje.

— Pois é. O castigado é o sobrinho Zé da Cruz, filho do compadre Bertoldo, e a Tereza ficou preocupada. Mandou que eu viesse aqui para dizer-lhe que, se o nosso filho cometer algum desrespeito, o senhor fala que ela mesma castiga.

Neste ínterim, apareceu Dona Conceição, mulher do Seu Bento:

— Olá, seu Josué! Como vai a dona Tereza?

— Está bem. Mandou um abraço.

Aí os três engrenaram em uma conversa amigável, tomamos um café com broa, nos despedimos e saímos.

O pai voltou alegre, e mamãe perguntou:

— E aí?

— Falei com o homem. Tudo certo.

— Falou firme?

— Claro. Com firmeza, mas sem arrogância. Fez elogios ao nosso filho, Dona Conceição mandou um abraço forte pra você e disse que admira muito as nossas crias, porque andam sempre bem-vestidas.

Uma vez, passei por uma situação parecida com a do meu pai. Elza saiu para trabalhar e colocou uma tesoura na bolsa para se defender do Ênio, filho da dona Chatinha, cujo nome era Carlinha, mas todos a chamavam pelo apelido. O Ênio era um rapaz robusto e medroso, que pegou uns dias de cadeia por bater num menino. Certa vez, ao regressar do trabalho, Elza esvaziou a bolsa e mamãe viu a tesoura. Questionada, a mana mais velha disse que o Ênio mexeu com ela desrespeitosamente. Eu tinha quinze anos, era órfão de pai e aparentava menos idade devido a ser miúdo. Mamãe virou-se para mim e disse:

— Filho, você é o único homem da casa. Vai lá onde mora o abusado e diga para ele que se voltar a mexer com a sua irmã, vai ter que se ver contigo.

— Amanhã, com certeza, vou me encontrar com ele e resolvo a questão. Ele é meu amigo.

— Nada disso. Vai agora. Leve esse vergalhão. Se ele avançar para você, taque o vergalhão nele.

Não teve jeito. Peguei o pedaço de ferro roliço e parti, tenso, pois nunca fui de brigas. Da porta da casa, gritei:

— Ênio! Venha cá, precisamos conversar.

Dona Chatinha chegou à porta, mandou que eu me retirasse, porque já sabia do acontecido e falou que, na primeira oportunidade, o filho ia pedir desculpas à Elza. De volta, eu disse que estava tudo resolvido.

— Falou com ele?

— Não, mãe. O covarde não quis me encarar, me entendi com a dona Chatinha. Garantiu que não vai mais acontecer e que o Ênio vai se desculpar.

O Morro da Boca do Mato começa no cruzamento das ruas Maranhão e Aquidabã, que forma um largo. No bairro, de nome idêntico, existia, na rua Fábio Luz, um convento de freiras enclausuradas.

Na Aquidabã, ficava situado o tradicional Colégio Silvio Leite e a conceituada Maternidade Carmela Dutra. Tinha um cinema na rua Maranhão e no largo da Boca do Mato havia armazém, mercearia, padaria, farmácia, quitanda, carvoaria, o açougue do Zé, a loja do Nilo Tortinho, especializada em consertos de vitrolas, rádios e outras coisas mais.

O Nilo Tortinho, presidente da descrita Ala dos Esquisitos, ao fechar a sua loja, ia beber com amigos ou jogar no grande boteco com duas mesas de sinuca. Um fato interessante: quando jogadores ficavam até muito tarde, o dono do bar recolhia a féria, fechava o estabelecimento e ia para casa. Uma chave ficava em poder dos jogadores de sinuca, com a recomendação de, ao saírem, colocá-la em um lugar determinado. Se consumissem alguma bebida, pagavam no dia seguinte.

Eram muito frequentados também o botequim do Alfredo e um outro, de que o Tião Jamelão, um preto retinto, tomava conta. Jamelão mantinha um caso com uma jovem branca e linda, esposa de um major do Exército. O militar descobriu e, armado, foi ao bar à procura do rival, que, por ventura, havia se ausentado. Perguntou ao garçom para onde o desafeto tinha ido, não foi informado; babando, saiu em disparada no seu carro e sumiu. Semanas após, a mulher infiel foi encontrada morta, o corpo em estado de putrefação. Do major não se tem notícia.

— O crime lembra o fato histórico conhecido como Tragédia da Piedade,[38] em que Euclides da Cunha, marido traído, empunhando um revólver calibre 32, dirigiu-se a uma casa no bairro Piedade, residência onde sua esposa Anna Emília estava com Dilermando, o amante. Euclides bateu palmas em frente ao pequeno portão; mal a porta lhe foi aberta, disparou sua arma contra Dilermando e atingiu Dinorah, irmã dele. Campeão de tiro, o jovem alferes da Marinha respondeu-lhe com dois balaços certeiros que causaram a morte do autor de *Os sertões*, clássico da literatura brasileira. A diferença é que Euclides não conseguiu matar Emília.

— Na Boca do Mato, o único homicídio de que se tinha notícia era o do major assassino da esposa. O lugar era tranquilo e movimentado na época, com bares abertos até a madrugada; outros estabelecimentos não baixavam as portas antes das 22 horas. Atualmente, por volta das dez da noite, o bairro está deserto. A rua Aquidabã atravessa o largo da Boca do Mato e, a partir daí, era chamada de rua de Baixo, e a Maranhão, que seguia em direção ao morro, era apelidada de rua de Cima. No alto, havia uma parte desbastada onde a molecada soltava pipas, rodava piões, jogava bola de gude e pelota de borracha nas famosas peladas. Peladeiros que se destacavam eram chamados para integrar o Boquense e ganhavam do Seu Dorvalino, o dono do time, um par de chuteiras.

— Lembro de você ter me dito que ganhou umas usadas.

— Joguei calçado pela primeira vez no campo do Mirim, que foi futebolista profissional. Sempre fui vascaíno e, em sonho, jogava no Expresso da Vitória, famoso time do Vasco e, ao mesmo tempo, irradiava o jogo em voz alta: "*Bola com Eli, passa pra Danilo que lança para Maneca. Maneca dribla um, dois, cruza lá pra ponta. Friaça mata no peito do pé, avança e manda pro Ademir, Ademir pra mim. Goool!*". Mamãe dormia tarde, eu despertava com as gargalhadas dela.

Nunca fui goleador, só fazia gols em sonhos, mas uma vez fui o herói do Boquense. Jogava no meio de campo sem suar camisa e não cabeceava, mas era bom nos dribles e nos passes. Eu, Pedrinho, Humberto e Tião Bagunça jogávamos no segundo time e éramos reservas do primeiro. Se o principal estivesse ganhando, nós entrávamos nos minutos finais para gastar o tempo driblando. Em um jogo que estava apertado, estávamos na frente, mas o adversário pressionava muito. Seu Dorvalino me botou em campo quase no final com a incumbência de prender a bola. Em um contra-ataque, eu driblei dois, estava quase na marca do pênalti, mas fiquei com medo de chutar e perder o gol. Atrasei para um colega, ele deu uma pancada, a bola bateu na minha cabeça e eu caí desmaiado. Despertei sufocado com os companheiros pulando em cima de mim. Quando me desvencilhei, ainda zonzo, soube que tinha feito o gol da vitória.

A essa altura, estava com dezoito anos e, logo que abandonei o emprego na farmácia do dr. Celino, pai da lourinha saudosa, consegui um batente no escritório de advocacia do dr. Arthur, na rua São José, no centro da cidade. O chato era que tinha de andar de paletó e gravata. Eu atendia os clientes, servia cafezinho e água, marcava consultas... Quando o dr. Arthur ia para o Fórum, eu ficava sozinho, atendia os telefonemas, anotava os recados e fechava o escritório às 18 horas. Outra função era a de entregar e receber correspondências, com a recomendação de ir e voltar de táxi, portando uma pasta com documentos, levar a chave para casa e chegar no dia seguinte antes das oito da manhã. A chegada no morro, de táxi, era um acontecimento. Um *boy* que usa paletó e chega na comunidade de táxi realmente causa estranheza.

— Além do ofício de artista, você tem outra profissão?

— Posso dizer que sou produtor discográfico e diretor de espetáculos. Produzi álbuns de Mané do Cavaco, Rosinha de Valença, Rildo Hora, Paulo Moura... Dirigi "O canto livre de Angola", shows da Mart'nália, do Grupo Revelação... E sou roteirista e autodiretor da maioria das minhas apresentações.

— Nós temos muitos pontos em comum; entre outros, estudei no SENAI e, como você, prestei serviço militar durante treze anos. Com dezoito, fui servir no Terceiro BCC, Batalhão de Carros de Combate, em Deodoro. Estavam incorporando rapazes com dezenove anos e me apresentei voluntariamente, portando um ofício do Laboratório Químico e Farmacêutico do Exército (LQFE), solicitando que eu fizesse apenas a preparação militar básica e depois fosse destinado ao Laboratório, incluído no Grupo Contingente, formado por soldados que também prestariam serviço em repartições mistas, de militares e civis, tais como as repartições do Ministério da Guerra, a Policlínica, o Hospital Central... Durante as instruções básicas, aprendi a desmontar armas, a limpar e remontar. Eram maçantes as aulas de brasilidade, noções de disciplina e respeito à hierarquia: marechal, general de exército, general de divisão, general de brigada, coronel, tenente-coronel, major, capitão, primeiro-tenente, segundo-tenente, aspirante, subtenente, primeiro-sargento, segundo-sargento, terceiro-sargento, cabo e soldado. Os três primeiros citados são Oficiais do Primeiro Escalão; os seguintes, Oficiais Superiores, seguidos dos Oficiais Subalternos. Subtenentes, sargentos e cabos são Praças.

Com exceção dos jovens fichados como marginais, todos os cidadãos deveriam, obrigatoriamente, servir ao Exército, porque os privilegiados sociais recebem o mesmo tratamento dos humildes e cumprem as mesmas tarefas, inclusive a de faxinar. O serviço mais chato é o de Plantão de Banheiro. Os escalados ficam em pé na porta e, quando alguém vai fazer uma necessidade, pedem que espere por uns instantes, entram e averiguam se foi dada a descarga, se ficaram respingos de xixi no chão; se respingou, o plantonista tem de ir limpar. Imagine um filhinho de mamãe nessa situação? A pior escala é a de Guarda do Quartel, na qual se fica duas horas de plantão por quatro de descanso, mas permanecendo com o uniforme de serviço, sem tirar os coturnos dos pés.

Meus companheiros pertenciam à classe média, alguns, aparentemente, à alta. Havia até um que era sobrinho do comandante do batalhão. Branquinhos e despreconceituados, nunca contaram nenhuma piada racista. Por ser preto, eu era alvo das atenções deles e, nas conversas, notava que ficavam curiosos, intrigados mesmo por eu ter sido incluído no Contingente Especial. Um colega, numa rodinha de conversa, me perguntou um dia:

— Seu pai é oficial?

— Não. Nem tenho nenhum milico na família. Fui criado na casa de uma influente professora, amiga da minha mãe. Através dela, fui indicado para este contingente e destinado ao LQFE, onde servirei depois daqui. Quando eu der baixa, vou ser funcionário público, contratado como auxiliar de químico, minha profissão. Tenho o diploma de auxiliar de químico industrial. Palmas para mim!

Bateram palmas e me deram uns petelecos na cabeça, de brincadeira. Fiquei pouco tempo no batalhão, mas foram tempos duros. Nós, do Contingente, éramos sempre escalados para a faxina. Numa formatura matinal, o capitão comandante da Companhia avisou que haveria um exercício de marcha por seis quilômetros e que todos deveriam ir ao almoxarifado pegar o equipamento completo. Ao toque de debandar, muitos saíram correndo, e eu caminhei devagar. Ao chegar, não havia mais equipamentos, nem mesmo mosquetão, uma espécie de fuzil antigo. Além de mim, alguns da Companhia de Serviços à qual eu pertencia marcharam sem mochila e desarmados. O pior veio depois: todos tiveram um descanso até a hora do almoço e nós, que marchamos desequipados, fomos mandados ao almoxarifado para recolher os equipamentos, limpar e empilhar.

Tínhamos muitas atividades físicas, jogávamos futebol... Os três meses de instrução básica passaram voando. Antes de seguirmos para as repartições de destino, nos reunimos em um bar, tomamos cerveja, fumamos charutos, rememoramos histórias acontecidas. Alegremente, comentávamos fatos ocorridos e ríamos de nós mesmos. Eu falei da pior lembrança, para mim: a da vacina "contra tudo". Enfileirados, um enfermeiro passava no nosso braço o algodão com álcool; dávamos um passo, outro aplicava a injeção com uma agulha grossa, não descartável, e um terceiro nos dava algodão para colocar em cima do furo. Eu tenho pavor de injeção, quase desmaiei, e um colega à minha frente perdeu os sentidos.

Outro fato relembrado: ficamos em forma, lado a lado, em frente a uma outra fileira de soldados armados com bombas de pulverizáveis. Um sargento deu ordens para abaixarmos a calça e a cueca, e os colegas pulverizaram os púbis para acabar com os chatos, uma espécie de piolho. Eu não estava escalado para polvilhar, afrouxei o cinto, deixei as calças caírem e me senti ridículo ao olhar para os lados de soslaio, vendo diversos falos de colegas superdotados. Não sabia que o tamanho médio dos pênis dos brasileiros é, em flacidez, 9 cm, mais ou menos, e cerca de 15, quando eretos.

A citada reunião no bar parecia uma comemoração de soldados que se despedem da dura vida militar e, ao me apresentar no LQFE, um órgão misto, com milicos e civis, inclusive mulheres, fiquei com a sensação de que havia saído do Exército: nada de formatura matinal, nada de ordem unida, nada de mochilas e armamentos, nada de faxinas. Trabalhava de farda de passeio, sem jaqueta e sem bibico na cabeça. Andava todo cheiroso, pois fui locado na seção de perfumes. Conquistei a amizade do Montenegro, um químico da seção de hipodérmica, e, quando faltava um mês e pouco para eu dar baixa, disse a ele que, provavelmente, continuaríamos trabalhando juntos porque eu seria contratado como funcionário público civil. Curioso para saber qual o salário que ganharia inicialmente, fiz uma sondagem com ele de quanto seria, mais ou menos.

— No início, será pouco e, depois, também. O funcionalismo é muito mal pago, e o meu salário é menor do que o soldo de um cabo semianalfabeto.

Argumentei que pretendia estudar para ser um químico como ele.

— Você já fez o curso de auxiliar, não é? — Dei uma gargalhada.

— Está rindo de quê?

— De mim próprio. Sou diplomado em Preparador de Óleos, Graxas, Ceras, Perfumes e Sabões, porém não sei mais fazer nada disso.

— Pode ter esquecido, mas as noções sempre ficam. Estude, entre para uma faculdade e, ao se formar, largue logo o serviço público. Um químico ganha, mais ou menos, como um sargento sem formação acadêmica. Eu permaneci, com a esperança de melhorias salariais; tenho vontade de sair, mas já é tarde.

As palavras do Montenegro perturbaram a minha mente. Fiquei pensando na nossa conversa até a noite, e foi difícil dormir. Ao se aproximar o dia da baixa, eu ainda estava em dúvida se seguia ou não na vida militar. Acabei por decidir pedir engajamento, o requerimento foi deferido e me candidatei ao Curso de Formação de Cabos Burocratas. O curso seria realizado no Primeiro Regimento de Infantaria, sediado na Vila Militar, mas havia muitos candidatos, e eu fui destinado ao Terceiro Regimento de Infantaria, situado em São Gonçalo, um município distante da Boca do Mato, onde eu morava. Tinha de estar em forma às sete da matina e, para isso, eu saía de casa pela madrugada. Naquela época, São Gonçalo parecia bem mais distante. Não havia a ponte Rio-Niterói, e eu tinha que pegar a barca das cinco horas, às vezes ainda antes do dia raiar. A travessia durava quarenta minutos; em seguida, pegava um bonde ou ônibus. Ao saltar, tinha que dar uma boa caminhada até o quartel.

— Ufa! Estou exausto só de ouvir você falar.

— E eu não exagerei nada. Nem falei que o bonde e o ônibus eram velhos, desconfortáveis e lotados, com gente em pé. Na primeira aula do curso de cabo, tomei conhecimento das matérias, soube que uma delas era datilografia, e eu não sabia escrever à máquina. Então, cansado das andanças e das lidas, chegava ao Rio por volta das 19 horas e ia direto para um curso de datilografia. Na prova final, era obrigatório dar 180 toques por minuto. Exercitei exaustivamente, fui aprovado. Ao ser promovido a cabo, que alegria! Animado, me inscrevi para o Curso de Formação de Sargentos.

Orlandivo, sambista que usava um molho de chaves para batucar, fez os cursos comigo no Terceiro Regimento de Infantaria, quartel que tinha uma escola regimental onde os analfabetos incorporados eram alfabetizados e só davam baixa sabendo ler e escrever. Não sei se ainda é assim. A prática esportiva era obrigatória. Havia um campeonato de futebol entre os quartéis de Infantaria, e o 3º RI sagrou-se campeão. Nos treinos para o próximo, eu era reserva.

Nós éramos proibidos de jogar futebol nos domingos de folga, mas eu tinha jogado e sofrido uma torção no joelho direito. Fui para o treino fingindo firmeza, porém estava sentindo muita dor. O técnico me colocou em campo, entrei com o plano de me esconder da bola. Sim, isso é possível. Se a pelota está num extremo, se vai para o outro. Meu time estava atacando e eu, no meio do campo com um marcador ao lado. Me mandaram a bola pelo alto, eu me abaixei para ela passar, o adversário pulou, me deu um esbarrão — na verdade, uma esbarradinha. Aproveitei para cair no gramado com as mãos no joelho, fazendo firula. O enfermeiro me acudiu, ajudou-me a levantar e me levou para a enfermaria. Ao me examinar, o clínico constatou que a contusão não era recente:

— Vou ter de informar ao diretor do curso.

— Por favor, doutor, não faça isso. Faço parte do esquadrão que vai disputar o campeonato de futebol da Infantaria; se fizer, vou ser desconvocado. Somos proibidos de jogar futebol nas folgas, e eu confesso que joguei, o que é passível de punição e haverá risco de eu ser desligado do curso de sargento!

O doutor receitou um analgésico com a recomendação de aplicar gelo no joelho até desinchar. Me deu três dias de folga, aproveitei para estudar bastante e, certo de ter atingido a nota suficiente, fui ver a lista dos aprovados fixada num quadro de instruções. O meu nome não constava. Tranquilo, pedi revisão de prova. O diretor do curso me atendeu bem, mas disse que as provas tinham sido corrigidas por ele, revisadas e remetidas ao Comando. Tentou me demover do propósito, insisti. Autorizado a falar com o major fiscal, esse me recebeu carrancudo e falou, mais ou menos, assim:

— Ouça bem, cabo. Pedir revisão é um direito seu, mas significa que você está duvidando da eficiência na correção, o que é uma infração passível de punição. As provas ainda estão aqui na minha mesa e posso lhe mostrar, mas, se o resultado estiver coerente com seu desempenho, você será punido. Quer arriscar a ver?

— Quero sim, senhor.

Perguntou o meu nome completo e estava lá: 9.6, aprovado. O major arregalou os olhos e disse:

— Espere aí! Seu nome não é muito comum, mas pode ter um homônimo. Vou verificar.

Observou uma lista com todos os nomes e notas dos aprovados e outra dos que não tinham sido. A carranca se esvaiu com um sorriso e ele disse que deveria ter sido erro de digitação. Havia um colega que se chamava Marinho José Herrera e seu nome constava da relação de aprovados com uma nota inversa à minha, 6.9. Me parabenizou e mandou-me sair. Coitado do Herrera! Foi desligado do curso.

Eu caminhava para os trinta sóis, com a mania de falar sozinho, mantida até hoje. Meditando, ainda hoje procuro me conhecer, saber das minhas capacidades e dos meus limites. Naquela ocasião, antes de me deitar, fitei os olhos nos meus refletidos no espelho, questionando:

— Zé Ferreira, o que fez de bom neste dia? Há algo que não deveria ter feito ou ter deixado de fazer?

Respondi:

— O que fiz de bom foi ter coragem para pedir a revisão da prova. O que eu não deveria ter feito foi jogar futebol em dia de folga, contrariando as determinações. O que deixei de fazer foi falar a verdade sobre a contusão, mas é perdoável.

A essa altura, o Da Vila ainda não havia nascido: veio à luz no Terceiro Festival da MPB, em São Paulo, e não chorou como as crianças ao nascer. Em vez de chorar, cantou uma nova versão de partido-alto, criada por ele:[39]

Menina moça vai passear
Quer rapazinho pra acompanhar.
Tá passeando já quer flertar
Quem tá flertando quer namorar.
Tá namorando já quer noivar.

Moça está noiva quer se casar.
Se está casada só quer brigar
Quem tá brigando quer desquitar.
Tá desquitada quer se amigar

Tá amigada quer separar.
Tá separada não quer amar.
Não tá amando só quer chorar.
Só quer chorar, chorar.

CAPÍTULO 6
Canto livre

A lesão sofrida acabou com o meu sonho de ser jogador de futebol; lamentei, mas não devia, porque os atletas têm vida profissional curta, e a dos artistas é indefinida. Produzi e cantei no LP *Nem todo crioulo é doido*, mesmo título de um show produzido pelo Sérgio Porto, conhecido como Stanislaw Ponte Preta, autor do "Samba do crioulo doido", que fazia gozação com um compositor fictício que fez um samba ridículo narrando a História do Brasil. Em consequência, autores de samba-enredo, como eu, foram ridicularizados.

O Stanislaw ganhou projeção com o livro *Febeapá: o festival de besteira que assola o país*[40] e fez aquele show no Teatro Toneleros (que não existe mais). Eu fui ver e observei que era repleto de conotações racistas. Por exemplo, no quadro em que ele homenageava o Pixinguinha, Alfredo da Rocha Vianna Filho, flautista, saxofonista, compositor e arranjador brasileiro, músicas do maestro foram interpretadas pelo Quarteto Em Cy, formado pelas irmãs Cybele, Cylene, Cynara e Cyva. No fim, após os aplausos, o humorista falou: "O crioulo virou nome de uma rua, em Ramos". Mostrou a placa com a palavra *musicólogo*, apontou o dedo para essa palavra e disse: "O Pixinguinha nem sabe o que significa isso". A plateia repleta de "caras-pálidas" aplaudiu efusivamente.

Indignado, eu produzi o show *Nem todo crioulo é doido*[41] e gravei um *long-play*, lançado pela gravadora Codil, com a participação dos sambistas Mário Pereira, do Império da Tijuca; Cabana, da Beija-Flor; Zuzuca, do Salgueiro; Darcy, da Mangueira; Antônio Grande, da Vila Isabel e Anália Mendonça. A maioria das músicas era para ser cantada pela Anália, mas ela só quis gravar duas: "Só Deus", parceria do Jorginho Peçanha com o Walter Rosa, e "Berço do samba", do Silas de Oliveira. O Antônio Grande, puxador da Vila, colocou voz na "Sinfonia do mosquito", do Aurinho da Ilha, e em "Quem lhe disse", composição dele. O Marinho da Muda cantou "De fevereiro a fevereiro", dele mesmo, e o Zuzuca interpretou "Tristeza de malandro", sua parceria com o Bala. Eu cantaria só "Pra que dinheiro", de minha autoria, mas, devido à decisão da Anália, gravei mais três faixas: "Deixa serenar", "Se eu errei" e "Querer é poder", de outros autores.

Ninguém ganhou nem um tostão por participar desse LP. Stokler, o dono da Codil, vendeu o produto para a gravadora DiscNews, e eu, que gastei minhas economias na produção, também fiquei de bolso vazio, tendo que dar satisfações aos intérpretes e compositores que pensavam que eu tivesse participado da transação. Apesar de tudo, valeu. O falecido Romeu Nunes, na época diretor artístico da RCA Victor, ouviu o disco, gostou da minha voz e mandou o Rildo Hora, seu assistente, entrar em contato comigo. O Rildo me falou mais ou menos do que se tratava, e eu compareci à RCA levando um cassete com a gravação de uns sambas e as letras datilografadas. Imaginei que queriam ouvir músicas minhas e selecionar uma para algum intérprete ou cantora.

Em uma salinha reservada, fui apresentado ao Romeu Nunes, diretor artístico da gravadora, que me entregou um contrato de cantor, pronto para eu assinar. Passei uma vista d'olhos e, surpreso, recusei. Mais surpreendido do que eu, ele disse que a RCA era a principal gravadora do Brasil e que qualquer artista que recebesse a proposta daria pulinhos de felicidade, mas não me convenceu. Insistiu, e eu me mantive irredutível. O Romeu argumentou:

— Que cláusula há neste contrato com a qual você não concorda? Se possível, poderemos alterar.

— Desculpe-me, mas não quero ser cantor.

— Então, o que quer?
— Meu sonho é ter as minhas músicas gravadas.

Romeu passou os olhos em umas letras, ouviu parte de algumas gravações no rolinho de fita cassete e me fez uma proposta:

— Eu disponho para você um estúdio com técnico, você grava três compactos duplos com suas composições para mostrar aos cantores que quiser e depois faz, para nós, um disco com doze canções de outros compositores. Que tal?

Aceitei a proposta com a condição de ouvir as músicas antes de gravar.

Dias após fazer o registro das minhas, fui à sede da RCA, sendo recebido com um largo sorriso e a informação:

— Mudei os planos. Não há necessidade de gravar o disco com músicas de outros autores. Vou lançar um álbum com as de sua autoria. O que você gravou ficou muito bom, só é preciso refazer umas vozes e colocar um coro feminino. Vai ser um sucesso retumbante.

A RCA lançou um single com "Casa de bamba", me empolguei e pensei em me dedicar à vida artística. Datilografei um requerimento de desligamento do Exército, mas não dei entrada de pronto, era uma decisão difícil. A profissão de artista é insegura, talentosos fizeram sucesso e desapareceram; no Exército, eu tinha estabilidade e chances de promoções. Um amigo me incentivou com o provérbio: *Quem não arrisca não petisca*. Pensei bastante, botei os prós e os contras na balança do futuro, veio-me um pensamento: *Quem deu um passo tem que ir em frente*. Decidi arriscar e virei artista.

Como mencionei antes, também posso dizer que sou produtor discográfico e diretor de espetáculos.

Já produzi álbuns de grandes nomes brasileiros, clássicos e contemporâneos... E dirigi shows e espetáculos de colegas.

— Nós temos muitos pontos em comum, estudei no SENAI e prestei serviço militar durante treze anos. Na época, os militares eram amados pela população; hoje são respeitados. Antes da implantação, em 1968, do Ato Institucional nº 5, que fechou o Congresso, andavam fardados, e os cadetes da Academia Militar de Agulhas Negras causavam orgulho em seus familiares, vizinhos os admiravam, pais e mães preparavam suas filhas para matrimoniar com um milico.

Eu era sargento, segui o conselho do meu amigo, o Marcus Pereira, e protocolei o pedido de baixa. O Marcus era um empresário paulista, proprietário de uma agência publicitária, me garantiu que, na pior das hipóteses, me empregaria na sua firma com um bom salário. Além disso, o Arnaldo Locatel, noivo da minha irmã Nélia, que trabalhava no Banco Português do Brasil, ficou de me arrumar colocação naquele banco, o que não me entusiasmou. Não me agradava a condição de ter patrão, nem patroa. Da história do Marcus, consta a busca obstinada para registrar a cultura musical de todos os cantos do país, que resultou no documental *long-play Mapa musical do Brasil*,[42] lançado por sua gravadora, a Discos Marcus Pereira, com expressões musicais originárias das regiões Norte, Nordeste, Sul, Sudeste e Centro-Oeste. Marcus, chamado por próximos como o "Tinhorão dos estúdios", em uma referência ao crítico adepto de uma valorização da música folclórica, deixou muitos LPs gravados por artistas do interior. Carolina Andrade, sua companheira e depois esposa, trabalhou na gravadora fazendo pesquisas e indo a campo para encontrar manifestações que iam do bumba meu boi do Maranhão às tradições do Rio Grande do Sul.

Mas, se eu tivesse aceitado a oferta de emprego dele, teria me dado mal: meu futuro cunhado virou ex, em pouco tempo 'bateu as botas', e o Marcus Pereira tentou 'pendurar o chapéu onde a mão não alcança', ficou endividado e, como dizem alguns angolanos quando alguém morre por conta própria, 'desconseguiu-se'." Senti muito o falecimento do Marcus Pereira e, ao me lembrar dele, fui ficando de teto baixo. Me reanimei ao voltar a papear com o meu fantasioso clone, inquiridor:

— Sua promoção a sargento foi problemática, não? Do imbróglio daria para se fazer uma série televisiva?

— Ih! Mais do que seriado, uma novela de vários capítulos, começando com um cabo se apresentando ao seu padrinho, quando abriu uma vaga de terceiro-sargento no LQFE, onde eu servia. Foi transferido para lá o cabo, afilhado do major fiscal do laboratório, para ocupar o cargo vago e ele foi, então, promovido. Eu trabalhava como datilógrafo na secretaria e vi que o cabo tinha obtido, no curso, uma nota menor do que a minha; além disso, eu tinha mais tempo de serviço. Pelas normas, eu deveria receber as três divisas, a não ser que um mau comportamento me desabonasse. Fui preterido e fiquei chateado. O tenente-secretário, meu chefe, redigiu a nota da promoção a ser publicada em boletim e me mandou datilografar. Notou que eu andava acabrunhado, me chamou em particular e, com semblante de pai que orienta um filho, me aconselhou:

— É conveniente você averiguar e descobrir se há vaga de burocrata em outra repartição, aqui não há previsão de haver. Se encontrar, pede transferência. A promoção do cabo foi por ordem superior.

Agradeci, prestei continência e pedi licença para me retirar. Fiquei sabendo que o major fiscal era padrinho do cabo premiado com a promoção e me lembrei do dito popular "Quem perde é que chora"; nem lacrimejei, só lamentei, em conversa com o sargento Rosiel Gallera, grande amigo lotado na Diretoria Geral de Engenharia e Comunicações, onde estava em aberto uma vaga de terceiro-sargento burocrata. De imediato, protocolei um requerimento solicitando transferência para a DGEC.

Chamado pelo major fiscal, para informar o porquê da minha requisição, fui submetido a uma bateria de perguntas. As inquirições mostravam indícios de que ele estava desconfiado dos meus propósitos em relação ao preterimento em benefício do seu afilhado, promovido indevidamente. Algumas indagações foram provocativas: "Cabo, tens problema com algum superior? Não gostas de servir aqui? A escala de serviço é muito apertada? Te sentes inferiorizado em substituir um soldado de plantão? Você é um reco petulante, concorda?".

— Que situação, hein, Zé Ferreira? Se fosse eu, perderia as estribeiras.

Sargento Ferreira, década de 1960, Rio de Janeiro.

— Reagiria e seria punido com detenção ou prisão. Mantive o equilíbrio, permaneci calado. Recebi ordem para responder às inquirições e só disse que o motivo do meu intento era ser transferido para a DGEC onde, talvez, pudesse ser promovido. O major fiscal titubeou, mas deu despacho favorável. Logo ao ser transferido, entrei com uma parte escrita, delatando ao chefe do gabinete, coronel Délio Barbosa Leite, a preterição sofrida. Da mesma maneira que o diretor do Curso do Terceiro RI citado antes (quando eu pedi revisão de prova), o coronel Délio, um militar correto, disse-me que, pelas evidências, eu tinha razão; mesmo assim, tentou me demover da ideia, avisando que, se por acaso eu *não* tivesse razão, e o requerimento não fosse deferido, havia risco de punição. Em posição de sentido, falei que tinha consciência plena do que estava requerendo. Foi aberto um processo e encaminhado à Diretoria Geral do Pessoal. Resultado: fui promovido a terceiro-sargento por ressarcimento de preterição.

Ocorreu um enorme frisson quando cheguei no morro envergando a farda verde-oliva com as três divisas no braço. Ainda por cima, recebi os vencimentos atrasados, a partir da data em que deveria ter sido efetuada a promoção.

— Deve ter ganhado um bom dinheiro.

— Sim, recebi uma grana boa e aluguei uma casa na rua Caparaó, 22, no pé do Morro da Boca do Mato. Eu sempre sonhei ter uma casa própria e a primeira providência ao receber os soldos atrasados foi construir uma casa em um terreno de trezentos e sessenta metros quadrados que eu possuía em Jacarepaguá, no bairro de Curicica. Mas na casa construída não cheguei a habitar: eu a doei para minha irmã Deuzina residir com seus oito filhos. Alguns sobrinhos ainda moram lá.

O dinheiro da promoção havia acabado, os móveis e utensílios eram velhos, e eu tive que montar a nova residência. Passado um tempo, a senhoria da casa da rua Caparaó não quis renovar o contrato de aluguel. Eu consegui um financiamento da Caixa Econômica para compra de moradia e passei o mesmo perrengue do personagem da música "Eh, Brasil":[43]

Um certo dia
Conheci uma gatinha,
Paquerei e me dei bem.
Namorei por namorar,
Mas fui me afeiçoando
E pensei em me casar.
Mas casar como?
Se eu não tinha um bom emprego,
Nem heranças, nem padrinhos.
Comecei a me virar.
Muitos bicos, horas extras...
Na coragem me noivei.
Trabalhei duro,
Descolei uma graninha,
Aluguei um "apezinho"
E todo alegre eu me casei
Minha gatinha
Decorou o "apezinho"
E quando o "apê" tava do jeito
O senhorio me pediu,
E eu tive que me mudar.
Todo ano era a mesma agonia.
Eu lá nos classificados,
Minha cabeça pensando:
Onde é que eu vou parar,

Onde é que eu vou parar?
Minha preta foi à luta,
Fizemos economia,
Vendi uns troços que eu tinha,
Comprei casa pela "Caixa",
Mas sempre com a intenção
De acabar com a prestação.
Levei a breca,
Pois cheguei à conclusão
Que para tal quitação
Só ganhando na loteca.
Eh, Brasil, eh, Brasil!
E ainda hoje
Pago "Caixa, condomínio, financeira, IPTU..."
Tá pior que aluguel,
Eh Brasil!
Me enganaram
Me fizeram de otário,
Mas serei proprietário.

O financiamento que consegui só dava para adquirir pequenos imóveis e, como a família era grande, comprei uma "cabeça de porco" na rua Heliodora, em Pilares, bairro suburbano. No imóvel, moravam quatro famílias e um pai de santo, em um quartinho nos fundos. Fui lá, não me deixaram entrar, por saberem que a "cabeça" estava à venda. Voltei outro dia com a minha mãe e, com o jeitinho dela, entramos, e mamãe disse: "Não temos pressa, só vim dar uma olhadinha".

A casa era imunda, repugnante. Uma moradora nos ofereceu café, nos consultamos por olhares, relutamos, mas aceitamos. Uma outra, séria, nos observava e certamente adivinhou o motivo da nossa hesitação, pois disse:

— Estou doida para sair daqui! Não aguento mais viver com essa gente porca!

Outra moradora retrucou, entraram em um bate-boca. O umbandista apareceu e gritou:

— Parem com isso, gente! Respeitem as visitas! Desculpe, senhora.

— Não se preocupe, já estamos indo — disse minha mãe, que me pegou pelo braço e saímos.

Da Vila perguntou-me o porquê de eu estar negociando só com mulheres e como eram elas; respondi que eu só ia a Pilares em dias úteis, e os maridos estavam trabalhando. Eram senhoras brancas ou quase, aparentando cerca de cinquenta anos de idade.

Passados uns vintes dias, voltamos lá. A senhora que disse estar doida para se mudar já havia saído, e o pai de santo estava se mudando. As outras locatárias nos receberam muito bem e se apalavraram de, logo que possível, deixar o imóvel. Eu e mãe Tereza saímos radiantes.

Lembro que a proprietária da casa em que morava, na Boca do Mato, não quis prorrogar o contrato de locação. Aluguei uma casinha de quarto, sala, cozinha e banheiro, na rua Saçu, Quintino Bocaiuva. A nossa família era grande, dezesseis pessoas: eu; mamãe; Elza; Deuzina, com oito filhos e filhas; Nélia, solteira; Maria José, separada do Gervaci, com duas crianças. O problema era a dormida: quatro, no quarto, deitavam-se em uma cama de casal; eu dormia sentado num pequeno sofá, e os outros nove, em esteiras unidas, na sala. Assim permanecemos por muitos meses e, ao nos mudarmos para a enorme casa em Pilares, a alegria foi imensa.

A promoção mudou a minha vida: passei a pertencer à classe média e era visto como uma autoridade. Envergando a farda de sargento, eu me sentia poderoso: tinha documento de porte de arma, portava um revólver Taurus calibre vinte e dois na cintura.

Por falar nisso, narro um caso hilário: um dia, um colega de farda, muito medroso, me pediu segredo por uma situação vexaminosa pela qual tinha passado. Eu prometi que não contaria a ninguém e cumpri a promessa; porém, como já transcorreu algum tempo, revelo, agora, o seu nome de guerra: Oliveira.

Palavras dele:

— Fui à casa da minha namorada num subúrbio, saí pouco antes das 18 horas, já escurecia. Cruzei com uma senhora que andava que nem pato, com o corpo balançando para um lado e para o outro, com uma bolsa a tiracolo. Achei gozado o andar dela, parei, virei-me, e, no mesmo instante, ela estacionou e se virou também. Devo ter feito uma expressão de riso, e ela me interpelou:

"O que foi? Tá me achando feia?"

"Não. Mas bonita a senhora não é."

"Espera aí que eu vou te mostrar uma coisa!"

— Abriu a bolsa, tirou uma tesoura e caminhou em minha direção, ameaçadora. Saquei o revólver e ela gritou:

"Atira, se tu és homem!"

— Senti a arma tremer na minha mão quando a mulher partiu para cima de mim, destemida, empunhando a tesoura. Corri, e ela correu atrás. Esbaforido, passei por uma vendinha onde uns homens estavam bebendo e um deles gritou: "Olhem! Um milico armado correndo da mulher!". O que você faria em meu lugar?

Respondi:

— Eu enfrentaria a mulher. Daria uns tiros para assustá-la e, se ela mesmo assim me atacasse, usaria o revólver para me defender da tesourada. Mas creio que conseguiria imobilizar, sem agredir.

Ninguém consegue guardar um segredo por toda a vida. Contei o ocorrido para um amigo civil, sem relação alguma com militares além de mim, revelando o nome do colega que, armado, correu da mulher. Não se sabe como a revelação chegou aos ouvidos dos seus pares, só sei que o Oliveira passou a ser chamado, pelas costas, de Sargento Tesoura.

No tempo de soldado, ele foi meu colega no Terceiro RI, era supersticioso, muito medroso, acreditava em disco voador, fantasmas, almas perdidas, tinha medo de assombrações... Uma noite, o poltrão cumpria serviço de guarda num posto em lugar ermo e preguei uma peça nele, junto com dois companheiros. Por volta da meia-noite, sorrateiramente, chegamos atrás da guarita; eu já tinha voz grave, chamei:

— Oliveiraaaaaaaaa!

Um segundo colega, imitando fala de mulher velha, completou:

— Eu sou a Morte, vim te buscar!

O terceiro tinha um vozeirão, soltou uma risada horripilante. O temeroso arrepiou-se todo, presume-se, pois saiu da guarita em disparada, apavorado. Tivemos de tapar a boca para não gargalhar.

Oliveira engajou e seguiu carreira militar, chegou a sargento, fez curso na Escola de Instrução Especializada (EsIE).

Militares, em geral, ao completarem dez anos de serviço, são estabilizados, com direito a uma licença-prêmio remunerada de seis meses. No passado, havia nas fileiras do Exército muitos soldados e cabos analfabetos, também sargentos semialfabetizados, que eram promovidos pelos seus comandantes por bons serviços prestados. Atualmente, só concursados podem ser promovidos, e os terceiros-sargentos, antes de completarem dez anos de caserna ou servindo em uma repartição militar, têm que ter o curso da Escola de Instrução Especializada (EsIE). Caso contrário, serão mandados para a reserva não remunerada.

— Não é justo, concorda?

— Plenamente. Todo trabalhador, ao ser demitido, tem direito a receber uma importância correspondente ao tempo laborado, o FGTS (Fundo de Garantia do Tempo de Serviço). Em certos casos, o milico é colocado à disposição de órgãos civis remunerados e permanece recebendo os soldos. Lembra-se do Cláudio Coutinho?

— Claro. Era remunerado pelo Exército e pela Confederação Brasileira de Futebol (CBF). Foi técnico do Flamengo e da Seleção Brasileira na Copa do Mundo do México; dirigiu a seleção do Peru; coordenou a Seleção Brasileira que disputou a Copa do Mundo de 1974; a equipe olímpica em 1976... Na França, treinou o Olympique de Marselha. Adepto da pesca submarina, morreu afogado, inexplicavelmente. Seu corpo foi encontrado segurando o arpão de pesca.

— Voltemos ao assustado Oliveira: acometido pelo pavor do comunismo, vibrou com o golpe militar de 1964, chamado por algumas pessoas de revolução, erradamente.

— Exato. Revolução designa uma transformação profunda, um movimento de grandes proporções que rompe com o que existia até então; golpe é uma iniciativa de elites políticas, econômicas e militares, não envolvendo a população, mesmo que, às vezes, contenha algum apoio popular. O golpe tem como objetivo principal a tomada do poder, como o ocorrido no Brasil. Algumas revoluções surgem das bases da sociedade, envolvem muitas pessoas, alteram as estruturas políticas, econômicas e sociais... A Revolução Francesa, celebrada anualmente a 14 de julho, em memória ao episódio histórico da Tomada da Bastilha, é um exemplo.

Em 1964, eu era Sargento, classe que não gozava da confiança dos Oficiais Superiores, e, no dia 31 de março, ao me dirigir ao prédio do Ministério da Guerra, eu o encontrei cercado de soldados da Polícia do Exército (PE) e do Batalhão de Guardas (BG). Visei um tenente da PE, prestei continência, me apresentei, disse que servia na Diretoria Geral de Engenharia e Comunicação e queria entrar. O oficial consultou duas folhas de papel que tinha em mãos: a primeira, com os nomes de possíveis subversivos, que logo recebiam ordem de prisão; a segunda, de simpatizantes, que seriam autorizados a entrar. Meu nome não constava.

O oficial ordenou que eu voltasse para casa, não saísse e retornasse no dia seguinte. Assim foi durante três dias até que, na quarta vez, consegui entrar. Então soube que o golpe havia sido planejado na DGEC, único órgão que se comunicava com os quartéis do Brasil inteiro.

Naquele mesmo ano, fiz concurso para a EsIE, frequentada por sargentos de todas as regiões, e fui aprovado. Um colega da Amazônia revelou-me, em conversa particular, que só soube do acontecimento político de 1964 dias depois de ocorrido. Os quartéis entraram de prontidão no dia 20; no sequente, os sargentos receberam ordem de entregar o armamento aos oficiais, inclusive os particulares portáteis, com a informação de que os armeiros iam fazer uma averiguação para ver se estavam em bom estado. Na verdade, era porque os oficiais não confiavam nos sargentos, vistos como simpatizantes do presidente Jango, a ser deposto. Só devolveram os armamentos no dia 3 de abril, igualmente em todos os estados. Um aluno de Minas Gerais, cavaleiro blindado, relatou que partiu para o Rio de Janeiro num comboio de carros de combate municiados, sem saber contra quem guerreariam e, na divisa com o Rio, eles se depararam com outros em posição de defesa. Os comandantes dialogaram e retornaram. Naquele ano turbulento, o Da Vila estava se despedindo da Ala de Compositores da Aprendizes da Boca do Mato, sua escola de samba de bandeira recolhida, onde ganhou o seu primeiro concurso de samba-enredo, para ingressar na Império Serrano, sua segunda escola do coração.

— É dever de justiça sua gratidão a um compositor muito conhecido chamado Tolito.

— Sim, sou-lhe grato.

Erlito Machado Fonseca, o Tolito, carioca de Recife que veio para o Rio, participou de diversas escolas de samba. Considerado por muitos críticos como grande sambista volúvel, na Aprendizes da Boca do Mato ganhou por dois anos seguidos as disputas de samba-enredo. No terceiro ano, o carnavalesco (cujo nome minha memória não arquivou) fazia uma explanação do tema que desenvolveria para o desfile, um enredo sobre a vida e a obra do maestro Carlos Gomes, sobre o qual eu não tinha nenhuma informação. Fiquei impressionado e fiz um samba, sem a mínima pretensão. Num domingo, eu estava numa roda de amiguinhos cantando esse samba, o Tolito se achegou e interrompemos o canto. Curioso, o compositor quis saber o que estávamos entoando e pediu que continuássemos. Um tanto vexado, puxei:[44]

Viemos contar a história
De um maestro cheio de glória
Carlos Gomes
Que o nome do Brasil elevou.
Nasceu na cidade de Campinas.
Aluno do seu genitor
Regente de orquestra e grande compositor.
Partiu para a Europa
Com o apoio de Pedro Segundo
Empolgou no estrangeiro
Tornando-se famoso em todo o mundo.
A Noite do Castelo, O Escravo, O Guarani...
Sinfonias belas
As mais lindas que eu ouvi.

O famoso Tolito ficou ouvindo e cantou conosco. Que glória! Pediu tempo, fazendo o sinal que os técnicos de vôlei fazem com as mãos, e saiu apressado em direção à padaria. Voltou com um papel de pão, copiou a letra, elogiou a composição e seguiu seu destino. Haveria a disputa final para a escolha do samba-enredo da escola e compareci com a minha turminha. A quadra estava engalanada, com pastoras e sambistas em geral, ansiosos para ver o desfecho.

Eram três concorrentes, entre eles o Tolito, último a puxar que, surpreendentemente, cantou o meu samba. Com empolgação, os componentes gingaram, as pastoras cantaram em altos tons e, no final, houve braços erguidos e mãos espalmadas aceleradamente. Até a bateria fez um rufo. Minha patota agitou-se e um colega queria ir falar com o seu Aristides, o presidente, que o Tolito tinha roubado o samba, mas o acalmei. Notava-se plena felicidade nas expressões do Tolito, que pediu silêncio, apontou o dedo na direção em que estávamos e disse:

— O hino que acabei de cantar foi composto por um rapazinho daquele grupo ali! Eu não vou cantar o meu samba e apoio o dele.

Seu Duca, um dos concorrentes, pegou o microfone e declarou que abandonava também o seu em favor do meu, acrescentando que "devemos dar oportunidade à juventude". Os irmãos Walter Branco e Walter Preto, que também estavam na disputa, confabularam-se e fizeram o mesmo. Os colegas me abraçaram, gritando em uníssono:

— Viva o Ferreirinhaaaaaaaa! Vivaaaaaa!

Assim, graças ao Tolito, ao Duca e aos irmãos Walter, fui vencedor com o meu primeiro samba-enredo. Melhor dizendo, não venci, ganhei de presente. A primeira vitória real veio com o tema "Tamandaré",[45] em que comparava esse almirante brasileiro com o Almirante Nelson, um oficial da Marinha Real Britânica famoso pelas suas intervenções nas Guerras Napoleônicas.

> Relendo a história da nossa nação
> Eu encontrei um nome que me deu inspiração:
> Joaquim Marques Lisboa.
> Nasceu em dezembro de mil oitocentos e sete.
> Quando jovem ainda era, foi ser Voluntário da Marinha
> E ainda não tinha completado dezessete primaveras.
> Tamandaré nasceu com sangue guerreiro.
> Do Império era o homem de fé, o Nelson brasileiro
> Cursou a Academia de Marinha de Guerra

Com o ideal de defender a nossa terra.
Foi muito condecorado por ser homem genial
E a Marquês foi elevado no tempo do Brasil Imperial.
Viveu noventa anos sobre as ondas do verde mar.
Que para os jovens marinheiros seja sempre um exemplar!

Cantei esse samba para um tio da Ruça, velho almirante, que ficou emocionado. Lamento me fugir agora o nome dele. Lícia Maria Maciel Caniné, a Ruça, filha do general Maurício Afonso, é mãe dos meus filhos Juliana e Antônio João e Pedro, o Tunico da Vila. Quando a Juliana, a Juju, teve a primeira menstruação, emocionado, fiz um outro:[46]

Oitenta e dois, dezembro, dezessete.
Pela vez terceira a história se repete.
Desta vez com a Juca
A Juju, Juquinha,
Minha Juliana ficando mocinha.
É um corre-corre
É um pula-pula,
É o Salgueiro que pintou na avenida

Mas que bonito
Ela já ovula...
Daqui pra frente
Marcas no papel
Todo o mês Salgueiro
Todo o mês São Carlos
Todo o mês Unidos de Padre Miguel
Até que um dia não haja desfile
Um sinal de vida
Netinho ou netinha
Pro papai Martinho
Pra mamãe Rucinha.
Pela vez terceira, a história se repete:
Oitenta e dois, dezembro, dezessete.

O samba sobre "Tamandaré" ganhou nota máxima e, no seguinte Carnaval, de 1959, a Aprendizes da Boca do Mato laureou-se e conquistou o direito de se apresentar no desfile principal, cantando "A vida e a obra de Machado de Assis".[47]

> Um grande escritor do meu país
> Está sendo homenageado:
> Joaquim Maria Machado de Assis
> Romancista consagrado
> Nascido em 1839
> Lá no Morro do Livramento.
> A sua lembrança nos comove
> Seu nome jamais cairá no esquecimento.
>
> Já faz tantos anos faleceu
> O filho de uma humilde lavadeira
> Que no cenário das letras escreveu
> O nome da literatura brasileira.
>
> De *Dom Casmurro* foi autor
> Da Academia de Letras
> foi sócio-fundador.
> Depois ocupou a presidência
> Tendo demonstrado grande competência.
> Ele foi o literato-mor.
> Suas obras lhe deram reputação:
> Quincas Borba, Esaú e Jacó
> A Mão e a Luva
> A Ressurreição...
>
> Ele tinha inspiração absoluta
> Escrevia com singeleza e graça.
> Foi sempre uma figura impoluta
> De caráter sem jaça.

Entre as grandes escolas, a Aprendizes da Boca do Mato fez uma bela apresentação com um samba-enredo de minha autoria sobre o Rui Barbosa. Os quesitos que mais impressionavam os jurados eram a riqueza das fantasias e as grandes alegorias. A verde e branca Boca do Mato estava linda, porém com fantasias simples e carros alegóricos pequenos. Em consequência, caiu para o segundo grupo, depois para o terceiro, e o Da Vila não visualizava um futuro promissor. Invitado a engrossar as fileiras da Império Serrano, confabulava com os seus ouvidos:

— Já pensou a Império desfilar com um samba meu?

— Claro que sim, é possível. Será difícil, porque a Ala de Compositores da verde e branco de Madureira é muito forte. Aconselho a fazer parceria com aqueles compositores de lá que o convidaram.

— Eu vou primeiro me ambientar, fazer amizades, conhecer pessoalmente o Mano Décio, Dona Ivone Lara, Osório Lima, Mestre Fuleiro... E, principalmente, o Silas de Oliveira, que neste ano fez o antológico "Aquarela brasileira".[48]

Da Vila foi bem recebido na reunião da Ala de Compositores, recebeu elogios pelos seus sambas-enredo e pediram que ele cantasse o do desfile de 1960: "Rui Barbosa na Conferência da Paz".[49]

No ano de 1907,
O Brasil participou
Daquele grande congresso que na Holanda se realizou
Nosso delegado foi o nobre Rui Barbosa
Que a Nação imortalizou.
Naquela assembleia pomposa quando em vários idiomas se expressou
Possuído por inspiração divina
Num discurso imponencial
Deu conceito à América Latina
Na política internacional.
A princípio ele foi tido
Como ousado e impertinente
Quando fazia uma interferência
Mas aos poucos foi mostrando-se eminente

> Sobrepondo-se aos membros das grandes potências
> Rui Barbosa, brasileiro audaz!
> Foi o Águia de Haia, figura briosa
> Da Segunda Conferência da Paz.

Um compositor o chamou em particular e segredou-lhe, quase de lábios na sua orelha: "Nós o convidamos para desbancar o Silas. Aqui só dá ele, vez ou outra em parceria com o Mano Décio ou Dona Ivone".

As palavras soaram como um vento forte penetrando no ouvido e atingindo o tímpano do convidado que, decepcionado, murchou. Sem dizer nada, retornou à reunião, pediram que ele cantasse o samba sobre Machado de Assis, deu uma desculpa esfarrapada, se despediu e vazou.

Havia também sido convidado por um diretor da Unidos de Vila Isabel. Aceitou o convite e foi saudado pelo Presidente da Ala de Compositores, Tião Graúna:

— Você é muito bem-vindo. Entretanto, embora tenha sido convidado por um membro da diretoria da Vila, tem de cumprir a exigência de fazer um samba alusivo à escola.

— Isso não é problema. Pensando na minha vinda, ontem quase não dormi, preocupado em fazer um samba de apresentação. Custei, mas consegui.

Solicitado a mostrar a música, disse preferir puxar, no ensaio para todos os componentes, mas, devido à insistência, cantei:[50]

> Boa noite, Vila Isabel!
> Quero brincar o carnaval
> Na terra de Noel.
> Boa noite, diretor de bateria!
> Quero contar com sua marcação.
> Boa noite, sambistas e compositores,
> Presidente e diretores!
> Pra Vila eu trago toda a minha inspiração.
> Quero acertar com o diretor de harmonia
> E as pastoras o tom da minha melodia.

> Passistas, mestres-salas, ritmistas!
> Quero ver samba feito com animação.
> Eu quero ver as alas reunidas
> Baianas brilhando no carnaval.
> Eu quero ver a Vila destemida
> Fazendo evolução monumental.

A azul e branco de Vila Isabel, na época, era como uma jovem sonhadora, doze anos mais nova que o Da Vila, que a adotou e ajudou a crescer. No ano posterior à sua chegada, a escola fundada pelo seu China subiu para o grupo principal e obteve uma boa colocação, graças ao banqueiro de jogo de bicho Waldemir Garcia, o Miro. Contraventor e bom negociador, o então presidente Miro conseguiu se reunir com os jurados dentro da igreja de Nossa Senhora de Lourdes para propor uma boa propina e a Vila ganhar o Carnaval. Estava tudo acertado, mas os corrompidos não puderam cumprir o que combinaram porque a escola estava muito fraca e seria uma aberração se ganhasse. Mesmo assim, ficou em quarto lugar, à frente da Acadêmicos do Salgueiro.

No sequente ano, 1967, com "Carnaval de ilusões", dos carnavalescos Gabriel e Dario, a Vila se apresentou inovadora em termos de enredo, samba, alegorias, fantasias e adereços. Patrocinada pelo "corretor zoológico", a escola se apresentou linda e garbosa, sendo aplaudida do início do desfile à dispersão. Tinha condições para ganhar, mas o Miro não quis fazer acordo, e a Escola ficou, novamente, em quarto lugar; dessa vez, uma classificação honrosa.

Bem antes do Carnaval, a diretoria da Vila reuniu os compositores, falou que o enredo era imaginário, focado em histórias infantis. O carnavalesco revelou que as fantasias teriam como base os tons azul e branco, porém seriam acrescentadas outras cores e, para a composição do samba-enredo, não haveria sinopse, a criação seria livre.

Fiz um samba com as características de partido-alto, com letra escrita pelo compositor Aílton Gemeu:[51]

> Fantasia
> Deusa dos sonhos, esteja presente

Nos devaneios de um inocente.
Ó soberana das fascinações!
Põe os seres do teu reino encantado
Desfilando para o povo deslumbrado
Num carnaval de ilusões.

Na doce pausa
Dos folguedos infantis
Repousam a bola
E a bonequinha querida.
No turbilhão do carrossel
Da alegre vida
Morfeu embala a criança tão feliz
Que num sonho encantador
Viaja ao mundo da fabulação

Terra da riqueza
E do fulgor
De tanta beleza
E do esplendor.
Guiadas pela fada Ilusão
Se juntam lendárias figuras
Personagens de leituras
Revividos na memória
Que ajusta ao imperfeito
A perfeição dos conceitos
De deleitosas histórias.

Neste clima extasiante
O cortejo deslumbrante
Tudo envolve ao despertar
E ao mundo de verdade
Sem saber a realidade
Retorna o petiz a cantar:
Ciranda, cirandinha

Vamos todos cirandar.
Vamos dar a meia-volta
Volta e meia vamos dar.

    Alguns comentaristas especializados criticaram negativamente o enredo "Carnaval de ilusões", tema alheio à História do Brasil e a seus grandes vultos, com mais veemência ainda pelas fantasias coloridas, ao contrário das demais escolas que se apresentaram com suas cores tradicionais, verde e branco, azul e branco, vermelho e branco, verde e rosa. As críticas desfavoráveis deram motivo para um samba de desabafo:[52]

Fala, fala, falador.
Não lhe dou bola porque eu sou bamba.
Malha, malha, malhador
Que não aceita a evolução do samba.
A minha Vila deslumbrou
Naquela manhã de carnaval.
Todo o povo incentivou
A ciranda cirandinha
No desfile principal.

Só a comissão
Não viu cadência numa grande bateria
Nem se comoveu
Com a beleza do desfile-fantasia.
Caramba, caramba!
Nem o Chico entendeu
O enredo do meu samba.

Mas para o ano eu vou deixar cair.
Não quero mais ficar com o quarto lugar.
A rapaziada vai se reunir
E a minha Vila vai descer pra clarear.

— O verso "vai descer pra clarear" significa que o morro vai descer à cidade para mostrar seu brilhantismo.

— Clareou?

— Não, escureceu. Desfilamos sob uma forte tempestade e descemos para a oitava colocação. O pior aconteceu em 1978, com o rebaixamento. Felizmente, retornamos em 1980 ao grupo das grandes escolas, e a Vila sagrou-se vice-campeã, cantando "Sonho de um sonho".

Com outro enredo onírico, emocionamos no Carnaval de 1993, apresentando mais um tema voltado para a infância: "Gbala – viagem ao templo da criação":[53]

Meu Deus!
O grande criador adoeceu
Porque a sua geração já se perdeu.
Quando acaba a criação
Desaparece o criador.
Pra salvar a geração
Só esperança e muito amor.

Então foram abertos os caminhos
E a inocência entrou no templo da criação.
Lá os guias protetores do planeta
Colocaram o futuro em suas mãos.
E através dos Orixás se encontraram
Com o deus dos deuses, Olorum.
E viram
Viram como foi criado o mundo
Se encantaram com a mãe natureza.
Descobrindo o próprio corpo compreenderam
Que a função do homem é evoluir.
Conheceram os valores do trabalho e do amor
E a importância da justiça.
Sete águas revelaram em sete cores
Que a beleza é a missão de todo artista.

> Gbala é resgatar, salvar
> E a criança é a esperança de Oxalá.
> Vamos sonhar!

Esse enredo será reeditado no próximo Carnaval, com o mesmo samba, e eu estou ansioso. Tudo indica que vamos levantar o caneco com "Gbala – Viagem ao Templo da Criação", e eu ficarei *feliz como pinto no lixo*, ou melhor, feliz como um pássaro voando, livre como Fernão Capelo Gaivota. O samba-enredo "Carnaval de ilusões" tinha marca de partido-alto; já no "Quatro séculos de modas e costumes",[54] a cadência do partido era bem definida. Infelizmente, durante esse desfile, desabou uma chuva torrencial que desmanchou os adereços das alegorias, murchou as leves fantasias e sufocou o som das peças de couro da bateria, proporcionando uma cena dramática. Quem passou o maior drama foi a Pildes Pereira: sua gigantesca fantasia de destaque, com uma enorme cauda de veludo, encharcada pela chuva, pesava muito, e ela, sem conseguir arrastar, estancou e teve de ser retirada do desfile.

Pildes, que presidiu a Unidos de Vila Isabel, era uma mulher poderosa. Andava armada, dirigia táxi, sempre bem-vestida, tinha uma certa atração pessoal e era dona de umas casas na zona de meretrício Vila Mimosa.

O drama carnavalesco vivido pela Pildes inspirou a música "Madrugada, Carnaval e chuva":[55]

> Carnaval, madrugada
> Madrugada de carnaval.
> Cai a chuva no asfalto da avenida
> E a escola já começa a desfilar.
> Molha o surdo, molha o enredo, molha a vida
> Do sambista cujo sonho é triunfar.
> Cai o brilho do sapato do passista
> Mas o samba tem é que continuar.

Os destaques se desmancham na avenida
E o esforço já é sobrenatural
Mas a turma permanece reunida
Um apito incentiva o pessoal
E a escola já avança destemida
É o samba enfrentando o temporal.

Madrugada, vai embora, vem o dia
E o sambista pensa em outro carnaval
E a todos novamente desafia
A vitória do seu samba é o ideal.
Chama o surdo e o pandeiro pra folia
Alegria, alegria, pessoal!
Carnaval, carnaval, carnaval...
Volta o surdo pra folia
Alegria, pessoal!

 Por ser paulista de nascimento artístico, inscrevi a música no Festival Internacional da Canção de 1970, e vim para o Rio representando São Paulo, junto com Jorge Ben Jor, Sergio Roldão Vieira e Rita Lee.

Nos preparamos para o Carnaval seguinte e, no primeiro ensaio, os componentes estavam desmotivados. Para reanimá-los, cantei o samba "Madrugada, Carnaval e chuva", esperando que os versos *"Madrugada, vai embora, vem o dia, o sambista pensa em outro Carnaval e a todos novamente desafia. A vitória do seu samba é o ideal. Chama o surdo e o pandeiro pra folia: Alegria, alegria, pessoal!"* os alegrassem; mas, ao invés de se alegrarem, desaguaram num tremendo chororô.

 Não sei se é pior desfilar debaixo de chuva torrencial ou de sol causticante, como o que abrasou o Carnaval de 1969; mas, pensando bem, com sol é melhor, pois, no ano anterior, quase caímos para o grupo de acesso e, no sequente, nos demos bem, embora muitos componentes não tenham desfilado o tempo todo, eu inclusive.

 Antes da criação da LIESA, a Liga Independente das Escolas de Samba, os cortejos não eram bem-organizados, ocorriam atrasos prolongados, os desfiles só terminavam nas tardes de segunda-feira. No desfile do *Iaiá do Cais Dourado*, eu, cansado e esbaforido devido ao calorão, quase não conseguia cantar. Sentia-me zonzo. Por ventura, uma cabrocha passou mal na minha proximidade, eu a socorri, tirei do cortejo e não voltei. Que sorte ela ter bambeado perto de mim! Também abandonaram o cortejo algumas pastoras das duas alas de baianas, uma tradicional e outra, de jovens, ambas com sandálias que grudavam no asfalto mole e saíam dos pés. Senhoras perdiam os sentidos, passistas pulavam no betume quente, ritmistas desmaiavam.

Sofrimento maior passamos no Carnaval de 1974. A noite estava linda, mas a escola, com alegorias e fantasias desapropriadas, para não dizer feias, se apresentou com um enredo ridículo referente à estrada transamazônica e um samba "boi com abóbora". Claro que o resultado não foi bom e, nos primeiros ensaios para o Carnaval sequente, a turma estava desanimada. Para reavivar, lancei na quadra o "Renascer das cinzas",[56] e lágrimas rolaram de novo, inclusive em rostos masculinos, porém não tão tristes como as do ano em que sofremos com a chuva torrencial: choravam um pranto bonito, de pura emoção.

Vamos renascer das cinzas
Plantar de novo o arvoredo
Bom calor nas mãos unidas
Na cabeça de um grande enredo
Ala de compositores
Mandando o samba no terreiro
Cabrocha sambando
Cuíca roncando
Viola e pandeiro
No meio da quadra
Pela madrugada
Um senhor partideiro.

Sambar na avenida
De azul e branco
É o nosso papel

Mostrando pro povo
Que o berço do samba
É em Vila Isabel.

Tão bonita a nossa escola!
E é tão bom cantarolar
La, la, iá, iá, iá, iá, ra iá...
La, ra, iá

"Renascer das cinzas" virou um grande sucesso; emocionou o pessoal de Vila Isabel e até os militantes da *esquerda festiva*, expressão usada por ativistas radicais para conceituar os militantes festeiros. Quando o Supremo Tribunal Federal, o STF, restituiu os direitos políticos do Luís Inácio da Silva, o carismático presidente Lula, jovens universitários simpatizantes do Partido dos Trabalhadores cantaram: "*Vamos renascer das cinzas, plantar de novo o arvoredo...*". Seu Inácio, como eu o chamo, se elegeu presidente pela terceira vez, e as esperanças estão renovadas.

No lançamento de um livro em Belo Horizonte, o então líder sindical natural de Caetés, no agreste de Pernambuco, compareceu e, nos showmícios por eleições diretas, nos aproximamos. Ali se iniciou uma camaradagem com admiração recíproca. Sou um péssimo amigo nas doenças e nas situações constrangedoras, e quando o Lula estava preso em Curitiba, injustamente, fui visitá-lo sem saber como me comportar, pois nossos encontros são sempre alegres. Cheguei, ele abriu um sorrisão e exclamou:

— Oi, seu Ferreira! Que bom que você veio!

Me descontraí e o saudei:

— Ê, seu Inácio! Vamos tomar um Red Label com água de coco?

— Ih! Aqui, só cafezinho — disse, sorrindo.

— Sem açúcar é menos amargo do que Campari.

Tomamos. Encarcerado, recebeu visita de Rosângela Silva, se enamoraram, casaram-se, ela acrescentou o nome dele ao seu e é conhecida como Janja.

Eu, batizado como Martinho José Ferreira, poderia apor Da Vila ao meu nome, assim como o capitão Guimarães, Ailton Guimarães Jorge, ex- presidente da Unidos de Vila Isabel.

Em conversa com ele, tivemos a ideia de fazer um enredo sobre os antigos sambistas, ritmistas e passistas e homenagear os artistas que trabalham nos barracões. Surgiu o título "Pra tudo se acabar na quarta-feira".[57] Foi contratado o artista plástico Mário Burrielo para ser o carnavalesco, e o capitão Guimarães adiantou um percentual do que ele receberia. O restante, completaria quando apresentasse o que pretendia fazer em termos de fantasias, alegorias, adereços, se fosse aprovado. A demonstração não nos agradou. Vários figurinos de palhaços, carros alegóricos com mulheres peladas, uma favela esquisita, com caricaturas de trabalhadores... A intenção do Burrielo era um desfile engraçado. Tentamos demovê-lo do propósito e, depois de muito vai e vem, Guimarães o dispensou e chamou de volta o carnavalesco da casa, Fernando Costa, que foi bastante criativo.

— Ferreira! Como se faz para apresentar um enredo numa escola de samba?

— Cria-se um título provisório, escreve-se uma justificativa defendendo que o tema é inédito ou que o enfoque é diferente de qualquer um anteriormente apresentado; também são dadas sugestões para fantasias e alegorias.

— E o samba-enredo?

— São atividades distintas. A disputa do samba-enredo sempre foi privilégio dos componentes da Ala dos Compositores, mas, agora, não mais. A Portela acabou com isso: transformou a ala em departamento cultural e permitiu que o Carlos Imperial, estranho à escola, fosse parceiro em um samba-enredo. Até a Estação Primeira de Mangueira já desfilou com samba composto por paulistas.

Escola de samba em desfile é uma verdadeira peça de teatro ambulante, e o samba-enredo é como uma trilha sonora, porém mais complexo. Para a trilha de um filme, faz-se uma música, o diretor a divide em várias partes e as distribui em determinadas cenas. Um ator ou atriz interpreta partes da música, ou a música inteira em dado momento, e, em algumas peças, todo o elenco, no encerramento; já o samba-enredo de uma escola em desfile é cantado sempre em grupo e tem a função de impulsionar os componentes.

A diretoria da Unidos de Vila Isabel recebe, em média, vinte sambas para a escolha de um e promove um concurso entre os compositores. Na Vila, as disputas foram sempre tensas, mas nunca houve grandes problemas.

O Da Vila ganhou vários concursos de samba-enredo e criou diversos temas: "Estado maravilhoso cheio de encantos mil"; "Kizomba, a festa da raça"... Foi mentor de outros, entre eles, "O canto livre de Angola". Trabalhou em parceria com Alex de Souza, Rosa Magalhães, Louzada, Joãozinho Trinta... "Kizomba, a festa da raça", ele criou individualmente, convidou o carnavalesco Milton Siqueira para realizar e teve uma surpresa: no dia da apresentação do carnavalesco ao conselho deliberativo, o Miltinho recebeu um resultado de exame de sangue com HIV positivo.

Os conselheiros não deram importância, Miltinho iniciou o trabalho no barracão, a doença se agravou, ele foi se desmilinguindo. Tudo indicava que ia "bater as botas". Contratei o Paulo César Cardoso e o Ilvamar Magalhães para ajudá-lo. Magérrimo e feliz, Miltinho comemorou a vitória na festança no Boulevard Vinte e Oito de Setembro com barris de chope em todas as esquinas, bebeu a valer e partiu para o Além.

— O que você ainda não fez na Vila Isabel? Já substituiu presidentes, viabilizou a quadra de ensaios, desfilou em ala e em cima de carros como figura de destaque, é presidente de honra, escreveu enredos...

— Em um dos meus temas, escrito quando a Vila estava no Grupo de Acesso, intitulado "O arquiteto no recanto da princesa", me baseei na vida do genial Oscar Niemeyer. Gênio da arquitetura, na faixa etária de cem anos, estudava filosofia com um professor particular e pretendia ser músico. Sempre é tempo para adquirir novos conhecimentos. Segui o exemplo do Oscar e tenho orgulho de ter entrado para a faculdade com setenta e cinco carnavais. Niemeyer me presenteou com a maquete do projeto arquitetônico para a quadra de ensaios da Unidos da Vila, que, infelizmente, não foi realizado. Eu lhe disse que não tinha como o recompensar e a resposta foi: "Pague-me com um cavaquinho". Paguei, com prazer.

Para a construção, o Niemeyer disponibilizou um engenheiro da sua equipe, e a Escola arcaria com as despesas de material. Eu ia tentar conseguir patrocínio para a realização. O Moisés, na ocasião presidente da Vila, me disse que não havia necessidade de patrocinadores e se responsabilizou pela obra. Entreguei-lhe o projeto e a maquete, uma verdadeira peça artística. Tudo sumiu, e o sonho não foi concretizado, infelizmente.

— Perguntei o que lhe falta fazer na Vila, e você não me respondeu.
— Ah!... Ainda pretendo elaborar mais um enredo e gostaria de sair de mestre-sala, sapateando em volta de uma bela e rodopiante porta-bandeira. Esse sonho continua. O outro era sair na bateria tocando o surdão de primeira, o chamado 105, mas não dá mais, é muito pesado. Só posso tocar um surdo centrador, talvez. Quando fui o enredo da Independentes de Cordovil, Ovídio Brito era o saudoso presidente da escola, preferi sair na bateria tocando o cortador de terceira e quase morri.

Não gosto de falar do ocorrido, mas digo: fui só uma vez ao ensaio. No início dos preparativos e antes do desfile fizeram o esquenta da bateria; para minha surpresa, havia uma infinidade de paradinhas e convenções rítmicas difíceis e eu sobrava sempre dando uma pancada a mais. Aí, o diretor de bateria pensou numa solução: eu não precisava parar, podia seguir firmando o ritmo. Concordei, mas me dei mal. Tive que tocar direto durante todo o desfile. No final, estava exausto e com um calombo no ombro direito devido à fricção do talabarte. Em compensação, a bateria fez um rufo estridente para mim. A Independentes de Cordovil não ganhou, mas fez bonito. O meu grande almejo, desde o "Carnaval de ilusões", era ver a Vila campeã. Fazíamos desfiles incríveis e não éramos laureados. Em 1980, tínhamos tudo para vencer e fomos vice, com um enredo baseado na poesia "Sonho de um sonho", um belo poema de Carlos Drummond de Andrade.[58]

Comemorei o vice-campeonato, fui para casa, adormeci. Despertei com uma ligação, atendida com voz sonolenta:

— Desculpe. Devo ter lhe acordado. Estou ligando para lhe parabenizar pelo belo desfile e lhe agradecer.
— Quem fala?
— Carlos Drummond de Andrade.
— Muito prazer, Drummond. Aqui é o Solano Trindade revivido.
— Tchau!

O telefone tilintou, era o vate de novo. Pediu perdão pela insistência e disse que ficou muito sensibilizado com a sua poesia transformada em enredo, e eu pedi clemência por ter desligado abruptamente. Transmiti a mensagem do Drummond para os carnavalescos Fernando Costa e Sylvio Cunha, ficaram felizes.

Nos carnavais que se seguiram, fizemos apresentações medianas e não ficamos em boas colocações. O presidente Guimarães me chamou em particular e perguntou o que faltava para a Vila ganhar. Eu falei que o nosso fraco sempre foi fantasia e que ficava um contraste muito grande entre as vestes das alas vendidas e as doadas à comunidade. Lembrei-lhe de que um jornalista fez uma matéria dizendo que a Vila é uma escola de brancos, em que os negros são minoria e mal fantasiados, com exceção das baianas e dos ritmistas. Então, ele ligou a televisão e vimos um compacto da nossa apresentação, não dava para contestar o que o jornalista escreveu. Dessa forma, ficou decidido que, para o próximo Carnaval, seriam confeccionadas duas mil ricas fantasias para os moradores do Morro dos Macacos. A Vila se apresentou mais negra e aguerrida, com o tema "Raízes",[59] criado pelo carnavalesco Max Lopes, baseado no livro *Maíra*,[60] do Darcy Ribeiro, cantando um samba sem rimas:

> A Vila Isabel, incorporada de Maíra
> Se transforma em Deus supremo
> Dos povos de raiz
> Da terra kaapor
> O Deus morava nas montanhas
> E fez filhos do chão
> Mas só deu vida para um
> No templo de Maíra

Sete deusas de pedra
Mas vida só pra uma
Destinada a Arapiá

Querubim Tapixi guardava a deusa para ele
Que sonhava conhecer a natureza

Então ele fugiu
Da serra, buscando emoções
E se encontrou com a mãe dos peixes, Numiá

Por ela, Arapiá sentiu paixão
E quatro filhos Numiá gerou

Verão, calor e luz
Outono, muita fartura
Inverno, beleza fria
Primavera, cores e flores
Para enfeitar o paraíso.

Mas eclodiu a luta entre os dois amantes
Pelo poder universal.
Vovó Maíra interferiu na luta
E atirou os dois pro ar
Pra lá no céu jamais poderem se envolver.
Arapiá, Guaraci, bola de fogo
E Numiá, é Jaci, bola de prata.

E fez dos quatro netos governantes magistrais
Surgindo, assim, as estações dos anos

A mãe da *Maíra*, Rita Terezinha dos Santos Freitas, era passista do Salgueiro, eu a conheci em um evento na quadra da Mangueira. No final, lhe ofereci uma carona até sua casa.

Rita rompeu o laço umbilical com a mãe e foi residir em um apartamentinho que aluguei para nós. Depois, comprei um mais confortável no seu bairro, um dos mais antigos e tradicionais da Zona Sul do Rio, próximo a Botafogo e Flamengo, com bom índice de qualidade de vida.

Eu era um passarinho que batia asas para muitos galhos e pousava no Grajaú, ninho da Ruça, de cabelos alourados como os das soviéticas, da cor dos canários da terra. Um dos meus pousos era em uma quitinete na Tijuca, residência da Isabel.

Passarinhei com uma pomba branca, Noris, em voos por terras nordestinas. No saguão do aeroporto, eu, em traje esportivo, e ela, de vestido tubinho preto, típico de mulher executiva, cabelos contidos. Sempre senti atração por mulher discretamente vestida. Lancei-lhe um olhar, ela virou o rosto. Por coincidência, íamos para Fortaleza e coincidiu também de ficarmos ladeados no avião, ela, no assento da janela, de olhos em um livro, sem me fitar. Aconteceu uma turbulência e Noris agarrou a minha mão direita, largou e se desculpou, sorrindo. Puxei conversa. Revelou ter a impressão de me conhecer, me apresentei e ela ligou a minha pessoa ao nome. Fiquei sabendo que morava na Lagoa e ia comprar artesanato nordestino para vender na Europa. Nossos hotéis ficavam na praia de Iracema, dividimos um táxi, e ela fez questão de arcar com uma parte. Do hall do hotel até o aposento, a imagem da Noris, com seus olhos azuis e corpo bem distribuído dentro do vestido-tubo, ficou passeando na minha cabeça. Descobri o número de telefone do hotel dela e liguei:

— Como vai minha companheira de viagem?

Reconheceu a minha voz e respondeu com seu doce timbre:

— Oi! Estou bem, apenas um pouquinho cansada.

— Eu estou faminto. Vamos jantar aí ou aqui?

— Só vou fazer um lanche, tomar uma ducha e dormir. Bem cedinho, tenho de ir ao Centro de Rendeiras de Aquiraz.

— E amanhã? Que tal pegarmos um sol?

Topou. Na praia de Iracema, de maiô senhoril, parecia uma sereia ao sair da água com os cabelos escorridos. Um encanto!

Mantenho o hábito de, durante as meditações, mentalizar mulheres interessantes com as quais convivi, e criei músicas inspirado em algumas.

Merecia ter ganhado uma linda canção de amor a atriz, cantora e apresentadora de televisão Marisa Urban. Eu a conheci em um programa de televisão e ficamos amigos. Marisa soube que eu faria um show em um espaço cultural suburbano, compareceu, me deu uma carona no seu carrão importado e me convidou para jantar na sua mansão na Barra da Tijuca. Fiquei freguês. Com ela, conheci recantos do Rio jamais visitados por mim, e a levei a lugares não conhecidos por ela. *Habituée* do evento *A fina flor do samba*, organizado pela Tereza Aragão, no Teatro Opinião, teatro de arena onde dividi o palco com Tereza e Clementina de Jesus, no show *Concerto de samba*, com dois músicos de sopro e o baterista Edson Machado, Marisa Urban, amante da poesia, sabia de cor o "Poema sujo"[61] do poeta Ferreira Gullar, marido da Tereza Aragão, autor também do poema "Cantada",[62] que parecia ter sido feito para a Marisa.

Cuba, país caribenho, produz os melhores charutos do mundo. Em Havana, tem-se a impressão de que colecionadores de automóveis antigos contrataram motoristas para dirigir os seus carros pelas vias. As mulheres são afáveis, andam de cabeça erguida, respondem aos acenos. As comidas, muito boas, e o saboroso mojito é a bebida típica, preparada com rum, cubos de gelo, ramos de hortelã, açúcar, cascas de limão e água gasosa. O povo é alegre, festeiro, e o Carnaval de lá é contagiante, ocorre entre julho e agosto, nos finais de semana. Em Cuba, o jogo de xadrez é ensinado nas escolas e o esporte preferido dos cubanos é o beisebol, mas o gosto pelo futebol está crescendo muito entre os jovens.

CAPÍTULO 7

Pra fazer um Carnaval

— Satisfaça-me umas curiosidades: você ama mais o Vasco da Gama ou a Unidos de Vila Isabel? Além de desfilar e ver desfiles, o que gosta de fazer no Carnaval? Brincar em bandas?

— São dois amores, mas a balança do meu coração pende mais para a Vila e, ao desfilar, o que pulsa no meu peito esquerdo acelera. Apreciar desfiles de escolas de samba é prazeroso, mas quando passa a terceira, já me sinto satisfeito. Em bandas, saí poucas vezes, e não sou tão carnavalesco quanto era na juventude, tempo em que brincava muito em blocos do Engenho de Dentro, no Bafo da Onça e no Cacique de Ramos. Em blocos de sujos, improvisava um traje divertido, sem me fantasiar de mulher. Ao entrar na fase adulta, ia a bailes de Carnaval em clubes, só para ficar olhando a mulherada seminua, o que sempre faz bem aos olhos.

— Em se tratando de Carnaval de rua, prefiro me divertir nas bandas, onde sempre há muitas mulheres lindas em trajes mínimos.

— Nos subúrbios, não havia bandas carnavalescas, mas eu ia me esbaldar nas da Barra, do Bola Preta, do Mercado, de Ipanema... Nesta, fui homenageado como padrinho. As bandas são batizadas com os nomes dos bairros de origem, mas alguns blocos têm nomes esquisitos: Balança Meu Catete; Banda das Quengas; Encosta que Ele Cresce; Largo do Machado, Mas Não Largo do Copo; Parei de Beber Menos; Me Enterra na Quarta; Mulheres de Chico... Os melhores blocos do Rio são: Cacique de Ramos, Simpatia é Quase Amor, Boêmios de Irajá, Boitatá e o Bafo da Onça... O Cacique e o Bafo são bem diferentes: um, com gatinhas fantasiadas de indígenas, e o Bafo, profuso de belas panteras.

— É muito bonito o Bloco da Kizomba de Vila Isabel, com homens foliões envergando batas e camisas de tecidos africanos, e as mulheres, idem. Há um outro bloco com o mesmo nome (Kizomba), bem livre, mas no nosso não é permitido brincar sem fantasia. No da Vila, a gente se diverte com seriedade: na primeira vez em que saiu, conseguimos uma quantidade enorme de preservativos e distribuímos aos assistentes durante o desfile, cantando o samba "A nova onda":[63]

Eh! Gente boa!
A onda agora é namorar de camisinha
E pra ser "sangue bom"
Não pode se picar.
Tem que se precaver
Pra ter "aquela relação".
Devemos dar as mãos
A quem tá na pior,
Trocar beijinhos,
Abraçar...

A tal camisinha é tão bonitinha
E não dá barriguinha.
Os ricos e pobres conscientizados
Se orgulham de usar
Numa boa.

Vamos juntos
Nesta luta
Pela vida
Com amor.

Na gravação do samba foi acrescida uma fala:

Alô, sangue bom. Temos que ser solidários
com o irmãozinho que tá caído. Nada de
preconceito, a solidariedade pode prolongar a vida.
Não se entrega não, meu irmão. Viva...

Ao se proteger, você estará também
protegendo a quem lhe ama.
E isto é um ato de amor.
Vamos juntos.

Três jovens, aparentemente noviças paramentadas, acompanhavam os foliões do Bloco da Kizomba, da calçada. Eu as fitei, elas sorriram, e as convidei para entrar no bloco. Pularam, cantaram... Uma delas me atraiu, investi, houve reciprocidade e, na dispersão, eu as convidei para tomar uma cerveja numa barraquinha. Comprei umas latinhas, bebemos palreando. Eram lindas, e eu me senti atraído por uma híbrida de cabelos lisos. As outras notaram, nos deixaram a sós. Sem preâmbulos, a enlacei com os braços pela cintura; excitado, senti algo rígido me pressionando, afrouxei o abraço devagar, acariciei de leve os longos fios de cabelos alourados. Lembrei-lhe de que tinha de ir organizar a dispersão do bloco, pedi licença e vazei, rindo de mim.

— Vamos esquecer esse mico e voltemos a falar de desfiles da Unidos de Vila Isabel, relembrando o enredo "Raízes – viagem ao templo da criação".

— Fomos ovacionados durante todo o percurso e terminamos, orgulhosos, ouvindo os gritos: "É campeã! É campeã! É campeã!". A crítica especializada foi unânime na opinião de que fomos a melhor escola, e presidentes de agremiações coirmãs ligaram nos parabenizando antecipadamente pela vitória. Surpreendentemente, ficamos com a quinta colocação; na verdade, a sétima, porque houve dois empates, um absurdo. O capitão Guimarães ficou uma arara, esbravejou, mas teve de acatar o resultado injusto.

Concluído o seu mandato, Lícia Maria Maciel Caniné, a Ruça, assumiu a presidência da Escola. Apesar de ser de tez branca, Ruça era militante das questões da negritude e, no ano do centenário da Abolição do Cativeiro, planejamos fazer um grande evento, que tivemos a ideia de realizar no Sambódromo, em pleno Carnaval, com a Unidos de Vila Isabel apresentando o tema "Kizomba, a festa da raça". Nosso objetivo era o de que todos tivessem consciência do que estariam representando, e ministramos várias palestras sobre o enredo para os componentes. A Escola estava em situação difícil, não tínhamos nenhum financista e a subvenção era ínfima. Com minhas economias, conseguimos botar a Vila na Sapucaí; só o Manoelzinho do Petisco da Vila colaborou. Ensaiávamos no campo de futebol do América, mas o clube vendeu o espaço para um grupo construir um shopping, e tivemos que ensaiar na rua. Os ensaios foram um retumbante sucesso. A bateria começava a tocar às 19 horas, batendo parada, esperando juntar gente e, quando havia bastantes sambistas, saíamos do início do Boulevard Vinte e Oito de Setembro, desfilávamos até a praça Barão de Drummond e sambávamos lá até as 22 horas. Empolgados, embora cansados, estendíamos os ensaios uns muitos minutos, e a vizinhança não reclamava.

— Ensaiando em via pública, não havia faturamento com venda de cerveja, ingressos...

— Há males que vêm para o bem. Tivemos de ser criativos e substituímos o luxo pela originalidade. Chegamos ao desfile oficial com a Escola diferente de todas as demais.

— É verdade. De início, causou uma certa estranheza. Não se ouviram aqueles foguetórios estremecedores, soltaram apenas um rojão na partida. À medida que cada alegoria entrava na pista, eclodiam outros colorindo o céu. Em destaque, artistas negros famosos, entre eles, o Antônio Pitanga, a Zezé Motta, o Antônio Pompeu, o Milton Gonçalves, a Jacira Silva... As alas não estilizadas, de pouco brilho, e grande parte delas envolvida em tecidos africanos, eram de uma beleza impressionante. Seminua gratuitamente. Apresentamos um grupo de jovens negras de peitos nus, com apenas uma tanga minúscula, à frente de uma ala de senhoras com saias até os joelhos e estreita tira tapando os mamilos. Elas representavam as mumuílas e bessanganas, mulheres de Huíla, uma região de Angola em que as moças não usam sutiã e as senhoras cobrem os seios com faixa de couro ou pano, não muito larga.

Organizar tudo isso foi um trabalho meticuloso, não só do mentor do enredo e do carnavalesco, toda a comunidade se empenhou. Antes desse desfile, a Vila Isabel tinha feito deslumbrantes apresentações, muitas vezes cotada como favorita, mas não vencia. Um rapaz gozador dizia que a Vila é como um mergulhador que nada feliz como um peixe, e morre na praia.

Esperançoso, eu cantava:[64]

> Quando o sonho acontecer
> E todo o morro descer numa tremenda euforia,
> Eu vou tentar me segurar pra não gritar, nem chorar
> E nem cair na orgia.
> Vou subir o morro sozinho, olhar o céu de pertinho
> E procurar a estrela onde estão a Gilda Pretinha,
> O seu Eurico e o Birica, primeiro compositor.
> Vou rezar pro seu China, o velho sonhador
> Que criou a tal Vila bonita que me encantou.
> E quando a estrela sumir e o dia amanhecer
> Quero encontrar a Peti
> Pra com a Gilda branquinha ir bater nas tendinhas.
> Só então vou cantar, vou beber, vou comemorar.

Tenho saudades da Peti, líder da Ala das Baianas, da Gilda Pretinha, que zelava pela limpeza da quadra de ensaios da Vila, do seu Eurico, um dos fundadores da Escola, e da Gilda Branquinha, amizade colorida que morava bem no alto do Morro dos Macacos, de onde víamos as estrelas mais brilhantes. Mantenho vivas na lembrança tantas outras pessoas admiráveis!

Além dos sonhos de conquista, os vila-isabelenses sentiam sede por um espaço próprio para ensaiar. Apelei para a amiga Benedita da Silva, primeira mulher negra a governar um estado brasileiro e, por intermédio dela, consegui o espaço onde a Vila está sediada.

O compositor Luís Carlos Baptista, que emigrou do bairro do Cacique de Ramos para o da Princesa Isabel, conseguiu expressar bem o desejo na frase: "Nossa sede é nossa sede de que o *apartheid* se destrua". A grande sede real era a sede e, na minha leitura, a palavra *apartheid* foi usada por ele no sentido de não haver discriminação no nobre espaço a ser adquirido graças ao lobby sobre a governadora Benedita da Silva.

O espaço foi cedido, inicialmente, para nele ser criado um centro cultural planejado, gratuitamente, pelo arquiteto Oscar Niemeyer, como já foi relatado. O gênio da arquitetura fez um belo projeto arquitetônico, inclusive a maquete, uma verdadeira obra de arte, e colocou à disposição da Vila seus engenheiros para a construção, sendo que a Escola só forneceria a mão de obra. Eufórico, falei com o então presidente, Wilson Vieira Alves, conhecido como Moisés. Ele disse que não precisava dos engenheiros do Oscar e que tinha quem financiasse a obra, mas o centro cultural não foi erguido e a maquete, que deixei com ele, sumiu. Uma lástima. Guardo comigo as plantas do projeto, como relíquia.

— Apesar dos pesares, a Vila ficou no lucro: tem quadra própria para ensaiar, onde foi até colocado um busto seu, de bronze, na entrada. A dona Beta, Elizabeth de Souza Aquino, era a presidente, mas quem colocou lá foi o coronel Hélio, com patrocínio do capitão Guimarães, que se empenhou para levar a Vila ao pódio e quase conseguiu, em 1987, com o enredo "Raízes".

— Em 1988, o grande sonho das antigas baianas, dos membros da Velha Guarda e de todos os componentes se realizou. A Unidos de Vila Isabel sagrou-se Campeã do Centenário da Abolição da Escravatura, um título honroso, não só dela. Na verdade, foi uma vitória da negritude. Muitos sambistas ligados a outras escolas participaram do desfile da *Kizomba*: o diretor de harmonia da Portela, Waldir 59; o Neguinho da Beija-Flor; Sinval Silva, da Império da Tijuca; o compositor Cabana, fundador da azul e branco de Nilópolis... Como já foi escrito, lideranças de todos os segmentos do Movimento Negro do Rio de Janeiro e de outros estados foram convocados e desfilaram. O Balé Folclórico de Pernambuco e o Ilê Aiyê da Bahia se apresentaram com suas próprias indumentárias. De Luanda veio o Mestre Geraldo com sua enorme família tipicamente fantasiada, e soltaram as vozes junto aos pastores e pastoras, em alto tom, gingando movidos pela bateria sob o comando do Mestre Mug, competente diretor, cantando o magnífico samba criado por Luís Carlos, Rodolfo e Jonas:[65]

> Valeu, Zumbi,
> O grito forte dos Palmares
> Que correu terras, céus e mares,
> Influenciando a Abolição.
> Zumbi, valeu!
> Hoje a vila é Kizomba,
> É batuque, canto e dança,
> Jongo e maracatu.
> Vem, menininha, pra dançar o caxambu.
> Ô, ô nega mina!
> Anastácia não se deixou escravizar.
> Ô, ô Clementina!
> O pagode é o partido popular.
> Sacerdote ergue a taça,
> Convocando toda a massa,
> Nesse evento que congraça
> Gente de todas as raças,
> Numa mesma emoção.
> Esta Kizomba é nossa constituição.
> Que magia!
> Reza ageum e Orixá.
> Tem a força da cultura,
> Tem a arte, a bravura
> E um bom jogo de cintura
> Faz valer seus ideais
> E a beleza pura dos seus rituais.
> Vem a Lua de Luanda
> Para iluminar a rua.
> Nossa sede é nossa sede
> De que o Apartheid se destrua.

Dias antes do Carnaval, o Manoelzinho do Petisco da Vila levou ao barracão, para ver os carros alegóricos, um diretor da cervejaria Brahma, mangueirense fanático. O executivo da Brahma olhou as alegorias com desdém e disse que a Vila ia cair. Fizeram uma aposta: se a Vila caísse, ele levaria os seus funcionários ao Petisco para beber e petiscar de graça, cantando o samba da Mangueira, cotada como favorita; mas, se a Vila ganhasse, uma coisa para ele impossível, colocaria postos de chope nas esquinas do Boulevard Vinte e Oito de Setembro, na Praça Sete e no Morro dos Macacos. A aposta foi paga com muitos caminhões de chope. Que alegre bebedeira!

Bebemos muito também no ano em que os canarinhos brasileiros jogaram contra a "laranja mecânica" holandesa numa Copa do Mundo. Eu assisti ao jogo com o Cuia, bicheiro de Vila Isabel; ele convidou uns ritmistas, comprou uma caixa grande de *whisky*, reservou a bateria da Escola e comprou fogos para comemorar a vitória, considerada como certa. O Brasil foi derrotado, e ficamos sem saber o que fazer. Antônio Carlos Bartolomeu Santana, o Perna, um sujeito espirituoso, sugeriu que a bateria saísse tocando pelo Boulevard Vinte e Oito de Setembro para espantar a tristeza. O Cuia distribuiu as garrafas de Ballantine's e saímos sambando e gritando: *"Brasil! Brasil! Brasil! Eu quero que a Holanda vá para a puta que pariu"*.

O bairro de Noel é, realmente, muito carnavalesco. Além da escola de samba, tem blocos: Bloco da Banda, Sorri Pra Mim, Bloco da Kizomba e alguns blocos de sujos. Foi muito legal quando, em homenagem ao fundador da Ação da Cidadania, o sociólogo Herbert de Souza, o Betinho, desfilamos pelo Bloco da Kizomba com o samba "Vamos kizombar":[66]

Vamos kizombar
Chegou a hora dessa gente ser feliz
Panela no fogo
Barriga vazia
Esse povo nunca quis
Brasil
Vê se toma uma atitude

> Dividindo o pão de hoje
> Com os moleques do amanhã
> Que assim
> Vai mostrar pra todo mundo
> Que é possível comer junto
> Um pedaço de maçã
> Carioca maneiro
> É o Betinho mineiro
> Que acordou a nação
> Reunindo o pessoal
> Pra fazer um carnaval
> Com um quilo na mão
> Kizombar
> Kizombeiro
> Lutando contra a fome
> E pelo Rio de Janeiro.

— Não gosto de pensar que no Brasil tem gente que passa fome. Este assunto não dá um bom enredo, vamos pular de galho como fazem os anus e as graúnas: você é da Vila ou a Vila é sua?

— Nos pertencemos. Eu a amo e ela me adora. Para mim, é uma filha que ajudei a crescer, rendo-lhe homenagens, ela me homenageia. Já fui citado em vários sambas em desfiles da Vila no Sambódromo e várias vezes a Unidos de Vila Isabel planejou fazer um enredo baseado na música "O pequeno burguês", aquela conhecida como "Canudo de papel", e o projeto sempre foi adiado. Em 2010, resolveram concretizar o plano de me ter como enredo e solicitaram autorização. Fiquei sensibilizado, mas não concordei. Alertei que seria o ano do centenário de nascimento de Noel Rosa e que não pegaria bem. Então me pediram para trabalhar no desenvolvimento do tema com o carnavalesco Alex de Souza e o pesquisador Alex Varela. Nos baseamos em uma biografia do Noel escrita por João Máximo e Carlos Didier, fizemos bonito e, modéstia à parte, desfilamos com um samba lindo:[67]

Se um dia na orgia me chamassem
Com saudades perguntassem: Por onde anda Noel?
Com toda minha fé responderia
Vaga na noite e no dia, vive na terra e no céu

Seus sambas muito curti
Com a cabeça ao léu
Sua presença senti
No ar de Vila Isabel

Com o sedutor não bebi
Nem fui com ele ao bordel
Mas sei que está presente
Com a gente neste laurel

Veio ao planeta com os auspícios de um cometa
Naquele ano da Revolta da Chibata
A sua vida foi de notas musicais
Seus lindos sambas animavam carnavais
Brincava em blocos com boêmios e mulatas
Subia morros sem preconceitos sociais

Foi um grande chororô
Quando o gênio descansou
Todo o samba lamentou

Que enorme dissabor
Foi-se o nosso professor
A Lindaura soluçou
E a Dama do Cabaré não dançou

Fez a passagem pro espaço sideral
Mas está vivo neste nosso carnaval

> Também presentes Cartola
> Araci e os Tangarás
> Lamartine, Ismael e outros mais
> E a fantasia que se usa
> Pra sambar com o menestrel
> Tem a energia da nossa Vila Isabel.

Escola de Samba apaixona muita gente e, além de ser uma diversão, causa grandes alegrias e tristezas profundas. Nos dias dos resultados, à medida que os envelopes são abertos e anunciadas as notas, uns sambistas sofrem e outros vibram. Os torcedores da que ficou em segundo lugar têm a sensação de derrota, lacrimejam, e os da que foi rebaixada choram copiosamente.

— Eu consigo dominar as emoções, nunca chorei nas derrotas, mas, quando ouço uma nota injusta dada por um jurado, perco a calma e tenho de me controlar muito para não soltar um palavrão. Tremi nas bases na apuração do Carnaval em que o nosso enredo foi "Os imortais".[68] A Vila, além de estar mal, entrou na Sapucaí sob chuva forte e estava cotada como uma das possíveis rebaixadas. A minha temeridade foi vã, porque houve uma grande confusão e nenhuma escola caiu. Mesmo se houvesse rebaixamentos, a Vila não cairia, nos classificamos em nono e vibrei. Na apuração do "Pra tudo se acabar na quarta-feira",[69] balbuciando, xinguei alguns jurados que nos tiravam pontos e aplaudi o julgador de samba-enredo, quando o Jorge Perlingeiro fez uma pausa e anunciou: "Unidos de Vila Isabel... Nota Dez!". Tínhamos feito um lindo desfile, com o tema de gratidão aos trabalhadores dos barracões e a todos os que se empenham em ser construtores do "Maior Espetáculo do Planeta", cantando:

> A grande paixão que foi inspiração
> Do poeta é o enredo
> Que emociona a velha-guarda,
> Lá na comissão de frente, como a diretoria.
> Glória a quem trabalha o ano inteiro em mutirão!
> São escultores, são pintores, bordadeiras.

São carpinteiros, vidraceiros, costureiras.
Figurinista, desenhista e artesão,
Gente empenhada em construir a ilusão.
E que tem sonhos como a velha baiana,
Que foi passista, brincou em ala
Dizem que foi o grande amor de um mestre-sala.
O sambista é um artista
E o nosso Tom é o diretor de harmonia.
Os foliões são embalados
Pelo pessoal da bateria.
Sonho de rei, de pirata e jardineira,
Pra tudo se acabar na quarta-feira.
Mas a Quaresma lá no morro é colorida
Com fantasias já usadas na Avenida,
Que são cortinas, que são bandeiras.
Razão pra vida tão real da quarta-feira.
É por isso que eu canto.

— Quem canta seus males espanta, diz um provérbio. Cantar profissionalmente é uma missão divina, e o palco, para o artista, é o melhor lugar do mundo. Dizem que tem uma energia mágica. Há vezes em que o cantor está indisposto ou sentindo uma dorzinha de cabeça, de barriga, ou de dente e, ao subir no palco, se eletriza com os aplausos. Tudo passa, ele domina o público, se emociona, provoca emoções e, no fim do espetáculo, recebe os amigos no camarim e sente um enorme prazer quando alguém diz que vibrou muito com os seus primeiros sucessos e outra pessoa confessa ter chorado um choro bom ao ouvir uma canção romântica, com mensagem que leva à reflexão.

— Ao interpretar uma música, me concentro tanto que, às vezes, fico meio fora de mim. Ao terminar, tenho que dar uma pausa, respirar fundo e beber água para poder cantar a próxima... Passou agora um filmezinho na minha cabeça: na primeira vez em que estive em Angola, ainda no tempo colonial, para fazer uma série de shows, cantei o "Tom maior"[70] no N'Gola Cine e causei uma baita confusão. Por coincidência, era um 7 de setembro e eu disse, sem pensar: "Lá no Brasil, hoje se comemora o Dia da Independência. Espero, quando aqui voltar, encontrar um país também livre". Deu um branco na plateia. Esperava ser aplaudido, mas não houve reação, até que alguém puxou umas tímidas palmas, seguidas de ruídos que foram aumentando até todos aplaudirem calorosamente, sem parar. Foi difícil interrompê-los. Levantei os braços, fiquei estático, aos poucos silenciaram, e eu soltei a voz:

Está em você
O que o amor gerou,
Ele vai nascer, e há de ser sem dor.
Ah! Eu hei de ver
Você ninar e ele dormir.
Hei de vê-lo andar,
Falar, sorrir...

E então quando ele crescer,
Vai ter que ser homem de bem.
Vou ensiná-lo a viver
Onde ninguém é de ninguém.
Vai ter que amar a liberdade,
Só vai cantar em Tom Maior.
Vai ter a felicidade de
Ver um Brasil melhor.

Essa canção foi criada quando o meu filho Martinho Antônio estava para nascer, dedicada à Anália, sua mãe. Conheci a Anália transitando por Vila Isabel: caminhava em passos lentos, ultrapassei uma pretinha mais lenta que eu, abri-lhe um sorriso com um aceno de cabeça, ela retribuiu, diminuí o passo e começamos um namorico. Passamos a nos encontrar com constância, o namorinho virou namoraço, nos apaixonamos e vivemos um caso de amor: eu frequentava o apartamento em que ela morava com a mãe, dona Vanda, na rua Torres Homem, e a levava à minha residência em Pilares, onde volta e meia dormíamos juntos. O Martinho Antônio, nome escolhido por Anália, é o meu filho mais velho. Depois, ela me deu de presente a Analimar, graça que eu criei com o prefixo do nome dela unido ao do meu. Ao contrário, Mart'nália é a junção das primeiras letras do meu nome com as últimas do de sua mãe.

Com o passar do tempo o amor se esvaiu, abriu espaços, transformou-se em amizade verdadeira. O senhorio requisitou o apartamento em que Anália morava com a mãe, e eu as transferi para um imóvel que possuía no Engenho Novo. Ao arranjar um namorado, me pediu permissão para ele frequentar a casa dela; autorizei. Exigiu que eu o conhecesse antes e fiquei numa situação incômoda. O rapaz regulava com a minha idade e me chamava de senhor, como se eu fosse pai dela. Quando Anália o abandonou, o sujeito me procurou e, com voz chorosa, implorou que eu intercedesse a seu favor. Prometi, mas não cumpri a palavra, fiquei na minha, claro.

Intérprete de voz potente, Anália gravou duas músicas: "Só Deus", do Walter Rosa, e "O primeiro berço", do Silas de Oliveira, num álbum[71] que produzi com vários sambistas inéditos. Cantando ao vivo, fazia um sucesso enorme no Teatro Opinião às segundas-feiras e encerrava o evento A *fina flor do samba*, produzido pela Tereza Aragão, entoando de maneira dramática o seu "Tom maior". Levava os comunistas do Grupo Opinião ao delírio e tinha gente que chorava.

Nossas filhas, Analimar e Mart'nália, herdaram bastante a voz dela, sendo que o timbre da Analimar é mais parecido. Ela é vocalista, participa da minha banda desde menina, e volta e meia faz participações especiais.

Quando novinha, o ator Cláudio Cavalcante, já falecido, apaixonou-se por ela, sem reciprocidade. Não sei se teve outros namorados antes de se envolver com o Paulo Ventapane, que a pediu em casamento. Um tanto indecisa, me consultou, e eu respondi com um samba, o "De pai pra filha":[72]

Ô filhinha!
Se entrega ao estudo e se guia

Minha filha!
Estuda, trabalha, se casa e procria

Oi filhinha, oi filhinha
Oi filhinha, oi filhinha

Já não é mais um problema
Uma experiência pré-nupcial.
A autossubsistência antes do casamento
É que é fundamental.
Seja sempre feminina
E jamais submissa, isto é,
Sem nunca esquecer, menina,
Que homem é homem
E mulher é mulher.

Se algum dia o divórcio chegar,
Não vai ter problemas
Pra se adaptar.
Nem vai viver de pensão de marido
E os teus filhos vão te admirar.
A liberdade é um sonho
De quem permitiu se aprisionar.

    O Paulinho é um genro muito maneiro, e eles me deram um casal de netos, Raoni e Dandara. Já são avós e eu, bisavô. Tudo indica que vão cumprir a promessa matrimonial "até que a morte nos separe".

    — Êta! Interrompeu a narrativa da temporada em Angola para falar da Análía e prosseguiu falando da Analimar. É interessante a história dela com o Paulinho, mas quero ouvir mais sobre seus shows em Angola.

    — Retomando: eu cantava, a plateia vibrava de maneira extraordinária. Pediram bis, atendi cantando o verso final com a penúltima palavra trocada: *"Vai ter que amar a liberdade, só vai cantar em tom maior. Vai ter a felicidade de ver um país melhor"*. No meio dos aplausos, puxei "Casa de bamba" e o povo sambou, ou sembou, sei lá. Sacudiam os corpos para todos os lados. A tremenda confusão à qual me referi foi causada pela PIDE, a terrível polícia portuguesa de repressão, na saída do show, ao prender os mais exaltados que gritavam: "Liberdade! Liberdade!". Esse show, inesquecível para mim e para os assistentes, até hoje é relembrado em conversas entre angolanos que, na época, eram jovens. Dois dias após o show no N'Gola Cine, repleto de gente preta, cantei para os brancos no Cinema Avis, hoje Karl Marx.

Com Dionísio Rocha, radialista e cantor, entrei na Samizanga, uma favela na periferia de Luanda, onde tem o Kudissanga Kwa Macamba, local de encontro de amigos, com música ao vivo. Angola estava tumultuada pela guerra de libertação. Dionísio me apresentou a uns revolucionários simpaticíssimos, me contaram um pouco da história do país, da rainha Ginga e das lutas pela independência. Eu viajaria de avião, depois de Luanda, para me apresentar em Lobito, Benguela, Huambo, Lubango e Namibe, no sul. Os bravos amigos do Dionísio Rocha me persuadiram a fazer o percurso de carro, garantindo que não haveria problemas e, por ser mais econômico, o contratante Tacanho, que não era tacanho, concordou.

Cumprido o último show, eu queria retornar pela estrada, mas o Tacanho disse que seria de avião; bati pés que nem criança contrariada até ser convencido de que não daria para chegar a tempo para o show, em Cabinda, extremo norte, já que estávamos no sul.

— Deve ter sido uma excursão impressionante. Confesso que sinto uma inveja inofensiva...

— Há a inveja boa, que faz bem ao invejado, e a ruim, maléfica ao invejoso, mas este não é o seu caso. Estive outras vezes em Angola, a última com o Projeto Kalunga II, organizado pelo Francis e a Olívia Hime, ele, meu parceiro, e ela, coautora da música de abertura e de encerramento dos espetáculos.

Além de Angola e Moçambique, visitei outros países africanos: Quênia, Nigéria, Congo-Brazzaville, mas não conheço nenhum desses, só as capitais. Em Cabo Verde, país-arquipélago, há, entre outras, as ilhas do Sal e Praia; esta, a capital. Os africanos são musicais e ouvem música brasileira de todos os ritmos, principalmente pagode, por ser um tipo de samba mais descontraído.

— Ouvi muitas vezes o seu CD *Batuqueiro*, aquele que tem "Pagode da saideira", "Rabo de cometa", "Cadê a farinha"... É ilustrativo o texto de encarte, que eu já li e reli, intitulado "O Ritual do pagode":[73]

> Batuque, pagodes, partidos-altos, batuqueiros, pagodeiros e partideiros se confundem e se fundem, desde o início, quando tudo começou nas senzalas. Há diferenças musicais quase imperceptíveis entre o partido-alto e o samba de partido-alto. Este é quase um samba de terreiro, atualmente chamado de quadra, que é feito para animar os ensaios. Tem a primeira parte definida e a segunda, improvisada sem maiores regras. Já o partido-alto é composto com um refrão e uma parte improvisada. Tem característica rítmica definida, uma maneira especial de dançar e é cantado nas rodas de batucadas, que já não existem mais.
>
> Nas escolas de samba, quando terminavam os ensaios e as visitas iam embora, começavam as batucadas. Recolhidas as peças de bateria, ficavam somente um ou dois pandeiros, formava-se uma roda, o partideiro puxava o refrão, a turma repetia e firmava o compasso com palmas. No meio da roda, um partideiro sambando e um outro plantado, isto é, parado com os calcanhares juntos, braços abertos para equilibrar melhor o corpo, joelhos meio dobrados e olhos atentos aos pés do outro, que dançava para distraí-lo, devagar, devagarinho, gingando, fazendo mesuras e, de repente, dar-lhe uma rasteira. Podia-se dançar em volta do plantado, mas não se dava rasteira por trás, isto é, ninguém pegava pelas costas; muitos preferiam plantar com os joelhos e as pontas dos pés unidos, calcanhares separados, mas, em ambos os casos, o plantado não podia se mexer.
>
> Os grandes batuqueiros eram chamados de "pernas". Lucas, bairro distante, era um reduto de pernas. Eu, ainda miúdo, batuquei com muitos pernas famosos: Wilson Calé, Juarez, Aílton Cuiqueiro e Murilão, todos da Boca do Mato, bem como com o Clóvis e Valdô Tigre, ambos da Água Santa, Jonjoca do Morro da Cachoeirinha, o Xisto, mestre-sala da Flor do Lins e Tidoca do Cabuçu... O Guarnaí da Chave de Ouro, o Bacalhau e o Waldir Lua do Outeiro eram também bons de perna. Batucadas rolavam

no Catete, na Chave de Ouro, no Tabuleiro da Baiana, e nos piqueniques da Moreninha em Paquetá, redutos de grandes batuqueiros.

Para se formar um pagode em casa (sem pernadas, claro) basta reunir um grupo de amigos, servir batida de limão, cerveja, mortadela, salaminho ou outro qualquer petisco, colocar som na caixa e deixar o pessoal batucar em copos, pratos e garrafas, acompanhando o ritmo do samba. As bebidas devem ser trazidas pelos convidados ou compradas com todos participando da vaquinha. Importante: pagode sem mulher e sem homem dando sopa não dá pé. Bom de verdade é quando rola uma sopinha para se tomar com várias colheres no mesmo prato, sem nojinho. É o ritual.

Na Vila, ao terminarem os ensaios, nunca houve batucada com pernadas como na Boca do Mato. Lá, quando o diretor de harmonia sinalizava, o de bateria apitava, e esta parava de tocar... Era o fim. Aí, formava-se uma roda com alguns componentes sentados à frente, outros em pé atrás, um surdo de terceira marcava, um pandeirista tocava, casais de passistas sambavam no meio da roda e se exibiam alternadamente. Era bonito.

Eu disse que batuquei com muitos "pernas", como eram chamados os bons batuqueiros, e lembro que quebrei as minhas num acidente que me fez interromper a gravação de um disco. Eu estava ao volante, parado num sinal, um ônibus bateu na minha retaguarda e, além dos membros inferiores, os braços ficaram com escoriações e tiveram de ser imobilizados.

Era o ano de 1983, e aconteceu assim: terminadas as gravações de base do LP *Martinho da Vila Isabel* no estúdio Companhia dos Técnicos, na volta para casa, deixei um músico na Tijuca. Trafegava pela rua Pereira Nunes, parei num sinal e um ônibus abalroou a traseira do meu carro. Naquele tempo, quase ninguém usava cinto de segurança; eu estava sem o meu, bati com a cabeça no vidro frontal e desmaiei por uns minutos. O motorista do ônibus me socorreu e fui transportado para o Hospital Universitário Pedro Ernesto, próximo ao local do acidente. Já passava das dez da noite, só havia um médico de plantão que me examinou e, embora não fosse ortopedista, disse que a contusão era grave.

Como o hospital era de poucos recursos, como a maioria dos hospitais públicos, fui transferido para o Samaritano, de Botafogo. Uma das pernas se partiu em três lugares; fui operado pelo dr. Francisco Godinho, e tenho até hoje sete parafusos encravados. Deveria ficar internado por seis meses mais ou menos, entretanto, passados trinta dias, recebi alta com a recomendação de ficar entrevado numa cama ortopédica e me submeter a sessões de fisioterapia. Fui para casa com duas pernas engessadas, dois braços imobilizados, cabeça enfaixada, parecendo uma múmia. Passei um mês dependente dos familiares para tudo, inclusive para as necessidades fisiológicas. Sofri muito nas sessões fisioterápicas e senti grande alegria ao sair da cama para uma cadeira de rodas.

O Rildo Hora, meu produtor fonográfico, me foi visitar, falou sobre a gravação, disse que havia botado o coro, estava lindo, e só faltava a colocação da minha voz. Tomado pela curiosidade, aluguei uma ambulância e fui ao estúdio ouvir. Acabei me empolgando e falei com o Rildo que gostaria de tentar cantar a embolada "Minha viola",[74] do Noel Rosa, destinada a ser a música de trabalho. Ele achou melhor que fosse uma sem compromisso e escolheu a quinta faixa do disco, "Na aba",[75] do Paulinho do Pandeiro. Sentado na cadeira de rodas, soltei a voz, e a música foi um grande sucesso daquele ano. O grave acidente foi bem-vindo, me propiciou fazer uma coisa inusitada: gravar um disco alegre, estando entrevado, e compor um samba-enredo, o "Pra tudo se acabar na quarta-feira". A Vila, na época, ensaiava no campo do América F. C. (onde hoje há um shopping) e eu fui assistir à disputa final, de muletas.

CAPÍTULO 8
A pura raiz do samba

Em 1965, ingressei na Unidos de Vila Isabel, escola fundada em 4 de abril de 1946 por Antônio Fernandes da Silveira, conhecido como seu China, por ter "olhos puxados", apesar de não ter ascendência oriental. As comemorações de aniversário de fundação costumam começar com uma missa na igreja de Nossa Senhora de Lourdes, às 18 horas, seguida de uma noitada de samba na quadra. Sambistas, em geral, são católicos, umbandistas e candomblecistas como eu, que tenho os meus Santos de Cabeça assentados no terreiro do Babalorixá João Deloiá e sou devoto das Nossas Senhoras de Fátima, de Aparecida e de Lourdes. Pretendo fazer um registro fonográfico dos respectivos hinos, e o Zé Ferreira me cobra:

— Quando é que você vai gravar?

— Não sei. Os meus álbuns são conceituais e tenho que fazer isso com os hinos inseridos na temática.

— Quer uma sugestão? Faça uma canção sobre a Senhora Aparecida, outra para a de Fátima e não se esqueça de citar os pastorezinhos: Francisco, sua irmã Jacinta e a prima Lúcia.

— É uma boa ideia. Você já fez romaria ao Santuário de Fátima?

— Sim. Situado entre Lisboa e Porto, o lugar sagrado é energético. Há vezes em que eu fecho os olhos e o vejo, assim como estão gravadas nas minhas retinas as imagens da primeira vez que saí do Rio de Janeiro para o Santuário de Aparecida, lá no estado de São Paulo.

Eu tinha por volta de doze anos, acompanhava a minha mãe. Fomos de bonde até o Méier, pegamos um trem para a Central do Brasil e lá baldeamos para um outro, destinado a São Paulo. As quase onze horas da viagem passaram despercebidas no vagão fretado para os excursionistas. As pessoas chegavam felizes, trocavam beijos, abraços, e, após a primeira hora de conversas tranquilas, as vozes foram aumentando, formou-se um tremendo zum-zum-zum, um rapaz levantou-se e em alto brado pediu silêncio:

— Gentes! Não estamos indo para um piquenique! Já estamos chegando a nosso destino, o Santuário de Aparecida. Vamos rezar com alegria. Para começar, peço que me acompanhem batendo palmas. Podem?

— Sim — responderam todos.

— Tentem bater no meu ritmo: pla pla pla pla.

E acelerou: pla pla pla plaplaplaplapla. E gritou:

— Viva Nossa Senhora de Aparecida!

— Vivaaaaaa!

Estimulados, de maneira descontraída rezaram a Ave-Maria, o Pai-Nosso, o Credo... Em seguida, o rapaz puxou o Hino de Fátima:[76]

A 13 de maio na cova da Iria
No céu aparece a Virgem Maria
Ave, ave, ave Maria!
Ave, ave, ave Maria...

E, depois, o Hino de Aparecida:[77]

Viva a mãe de Deus e nossa,
Sem pecado concebida
Viva a Virgem Imaculada,
A Senhora Aparecida

Aqui estão vossos devotos,
Cheios de fé incendida,
De conforto e de esperança.
Ó Senhora Aparecida.

Viva a mãe de Deus e nossa
Sem pecado concebida
Viva a Virgem Imaculada.
A Senhora Aparecida

Virgem santa, Virgem bela,
Mãe amável, mãe querida
Amparai-nos, socorrei-nos,
Ó Senhora Aparecida.

Protegei a Santa Igreja,
Ó mãe terna e compadecida
Protegei a nossa Pátria,
Ó Senhora Aparecida!

Amparai a todo o clero
Em sua terrena lida
Para o bem dos pecadores.
Ó Senhora Aparecida,

Velai por nossas famílias,
Pela infância desvalida,
Pelo povo brasileiro,
Ó Senhora Aparecida.

Aprendi a rezar a ladainha com dona Margarida, minha professora de catecismo, que possuía uma imagem grande de Nossa Senhora Aparecida em casa. Aos sábados, por volta das 20 horas, saíamos em procissão até a residência de alguma família previamente avisada, conduzindo a imagem da Virgem Negra, empunhando círios acesos, silenciosamente; no máximo, falando baixinho. Entronizada a imagem, rezávamos uma ladainha que terminava em aplausos. A família hospedeira nos oferecia um café com broa ou sanduíche de mortadela.

— Você já se apresentou nos Estados Unidos. Esteve na St. Patrick's Cathedral?

— Sim. É lindíssima. Fica na Quinta Avenida, em Nova York. Naquela cidade, animei um baile de Carnaval no Hotel Waldorf Astoria. Acomodado no avião da United Airlines, arregalei os olhos ao ver, entre os tripulantes, duas aeromoças e um comissário de bordo pretos, coisa que jamais vira em viagens pelo Brasil. Uma delas falava portunhol, uma mistura de português do Brasil com espanhol. A tripulação hospedou-se no mesmo hotel que eu; encontrei a comissária de bordo no restaurante, jantamos juntos, disse-lhe que estava debutando em viagem aos Estados Unidos, pedi umas dicas para transitar pela cidade. Andei bastante por lá e, maravilhado, escrevi a letra de "Transando em Nova York",[78] musicada pelo Rildo Hora:

No Harlem o som do gospel.
Astral do Apolo Theatre.
Espirituais espíritos
Na Igreja Baptista.
Como no Rio, Umbanda,
Candomblé, Bahia.
Na Forty-Six os patrícios,
Na Saint Patrick uma oração,
Tão diferente da Bonfim,
A catedral do povo
Lembro a igreja do Bonfim
A catedral do povo
Na Broadway strip-tease,
No Village um som do jazz,
Provando que acima dos erros humanos
Em torno de um velho piano
O blues aproxima os fiéis.
Tem Madison Square, Radio City,
Senzala e Carnegie Hall.
A Washington Square é uma praça maluca,
Youngs com tudo na cuca,
Silêncio no Parque Central.
No SOB's rola um som brasileiro,

Cavaco, viola e pandeiro.
Parece que é Carnaval.

Após o show no Waldorf Astoria, falei com o empresário que gostaria de permanecer por mais uns dias, o que não foi possível por ser um hotel muito caro. Me hospedou na residência onde moravam seus sobrinhos, com a observação de que eles passavam o dia inteiro fora e, na maioria das vezes, nem dormiam lá. O pequeno apartamento era estranhíssimo, com luzes em penumbra e odor de incenso, misturado com o de maconha. Me dei bem com os rapazes e fui com eles ao Fillmore East, uma casa de espetáculos mantida pelo empresário Bill Graham durante o final dos anos 1960 na Second Avenue, onde se apresentaram várias bandas. Eu nunca havia visto um show de rock. De início, gostei, mas fui cansando. No fundo do palco, efeitos de luz alucinante, com imagens de arrepiar: caveiras, corpos ensanguentados, animais abatidos, floresta pegando fogo...

Eu saía um pouco, ia ao bar tomar cerveja, regressava, saía de novo. Numa das idas e vindas, entrei no banheiro para urinar e me estarreci: jovens se picando, lésbicas se beijando, homossexuais transando... Com a cabeça zonza, falei com um dos rapazes que queria ir embora e ele, gentilmente, me pôs num táxi e passou o endereço para o taxista. Na manhã seguinte, ao despertar, tive a sensação de ter tido um pesadelo. Estive outras vezes em Nova York, uma das maiores cidades e maior centro financeiro e comercial do mundo. A mais inesquecível viagem foi em companhia da saudosa Lélia Gonzalez. Era uma viagem de três dias, e passamos quinze em um excelente hotel, de onde quase não saíamos.

Das minhas andanças por Angola, só tenho boas lembranças e mantenho-as bem vivas na memória. Eles me tratam como um angolano e eu assim me sinto. Estando lá, estou em casa, nada me é estranho. Os musseques angolanos me lembram das favelas de cá, o semba tem tudo a ver com o samba. Realizamos lá o Projeto Kalunga, dirigido pelo saudoso Fernando Faro e, no ano seguinte, voltei a passeio. O Ministro da Cultura, Boaventura Cardoso, hoje Embaixador, manifestou o desejo de fazer um evento no Brasil como o Projeto Kalunga e se prontificou a ficar responsável pelo transporte internacional dos artistas que viriam sem ônus, como nós fomos. Lamentoso, afirmou que nenhum intérprete musical de Angola, ou cantora, havia se apresentado no Brasil, com exceção dos internacionais residentes na Europa, como o Bonga. Pensei bastante no almejo dele e topei a parada. Com a ajuda do prof. Arnaldo Niskier, consegui a Sala Cecília Meireles por três dias e veio uma delegação com cerca de trinta pessoas. Eu as alojei no Hotel Guanabara, na Av. Presidente Vargas. Nos shows, com lotação esgotada, as cortinas se abriam, aparecia o idoso Mestre Geraldo tocando uma sanfoninha de oito baixos, os artistas iam chegando, entoando uma canção em quimbundo, uma das línguas de lá, sob aplausos frenéticos. À medida que os artistas iam se apresentando, a temperatura ia subindo, os corações disparavam e em vários momentos rolaram catarses coletivas.

Em 2012, a carnavalesca Rosa Magalhães desenvolveu, para a Vila Isabel, o enredo "Você *semba* lá... que eu sambo cá! O canto livre de Angola".[79] O lindo samba de André, Bocão e seus parceiros emocionou o público e, particularmente, a mim:

> Vibra, oh minha Vila!
> A tua alma tem negra vocação.
> Somos a pura raiz do samba,
> Bate meu peito à sua pulsação.
> Incorpora outra vez Kizomba e segue na missão.
>
> Tambor africano ecoando em solo feiticeiro,
> Na cor da pele, o negro.
> Fogo aos olhos que invadem.
> Pra quem é de lá,
> Forja o orgulho, chama pra lutar.
>
> Reina Ginga, ê matamba!
> Vem ver a Lua de Luanda nos guiar.
> Reina Ginga, ê Matamba!
> Negra de Zâmbi, sua terra é seu altar.

Somos cultura que embarca
Navio negreiro, correntes da escravidão.
Temos o sangue de Angola
Correndo na veia, luta e libertação,
Saga de ancestrais
Que por aqui perpetuou

A fé, os rituais, um elo de amor.
Pelos terreiros, dança, jongo, capoeira...
Nasce o samba ao sabor de um chorinho.
Tia Ciata embalou

Com braços de violões e cavaquinhos a tocar
Nesse cortejo, a herança verdadeira.
A nossa Vila agradece com carinho.
Viva o povo de Angola e o negro rei Martinho!

Em 2013, embalados pelo sucesso, sacudimos o Sambódromo com o tema "A Vila canta o Brasil, celeiro do mundo – água no feijão que chegou mais um", que ficou conhecido como "Festa no arraiá", também obra da Rosa Magalhães. Era 12 de fevereiro, dia do meu aniversário, e eu comemorei sambando sobre uma alegoria alusiva a Luiz Gonzaga, o rei do baião, fantasiado de nordestino. No final do desfile, assoprei as velas de um grande bolo, cantaram o "parabéns a você nesta data querida", seguido de "derrama, Senhor, derrama sobre ele o seu amor", e o bolão se foi, rapidamente, depois que dei o primeiro pedaço para a Cléo. Saímos da dispersão gritando: "Vilaaaa, campeã! É campeã!".

No dia do resultado, depois da última nota, cantamos, repetidas vezes, o samba-enredo, criado em parceria com o meu filho Tunico da Vila, o André Diniz, o Arlindo Cruz e o Leonel:[80]

O galo cantou
Com os passarinhos no esplendor da manhã.
Agradeço a Deus por ver o dia raiar,

O sino da igrejinha vem anunciar.
Preparo o café, pego a viola, parceira de fé.
Caminho da roça, e semear o grão,
Saciar a fome com a plantação.

É a lida...
Arar e cultivar o solo,
Ver brotar o velho sonho
De alimentar o mundo, bem viver.
A emoção vai florescer.
Ô muié, o cumpadi chegou.
Puxa o banco, vem prosear.
Bota água no feijão, já tem lenha no fogão,
Faz um bolo de fubá.

Pinga o suor na enxada,
A terra é abençoada.
Preciso investir, conhecer,
Progredir, partilhar, proteger...
Cai a tarde, acendo a luz do lampião,
A lua se ajeita, enfeita a procissão.
De noite, vai ter cantoria,
E está chegando o povo do samba.
É a Vila, chão da poesia, celeiro de bamba.
Vila, chão da poesia, celeiro de bamba.

Festa no arraiá
É pra lá de bom.
Ao som do fole, eu e você.
A Vila vem plantar
Felicidade no amanhecer.

    O campeonato, para mim, foi um presentão de aniversário, jamais esquecerei. Obrigado, Vilaaaa!!!

Um dos meus projetos é botar a Vila Isabel desfilando com um enredo romântico referente aos personagens do livro *Os lusófonos*,[81] Aires e Idalina. A leitura de *Os lusófonos* começa com a letra do samba criado em parceria com o saudoso Elton Medeiros, *Lusofonia*:[82]

> Eu gostaria de exaltar em bom tupi
> As belezas do meu país.
> Falar dos rios, cachoeiras e cascatas,
> Do esplendor das verdes matas e remotas tradições.
> Também cantar em guarani os meus amores
> Desejos e paixões.
> Bem fazem os povos das nações irmãs,
> Que preservam os sons e a cultura de raiz.
>
> A expressão do olhar
> Traduz o sentimento,
> Mas é primordial
> Uma linguagem comum,
> Importante fator
> Para o entendimento,
> Que é semente do fruto
> Da razão e do amor.
>
> É sonho ver um dia
> A música e a poesia
> Sobreporem-se às armas
> Na luta por um ideal
> E preconizar
> A lusofonia
> Na diplomacia universal.

A vitória de 2013 foi comemorada por amigos que tenho em vários países. Recebi muitas mensagens de parabéns, particularmente vindas de países lusófonos, dos quais sou Embaixador da Boa Vontade. São eles: Angola, Brasil, Cabo Verde, Guiné-Bissau, Guiné Equatorial,

Moçambique, Portugal e Timor-Leste. Os embaixadores meus confrades são todos diplomatas e eu, apesar da idade avançada, me submeti a um exame vestibular na Universidade Estácio de Sá, passei e frequentei, presencialmente, o curso de Relações Internacionais durante três anos. A duração é de quatro, não fiz os dois últimos períodos porque, neles, o ensino visava preparar os alunos para o mercado de trabalho ou para o ingresso no Instituto Rio Branco, o que não era o meu caso.

Fui estudar RI para me equiparar aos meus confrades diplomatas e adquirir conhecimentos teóricos; na prática, eu já era experiente. O professor Jacques Dudesc, na aula inicial, pediu que cada aluno se apresentasse e dissesse por que resolveu cursar Relações Internacionais. Me deixou por último e, antes da minha resposta, dirigiu-se à turma relatando que sou Doutor *Honoris Causa* intitulado pela UFRJ, Embaixador da CPLP e que promovi a integração dos países lusófonos. Sem saber o que dizer, me encolhi na cadeira deslizando os pés para debaixo do assento do colega da frente.

O professor Bruno Filippo Policani, coordenador do curso, falou de mim na Reitoria e me informou que o reitor manifestou satisfação por me ter como aluno e, como o meu objetivo não era a formação, eu poderia frequentar as aulas como ouvinte, sem obrigação de fazer provas, devendo apenas cumprir a carga horária e participar dos trabalhos coletivos. Além de aprimorar o meu saber e conhecimentos, entrei para a faculdade porque ambiciono ser referência para jovens da minha origem quando partir desta terra para um mundo melhor.

— Já é referenciado em trabalhos de mestrado, e a professora doutora Patrícia Luísa Nogueira Rangel fez sua tese de doutorado tendo você como referência central.

— O meu desejo é ocupar uma cadeira na Academia de Machado de Assis, não é só por vaidade, e sim porque os negros, como eu, devem estar presentes em todos os espaços. Na ABL, só tem dois pretos: o Domício Proença Filho e o Gilberto Gil. Deveriam adotar as cotas raciais e ter lá oito, tais como Haroldo Costa, Nei Lopes, Uelinton Farias, Salgado Maranhão, Conceição Evaristo, Helena Theodoro, Elisa Lucinda, Carmem Tindó, Paulo Lins...

Zé Ferreira tem assento na cadeira número seis da ACL, Academia Carioca de Letras, é Embaixador da Boa Vontade da CPLP, Comunidade dos Países de Língua Portuguesa e, na Universidade Estácio de Sá, cursou Relações Internacionais. Na Estácio, estudou a vida do Barão do Rio Branco, José Maria da Silva Paranhos Júnior, nosso maior chanceler. Rio Branco negociou com a Bolívia a assinatura do Tratado de Petrópolis, que incorporou o Acre ao Brasil, e empreendeu diversas negociações com países cujas fronteiras limítrofes com o Brasil demandavam soluções. Os tratados que assinou com Venezuela, Colômbia, Equador, Bolívia, Peru, Uruguai, Argentina e Guiana Holandesa definiram os contornos do território brasileiro.

Outros grandes ministros das Relações Exteriores foram Alexandre de Gusmão, José Bonifácio de Andrada e Silva, Rui Barbosa de Oliveira, Oswaldo Aranha, San Tiago Dantas, João Cabral de Melo Neto, Celso Amorim e Sérgio Vieira de Mello, este, falecido em um atentado no Iraque, para onde fora em missão diplomática. O Brasil foi o primeiro país a reconhecer a independência de Angola.

— Você fala mais de Angola do que dos outros países lusófonos...

— É porque, como já disse, me considero angolano, e eles também a mim; mas todos os países que formam a CPLP estão dentro do meu coração.

— Com quais tem mais sintonia?

— Angola e Moçambique, pela ancestralidade negra; Portugal, onde me sinto em casa, assim como em Cabo Verde, país formado por um arquipélago de nove ilhas. Lá quase não chove, mas durante a minha estada caiu água do céu e emocionei o público cantando o hino "Regresso",[83] composição de Amílcar Cabral, o libertador:

Mamãe Velha, venha ouvir comigo
o bater da chuva lá no seu portão.
É um bater de amigo
que vibra dentro do meu coração.

A chuva amiga, Mamãe Velha, a chuva,
que há tanto tempo não batia assim...

Ouvi dizer que a Cidade Velha,
— a ilha toda —
em poucos dias já virou jardim...

Dizem que o campo se cobriu de verde,
da cor mais bela, porque é a cor da esp'rança.
Que a terra, agora, é mesmo Cabo Verde.
— É a tempestade que virou bonança.

Venha comigo, Mamãe Velha, venha,
recobre a força e chegue-se ao portão.
A chuva amiga já falou mantenha
e bate dentro do meu coração!

Depois de Portugal, Angola, Moçambique e Cabo Verde, a nação que muito admiro é a França. Em Paris, passei um Quatorze de Julho, dia em que celebram a Tomada da Bastilha, revolução de caráter popular. Estive em Paris algumas outras vezes, uma delas com o Marco Mazzola, para gravar com a cantora Nana Mouskouri. Em outra ocasião, fui à capital francesa lançar um CD, e um amigo, que era diretor da Sony Music, mandou um motorista me pegar no aeroporto com um carro de luxo e levar para o Hotel Plaza Athénée. No luxuoso hotel estavam hospedados os homens mais afortunados do mundo e, na porta, acontecia uma manifestação de protesto contra o capitalismo. Quando cheguei, os manifestantes, pensando que eu era um dos milionários, viraram-se para mim bradando: — *Capitaliste! Capitaliste! Sortir, Capitaliste!* Eu sorria, e eles gritavam, furiosos. Para entrar no hotel, tive que ser protegido por seguranças.

Em Paris, cantei em espaços culturais não populares: Théâtre des Champs-Élysées, Salle Pleyel, Théâtre Mogador... Fiz show até em um castelo, o do barão de Rothschild. Também na Cité de La Musique, no Café Concerto Champanhe Premier e na casa de shows Bataclan, de propriedade de um judeu, onde, em 13 de novembro de 2015, aconteceu um ataque terrorista que matou várias pessoas.

O empresário Debrair da Silva marcou um show com o título *Da Vila Le Brésilien* no Théâtre Mogador, sala reservada para operetas, com participações de Pierre Vacile, Marie Myriam e Pierre Barouh.

Na véspera, me diverti numa boate, dormi tarde e fui acordado cedo para dar uma entrevista a uma rádio que tocava músicas brasileiras. Depois de um almoço regado a vinho, ensaiei bastante para o show, fiquei afônico, tentei cancelar o espetáculo, mas o empresário não concordou porque muitos ingressos haviam sido vendidos. O público afluiu ao teatro pensando que *Da Vila Le Brésilien* era título de uma ópera-bufa, tipo de opereta em que o canto e a fala se alternam divertindo os assistentes. Eu falava francês aprendido nas ruas, entrei e tentei explicar que estava rouco. Silêncio total. Com esforço, puxei o "Canta, canta, minha gente", um pouco conhecido pela gravação da Nana Mouskouri, mas a voz falhava nas partes agudas, a plateia ria, eu me senti ridicularizado.

Surpreendentemente, aplausos eclodiram no final, e eu tive de voltar. Chamei o Vacile, ele cantou duas músicas francesas hilárias, anunciou o Barouh, ganhador da Palma de Ouro em Cannes, conhecido por sua participação no filme *Um homem, uma mulher*.[84] Pierre Barouh apresentou a Marie Myriam, e ela interpretou duas canções francesas. O tempo previsto era de uma hora, muito menos havia, fiz sinal para fecharem as cortinas e saí do palco. A plateia permaneceu, o diretor artístico do Mogador exigiu que eu voltasse à cena. O que fazer? Matutando, tive uma ideia salvadora. Adentrei gingando sem música, dei um pulo no final e fiz uns passos de miudinho imitando o modo de dançar do João da Baiana. Saí sob aplausos, com o público pedindo bis, batendo pés. Obrigado a voltar ao palco, fiquei aborrecido e entrei de cara carrancuda. Mimiquei batendo com as mãos na garganta, de boca cerrada, estiquei os braços e balancei as mãos como se tivesse os enxotando. Só saíram com as luzes piscando.

Em um periódico francês foi publicado um artigo com a manchete em letras garrafais: *Da Vila Le Brésilien Opérette Spectaculaire*.

— Agora entendo o porquê do seu amor pela França, país social-democrático. Continua sendo um socialista apaixonado pelo Brasil?

— O meu amor pelo nosso país esmoreceu no período do desgoverno Bolsonaro, retrógrado, mal-educado, mentiroso e incompetente. Éramos a sétima economia do mundo, caímos para a décima posição. No desgoverno do "Bozonaro", a pobreza indecente, que estava mínima, atingiu um percentual alto e o número de miseráveis sobrevivendo abaixo da linha da pobreza extrema atingiu um patamar vergonhoso. Eu venerava a Bandeira do Brasil, mas os bolsonaristas raivosos se apropriaram dela, e eu já não gostava como antes. Daí, o samba "Não digo amém":[85]

> Eu a amo apaixonadamente
> Mas pelo presente já nem gosto tanto dela
> Porque ela está corrompida,
> Vendida, perdida
> E não há ninguém que lhe diga onde está a saída
>
> Mesmo assim não a desprezo
> E até por ela rezo
> Posso até fazer promessa,
> E que alguém por ela peça
> Não a trato com desdém
> Sou responsável também
> Olho pro céu,
> Me benzo e não digo amém.

Me benzo para me livrar dos males, amém significa "que assim seja" e eu não desejo que o Brasil seja assim como está. O "País do Futuro" era uma premonição que se visualizava próxima, ficou distante. Agora, com as esperanças renovadas, temos que ter fé e agir, como preconiza o samba "Bandeira da fé".[86] Nessa música, a palavra fé da religiosidade cristã não se refere à religiosidade, e sim à convicção de que uma transformação é possível, crença do meu parceiro José Inácio dos Santos, o talentoso Zé Catimba, paraibano de Guarabira, cidadezinha da deliciosa José Sobrinho, preferida pelos jurados de um concurso de *miss*. O Catimba é um ser iluminado pelo Divino Espírito Santo.

Não sei se o Zé Catimba é religioso como as pessoas católicas que, em maioria, também são adeptas da umbanda, religião brasileira surgida no Rio de Janeiro, como reza o jongo "Umbanda nossa":[87]

Sou carioca como a bossa nova
Partido-alto é o meu dikamba
Sou a umbanda
Venho de Aruanda
E o meu batuque
Aqui virou samba.

Cá a Kianda é Iemanjá
É Janaína e também Aioká
São Benedito
É um Preto Velho
Que transmite as ordens
Do pai Oxalá.

A umbanda é religião similar à tradicional tsonga-changana, praticada em diversas províncias de Moçambique, inclusive, torrão natal de Eduardo Mondlane, morto antes da Independência, fundador da FRELIMO, Frente de Libertação de Moçambique, resultante da luta liderada pelo Samora Machel, grande tribuno. Quando o Samora fazia um dos seus longos pronunciamentos à nação, todo Moçambique o ouvia, estático.

— Já esteve em Manjacaze?
— Não, só em Maputo, a capital, de onde tenho boas lembranças. A maior recordação é de um show que fiz num campo de futebol. Quarenta mil ingressos foram distribuídos para trabalhadores documentados, e uma multidão de trabalhadores informais ficou de fora. Estavam muito irritados, e o escritor Luís Bernardo Honwana, Ministro da Cultura, diplomaticamente os acalmou, com a promessa de realizar outro espetáculo para eles. Antes de começar a minha apresentação, o ministro contratou-me para um novo show, exclusivo para laboradores autônomos. Moçambique estava em estado belicoso com

a limítrofe África do Sul e, durante o evento, um avião Mirage, comprado da França pelo exército sul-africano, invadiu Maputo e bombardeou um paiol de armazenamento de armas de guerra. O paiol ficava distante, não se ouviu o bombardeio no show, mas toda a cidade ficou em polvorosa. Calculei que não haveria mais a segunda apresentação e, pela manhã, arrumei a mala para o regresso. Um representante do ministro Honwana foi ao hotel e me perguntou:

— Tudo certo para logo mais?
— Soube que houve um bombardeio...
— Isso foi ontem, camarada. Não acontece todos os dias.

Eu sorri, ele também, abri o show tocando pandeiro e cantando à capela, com o estádio lotado. O povo vibrou, em particular com o Rildo Hora em solos na sua gaita de boca. Voltei outra vez ao país do Samora Machel para convidar o Balé Folclórico de Moçambique a participar do Kizomba – Primeiro Encontro Internacional de Arte Negra. Conheci a cantora Astra Harris, fiquei encantado e a trouxe ao Brasil para gravar comigo para o CD *Lusofonia* a música "Vamos cultivar":[88]

> Moçambique!
> Quero com o povo trabalhar,
> Quero ver meu corpo transpirar
> Plantando batata, mandioca, mapira, amendoim.
> Quero ver o arroz também crescer,
> Com a minha mulher a me ajudar,
> Colhendo milho e feijão,
> Pimenta e gergelim.
>
> Quero ver crianças a sorrir
> Arrancando castanhas-de-caju,
> Subindo em todos os coqueiros,
> Descendo sem cair.
>
> Plantar pra colher
> Em Moçambique
> Feijão, arroz, trigo, mandioca, piripíri...

Transpira!
Pega na enxada e planta para colher.
Simbora, simbora, simbora!
Vamos levar a plantação pra casa.
Vamos que vamos, pega na enxada!

— Eu cantei em português, e ela interpretou em um dialeto. Em Moçambique, conheci o escritor António Emílio Leite Couto, que me presenteou com um belo texto, publicado no livro *Os lusófonos*. Conhecido internacionalmente como Mia Couto, é Doutor *Honoris Causa* pela Universidade de Brasília e membro da Academia Brasileira de Letras como sócio correspondente.

Os sócios correspondentes da ABL têm como função promover um intercâmbio entre o país de origem do acadêmico e o Brasil. As obras literárias de Mia Couto são caracterizadas, principalmente, pelo resgate da tradição cultural moçambicana por meio de uma linguagem marcada por neologismos, criando palavras e dando novo significado a outras. Brilhante poeta, Mia Couto se identifica com o seu poema autobiográfico, "Identidade":[89]

Preciso ser um outro
para ser eu mesmo.

Sou grão de rocha
Sou o vento que a desgasta

Sou pólen sem insecto

Sou areia sustentando
o sexo das árvores

Existo onde me desconheço
aguardando pelo meu passado
ansiando a esperança do futuro

No mundo que combato
morro
no mundo por que luto
nasço

Existem diferenças entre poesia e letra de música. Um poema escrito por um letrista apresenta-se embutido de sonoridade, e uma letra, criada por um poeta para ser musicada, nem tanto. O Da Vila chama o Zé Ferreira de escritor-letrista e é por ele denominado poeta-escritor, embora nunca tenha publicado nenhum livro de poesia. Ambos são fãs dos vates Geraldo Carneiro, Hermínio Bello de Carvalho e Salgado Maranhão, bem como das poetas Viviane Mosé, Elisa Lucinda, Conceição Evaristo e da expoente moçambicana Paulina Chiziane.

Apreciador de poesias, Zé Ferreira tem o hábito de ler e escrever diariamente. Está de olhos no Os bruzundangas,[90] livro de Lima Barreto, e a digitar este livro autobiográfico-histórico-ficcional. Alguém lhe perguntou:

— Como começou a sentir atração pela literatura?

— Creio que fui influenciado pelo meu pai, que me deu, na pré-adolescência, um livro sobre a terra de Getúlio Vargas, com belas ilustrações. Li, gostei e peguei na biblioteca da escola o livrinho *Ideias de Jeca Tatu*,[91] do Monteiro Lobato, e depois outros. Até hoje leio livros infantis. Influenciado, escrevi *A rosa vermelha e o cravo branco*.[92] E *Vamos brincar de política?*,[93] adequado para adolescentes, cujo conteúdo é referente à política brasileira de tempos passados; planejo reescrevê-lo, penso no trabalhão que vai dar e adio. Grafei o *Vermelho 17*[94] pensando nos petizes e *A rainha da bateria*,[95] para infantes, que foi ilustrado pelo cartunista Ykenga. Inspirado em brincadeira de criança, saiu o infantil *O que é e quem é*, publicado pela Editora Lazuli.

— Eu sou mais de ler do que escrever, minha paixão é a música. Comecei fazendo paródias, consegui fazer musiquinhas. Aos dezoito anos, li uma biografia do Maestro Carlos Gomes e fiz meu primeiro samba-enredo. No ano seguinte, outro, versando sobre o Almirante Tamandaré e, na sequência, a minibiografia musicada do Machado de Assis. Sou essencialmente compositor-cantor, gravei mais de cinquenta álbuns, andei por este Brasil adentro e pelo exterior, cantando. Fiz também uma viagem solitária, enriquecedora e tranquila, de quarenta e cinco dias, transitando pela França, Grécia, Turquia, Egito, Israel, Irã, Nigéria, Benim e Togo.

No Irã, dei uma sorte imensa: saí de lá em um dia calmo e, no seguinte, o Aiatolá Khomeini invadiu o país e o Xá Reza Pahlavi, que reinava, fugiu para o Egito, onde ficou exilado.

— Mudemos de assunto, já falei muito das minhas andanças. Voltemos à música.

— Das suas, muitas já são clássicos populares, várias voltadas para a negritude e algumas controversas, de cunho machista, como "Parei na sua",[96] de versos ameaçadores:

> Porém se for pra bagunçar o seu parceiro
> A sua barba vai crescer até o fim
> Vai ser sapato nos pés de um batuqueiro
> Da sua pele vou fazer um tamborim.

— Por incrível que pareça, há muitas fêmeas machistas. Lili, uma amiga íntima, é de opinião que mulher deve obedecer ao seu homem. Prefere os machões que a fazem submissa e me disse que não se amarra em homens carinhosos que mandam flores nem nos que a possuem com ternura. No coito, para chegar ao ápice, tem de ser xingada de quenga, vagabunda... Não gosta de apanhar, mas goza ao se sentir ameaçada.

— Mais ameaçador do que o "Parei na sua", o "Eu não me canso de dizer" tem os seguintes versos:[97]

> Mas pra ganhar muitas flores
> Tem de ser a flor mais pura
> Do meu sonhado quintal
> E pra chupar minha fruta
> Tem de ter boa conduta
> Ou então vai se dar mal.

— O samba "Coração de malandro",[98] parceria com Gracia do Salgueiro, concordo que é machista, mas fez grande sucesso, e as feministas não chiaram. Elas detestam o frevo "Na outra encarnação",[99] e quase apanhei delas por causa do samba "Você não passa de uma mulher".[100] Nos shows, de início, o público não se manifestava, mas depois de alguns apupos rechaçados pelos aplausos, todos cantavam e pediam bis. Devido ao grande sucesso, passei a encerrar as minhas apresentações com ela:

Olha que moça bonita
Olhando pra moça, mimosa e faceira
Olhar dispersivo, anquinhas maneiras
Um prato feitinho pra garfo e colher
Eu lhe entendo, menina
Buscando carinho de um modo qualquer
Porém, lhe afirmo que apesar de tudo
Você não passa de uma mulher (ah, mulher)
Você não passa de uma mulher.

Olha a moça inteligente
Que tem no batente um trabalho mental,
QI elevado e pós-graduada,
Psicanalisada, intelectual,
Vive à procura de um mito
Pois não se adapta a um tipo qualquer.
Já fiz seu retrato, apesar do estudo,
Você não passa de uma mulher.

O que será que as feministas pensam desta "Coisa louca"?[101]

Que lindos cabelos, que olhos bonitos, que queixo!
Mas o gostoso-gostoso eu sinto é na sua boca.
Na sua boca... na sua boca.

Tão aconchegante o colo perfeito
e o umbigo bem-feito.

Mas o brilhante-brilhante eu vejo é lá na sua boca.
Na sua boca... na sua boca, mulher.

Que cintura curva, que uva, que luva!
Que coxa!
Mas a beleza-beleza só está na sua boca.
Mulher... Mulher...
Mulher... ai, ai, ai, mulher.

Os lindos joelhos
Equilibram o corpo
E os tornozelos
Adornam seus pés.
Umas batatinhas gordinhas
Enfeitando as pernas
E essas curvinhas de cima...
Nem fala... nem fala...

Todinha atraente
Costinha bem quente...
Que nuca! Que cuca!
Deixa a cabeça maluca.
Fecho os olhos e vejo uma lua redonda
Brilhando

E uma estrela cadente
Riscando o céu da sua boca.
Da sua boca... Da sua boca, mulher.

Eu sonhava nadar
Na saliva do mar de sua boca
mas entendi que me basta
o sorriso que vem de sua boca.
Que coisa louca... Que coisa louca!

A musa desse samba é uma mulher-fantasia. Um outro quimérico, denominado "Fetiche",[102] musicado pelo violonista Cláudio Jorge, creio que agrada a feministas, machistas e sadomasoquistas:

Marcantes dobrinhas atrás dos joelhos,
Lindas batatinhas moldando as canelas.
Meu Deus! Que magia têm os calcanhares,
No alto dos saltos das sandálias dela.
Ela veio andando com tanta altivez,
Ao passar me fitou com feitiço no olhar,
Eu senti um tremor de desejo e de medo,
Me dando motivo pra fantasiar.
Na bolsa que ela carrega
Deve ter algemas, chicote ou chinela.
E a tatuagem completa o fetiche
Que a correntinha de ouro revela.

— Realmente agrada. Na canção, um homem analisa uma mulher dominadora e, no samba "Verdade verdadeira",[103] a mulher demonstra conhecer os homens e faz afirmações:

O homem não é um animal,
Mas é irracional.

A verdade é verdadeira
E a mentira é mentirosa.
Mentirosa
A mentira é mentirosa.
Toda rosa é uma flor,
Mas nem toda flor é uma rosa.
Uma rosa
Só a rosa é uma rosa.

Em terra de cego
Quem tem um olho é caolho.

É caolho
Não é caolha, é caolho.
E pra quem sabe ler
Um pingo é um pingo,
Não é letra
Pingo é pingo e letra é letra.

Já está ficando tão normal
O normal ser anormal
E eu já estou achando bem legal
O legal ser ilegal,
Mas o homem não é um animal
Mas é irracional.

Homens raramente falam com outros a respeito das suas mulheres, mas elas conversam sobre seus maridos abertamente e até trocam confidências, como duas amigas casadas que se encontram e manifestam grande alegria:

— Que felicidade lhe ver! Faz tanto tempo...

— Estou feliz também. Como vai aquele seu maridão?

— Maridão não, maridinho. Esqueceu-se de que ele é pequeno? O seu é que é um maridaço. Confesso que fiquei com uma pontinha de inveja de você quando me disse que ele sente prazer em lhe dar prazer, é muito viril e lhe pega com força. Meu homem é conservador como o seu posicionamento político, não avança o sinal, é respeitoso demais. Preferia que ele fosse do tipo machão, que joga a mulher na cama, se ela não quiser transar ele estupra, e depois diz que a ama...

— Está se contradizendo. Lembro-me de você ter me dito que o seu baixinho é avantajado e não brinca em serviço. Age sempre como um galo que abre as asas, cisca e você tem de se abaixar como uma franga para ele trepar. É voz corrente que os homens, em geral, são todos iguais e só o que muda são os nomes, mas não é bem assim.

— Concordo. Dizem que há casados que não dispensam uma piranha. Tenho inveja delas. Me casei virgem, o único macho que conheço na intimidade é o meu marido.

— Não conta para ninguém, mas já dei umas puladinhas de cerca e achei alguns bem diferentes.

A relação amorosa com as esposas é um assunto não abordado pelos homens, mas as mulheres falam abertamente entre si. Todas que amam de verdade não têm olhos desejosos nem para os bonitões, e os homens sinceros em sonho se fundem com a amada, como na canção "Eu você, você eu".[104] A musa é a Cléo:

Meu amor,
Essa noite eu sonhei com você
Um estranho sonho bom.
No sonhar desencarnei
E no além me travesti
Mulher
Não uma qualquer,
Ser especial
Para uma relação de anel.

Lá no céu tive um alguém
Que por mim se apaixonou,
Gamei.
Ele era um você eu
E eu era um eu você,
Também.
Retornei
Como quem reencarnou em si
Despertei atônito a pensar
No amor, no céu e no inferno.
Descobri
Que o depois será uma coisa boa,
Que o nosso amor será eterno
E que nós somos uma só pessoa

Eu você, você eu, só um...

Músicas românticas, em geral, se referem à mulher porque as autorias, em maioria, são de homens. No exemplo que segue, o Da Vila escreve como se fosse a aguerrida Winnie, ex-esposa do Estadista do Século, Nelson Mandela:[105]

Meu homem!
Dormi com saudades suas
E sonhei com a liberdade,
Caminhando livremente,
Como gente,
Sob o sol de Johanesburgo.

Passeamos pelo parque
Sem notar que existem brancos
E sem ver que havia negros.
Nos guetos,
São irmãos brancos e pretos.

No meu sonho nós dormimos
E abraçados nos amamos.
Doces beijos, ternos mimos...

Meu homem!
Fui sozinha pra Namíbia
E de lá fui pra Luanda
Com os artistas do "Amandla",
Nossos cambas,
Pra cantar rezas num comba.
De lá fui pra Kizomba
Lá nas terras de Zumbi,
As terras de Palmares.

Ai!...
Aí vi brancos e pretos,
Me lembrei do "apartheid"

E no meio da festança,
Sem chorar me entristeci.
Ai, meu homem,
Que vontade de chorar!

Será quando que meus sonhos
Serão só doce sonhar?

— Liberto, Mandela veio ao Brasil com Winnie, ocasião em que os conheci. Logo depois se separaram, e o líder sul-africano casou-se com a moçambicana Graça Simbine, ativista dos direitos humanos, viúva do libertador de Moçambique, Samora Machel.

— Graça Simbine Machel Mandela é admirada por ter sido esposa de dois grandes líderes africanos, Nelson Mandela e Samora Machel. Dizem à boca pequena que Graça recebeu proposta de casamento do polígamo ex-presidente da África do Sul, Jacob Zuma, marido de seis esposas, com promessa de dar-lhe um alto cargo governamental, e ela o rechaçou categoricamente.

— A Graça não queria ser mais uma, fez muito bem. Mas vamos mudar a conversa de curió para canária: qual a cantora brasileira de que você mais gosta?

— Sem sombra de dúvida, Simone Bittencourt de Oliveira, a Simone, que amo de paixão. A baiana me chama de "meu nego", e eu a ela de "minha nega". É uma das nossas intérpretes mais vigorosas, gravou um disco inteiro com músicas minhas. Antes, soltou a sua potente e doce voz em "Me ama mô" e mostrou a música para o cantor Julio Iglesias, que a gravou com seu sotaque espanhol:[106]

Mô,
Vem dar vida a quem te ama
Mô,
Me beija todo e me gama,
Me ama, mô

Gamação tensão tão boa
Com amor melhor que paz
Vida fica com mais vida
E a tristeza se retrai,
Me ama, mô

Meu amor quando me beija
Tem gosto de quero mais
Sou bebê querendo mãe
Mãezinha querendo pai
Me ama, mô

Quero ser seu grande amor
Pra você, minha paixão
Me deixar todo gamado,
De cabeça e coração

Me ama,
Me chama,
Reclama,
Me gama,
Me inflama
Me queima com a sua chama.

 Gostaria de ouvir a famosa cantora espanhola Rosalía interpretando "Danadinho danado", sucesso da Simone:[107]

Você é demais
Muito mais demais
Sentimento lindo
Nossos corpos gostam
Se a gente se enrosca
Misturando os pelos

Me pegou carente
Me fez dependente
Muito mais mulher
E se permitiu a fazer de mim
O que bem quiser

Benzinho vida minha transformou
Extrapolou, me envolveu
E agora tem que ser meu namorado
Danadinho danado
Tudo em mim é seu

Só seu meu desejo
E a minha paixão
Só seu meu orgasmo
E a minha emoção

Minha luz, meu som
E o meu cantar
Você é com quero me casar

Danadinho danado
Será todo meu
Danadinho danado
Tudo me mim é seu
Você é demais.

— Demais, Da Vila, mais que demais, é ouvir a maviosa Roberta Sá cantando "Amanhã é sábado" em duo com você:[108]

Tô cansada, tô debilitada.
Tive que ralar
Depois do expediente.
Matutamos, discutimos, planejamos pra solucionar
Uma questão pendente.

Já cansados e famintos fomos pr'um bistrô,
Mas o problema no jantar continuou.

Estou um bagaço, amor,
Preciso de colo
Preciso de colo, amor
Estou em bagaços

Depois de uma ducha morna
Quero cair nos seus braços,
Pra ficar aliviada desse meu cansaço.
Após boa madorna, vou me enternecer
Pra ficar até domingo grudadinha em você.

Amor, amanhã é sábado.
Mô, amanhã é sábado
Mô, amanhã é sábado,
Não vou pro batente, amor
Amanhã é sábado

Vai ter tempo quente, amor
Vou ser imprudente, amor
Te farei candente, amor
Amanhã é sábado.

O xote "Dar e receber",[109] lançado pela brasileira Adryana Ribeiro, deveria ser regravado pela Roberta Sá. Fez um grande sucesso em Portugal o lindo clipe seu cantando com a bela fadista Kátia Guerreiro:

Com o meu canto
Eu quero lhe encantar,
Lhe embalar com o meu som, embriagar,
Fazer você ficar feliz, cantarolar
Lalalalalalá.

Captando a energia
Desse seu lalalalá,
Sigo a filosofia
Que é bom receber e dar.

Eu quero dar, eu quero dar, eu quero dar
E receber, e receber, e receber
Fazer, fazer, me refazer fazendo amor,
Sem machucar seu coração, sem me envolver.

Mas se você se apaixonar,
Me quiser numa total,
Vai ter que ficar comigo
Coladinho a meu umbigo
De maneira visceral.

Vou expor minhas entranhas,
Lhe darei muito prazer.
E bem prazerosamente
Vou abrir mão dos meus sonhos
Pra viver só com você.

Além das citadas Simone e Roberta, a minha cantora favorita é a Alcione. Mart'nália é fora de série, e a falecida Elza Soares, *hors-concours*. Entre as brancas que abraçaram o samba, os expoentes foram Beth Carvalho e Clara Nunes. Certa vez, elas iam gravar novos álbuns, me pediram músicas e, em uma interação musical com o compositor Candeia, nasceu o samba "Você, eu e a orgia", que eu dei para a Beth:[110]

Escute, benzinho, você não pode me deixar
Este triângulo de amor não pode acabar
Não vamos nos separar,
Somos versos da poesia.
Você e eu, orgia.

Acredito nos versos,
Por isso te peço mais compreensão
Me conheceste no samba,
No meio de bambas, pandeiro na mão
Quando estou vadiando
neguinho reclama sua companhia
Você e eu, orgia.

Se eu morrer na orgia,
Tô certo, neguinho, que vou lá pro céu.
Vou orgiar lá em cima com Silas,
Com Ciro Monteiro, com Zinco e Noel
Quero morrer nos seus braços
Porque você é minha estrela da guia
Você e eu, orgia.

Orgia é aquela folia,
Aquela esticada pela madrugada
É um papo bom, discussão, violão...
No fim de semana, aquela feijoada
Cachaça é uma água mais benta
Do que a que o padre batiza na pia
Você e eu, orgia.

Quem leva a mulher pro samba
É o cara que paga pra ver e confia
Você e eu, orgia.
Somos a realidade
E somos a fantasia
Você e eu, orgia.
Somos a Santa-Trindade, neguinho,
E somos a trilogia

Somos um papo furado
E somos a filosofia

Você e eu, orgia.
Que será, mas o que de nós será?
Separar, mas pra que separar?

Você e eu, orgia.

Me liguei na Beth, Elizabeth Santos Leal de Carvalho, em 1969. Eu ainda não era artista e a vi cantando, num teatro, a minha "Iaiá do cais dourado".[111] Linda garota-zona-sul, cantora de bossa nova, adentrou no mundo dos sambistas de raiz, subiu com "1800 colinas",[112] frequentou o Fundo de Quintal do Cacique de Ramos, gravou "Camarão que dorme a onda leva",[113] primeiro sucesso do Zeca Pagodinho (Jessé Gomes da Silva Filho). Beth Carvalho passou a ser considerada madrinha do samba. Possuidora de voz inconfundível, gravou "Traço de união",[114] minha e do João Bosco, música-título de um dos seus discos:

Um canto triste ecoou
E penetrou nos corações.
O canto se harmonizou
No dedilhar de violões.
Ao que encontrou,
Se misturou,
Se enriqueceu,
Se ritmou

E então ficou mulato assim,
Extasiando as multidões.
Esse canto é da senzala, irmão,
Chegou aqui com a escravidão
E cresceu no trabalho dos canaviais.
É mais que um canto, é uma oração.
Este canto é muito forte, irmão,
É um forte traço de união.
É linda a sua história

E a história deste canto
É a mesma história desta nação.

E como é bom pra se entregar
Descontrair nos carnavais,
Pular nos blocos, salões
E nos pagodes, tão legais.
Me faz chorar, me faz sorrir,
Me faz gemer, me faz vibrar.
Sem ele, eu sei, não viverei.
É como o amor, é como o ar.
Calangos, baiões, carimbós e fandangos,
Batuques, xaxados e jongos,
Misturas do povo de cá.

Beth teve problemas na coluna. Operada, sem sucesso, seus últimos anos de vida foram de sofrimentos horríveis. Esteve acamada por muito tempo, sentindo dores em todo o corpo. Sofri bastante por ela. Companheira de muitas andanças, a biografei através do samba "Enamorada do sambão", um presente que lhe dei:[115]

Eu não sou ateia, mas também não sou à toa.
A luz do dia, conheci lá na Gamboa.
Gamboa, Gamboa, Gamboa,
Mas nem sempre estou na boa.
Quando menina, sempre fui muito mimada
E pela vida vivo dando cabeçada,
Guinada pesada
E, nas quebradas eu estou baratinada
Guinada, pesada...
Não sei por que não estou com a cabeça quebrada.
Eu sou botafoguense por convicção,
Ser mangueirense é a minha devoção.
Eu sou modesta e também sofisticada,
Pois sei ver nascer o dia e curtir a madrugada.

> Toco viola, cavaquinho, violão
> E sempre fui enamorada do sambão.
> Sambão, sambão...
> Graças a Deus eu sei cantar pro meu povão.

Beth Carvalho era carioca da gema, e Clara Nunes, carioquíssima de Paraopeba. Brancas plenas de negritude, idolatradas por todos os sambistas e pelo povo em geral, demostravam amizade recíproca, mas eram muito ciumentas. Vejam só: eu e o Candeia (Antônio Candeia Filho) compusemos "Amor não é brinquedo", destinada à Clara Nunes. Eu a levei à casa do Candeia, ela ouviu a música, adorou, ensaiou e, quando ia gravar, soube da existência de outra, reservada para a Beth; me pediu para cantar e eu cantarolei. Ao ouvir, achou o samba mais bonito do que o reservado para ela, pediu que eu trocasse; falei que não era possível. Clara, meiga como a Elizeth Cardoso e brava tal qual Elis Regina ao ser contrariada, ficou aborrecida comigo, não gravou o samba que fiz para ela e, nos seus discos futuros, jamais incluiu uma composição de minha autoria. Lamento, porque a sua voz é uma das mais belas do nosso cancioneiro. É linda e emocionante a gravação que ela fez de "Grande amor".[116] Com toda certeza, teria feito uma bela interpretação de "Amor não é brinquedo":[117]

> Se quiser se distrair,
> Ligue a televisão. Amor comigo, não.
>
> Se estás procurando distração,
> O romance terminou mais cedo.
> Peço, por favor, pra não brincar com o meu segredo.
> Verdadeiro amor não é brinquedo
>
> Tens que chorar o meu choro,
> Sorrir no meu riso,
> Sonhar no meu sonho,
> Versar nos meus versos,
> Cantar no meu coro.

Na minha tristeza, tens que ser tristonho.
Avisa se estás brincando, que eu vou ficar também de brincadeira
Não choro teu choro,
Não sonho teu sonho,
Não verso teus versos,
Nem marco bobeira.

Eu te abri o meu peito,
E deixei penetrar na minha intimidade,
Tu conheces meu passado,
A minha mentira e a minha verdade,
Mas se estás deixando furo
Não estás te portando com dignidade,
Eu fecho esta porta
Te deixo de fora,
Depois curto uma saudade.

A palavra saudade me remete ao vocábulo *banzo*, mas não há paralelo entre uma e outro, porque saudade pode ser algo prazeroso e, no banzo, está implícito o sofrimento dos negros cativos, saudosos da África. A Cléo foi a musa do lamentoso "Ó, que banzo, preta", em que usei o termo banzo no sentido de uma saudade maior:[118]

Preta
Ó que banzo viver longe, amor.
Que saudade dos meus filhos,
Dos parentes, dos meus netos,
De uns amigos e do Butiquim!
De ti não é só saudade,
Sinto falta do teu corpo,
Do teu cheiro de alecrim,
Sinto falta dos carinhos,
Dos cuidados, dos beijinhos...
Sinto falta do calor.

Da minha Vila, cada dia mais distante,
De Duas Barras ainda estou mais ausente.
Boca do Mato, quanto tempo não vou lá,
Estou vivendo fora do meu hábitat.
Mas vou cantando o meu samba por aí,
Acompanhado da família musical.
Eu, trabalhando, toco pra me divertir.
Cantar pro povo é minha missão principal.

Todos os seres humanos vieram ao mundo com uma missão. A dos artistas é cantar para alegrar, levar à reflexão e emocionar:[119]

Eu vou pra ali, eu vou pra lá, vou pra acolá,
Com pandeiro e cavaquinho
Sempre a me acompanhar.
Eu vou sorrindo, vou transando, vou vivendo,
Trabalhando vou levando,
Ninguém sabe como eu vou.

Eu vou deixando todo mundo me levar,
Desde que seja pro lugar que eu quero ir.
Vou-me embora desta vida não sei quando,
Mesmo quando estou cantando
Ninguém sabe como estou.

Vida de artista
É tão instável...
Hotel, estrada
E avião,
Mas é do povo que vem a minha energia
E é pra ele que eu me dou de coração.
O sofrimento desse povo me atormenta,
Mas sofrendo eu vou cantando,
Porque é minha missão.

— O seu samba de breque "O rei dos carnavais"[120] deixa a impressão de orgulho desmedido de si próprio.

— Parece que é um ufanismo pessoal, mas não é. O personagem é o samba, e a música não é de minha autoria. Quem a compôs foi o Moreira da Silva, inventor do samba de breque. Moreira não era da folia, não puxava uma diamba e nem tomava bebidas alcoólicas como o amigo Zé Kéti, portelense e boêmio, que cantava: *Se alguém perguntar por mim, diz que fui por aí, com o meu violão embaixo do braço,*[121] um sambalanço autobiográfico tal qual o "Cresci no morro":[122]

Eu cresci no morro
E me criei na cidade.
Saí do submundo
E penetrei no seio
Da alta sociedade.
E já hoje em dia
Pego o meu carro
E vou a boate,
Banquete, coquetel...
Não sou tatibitate
E tenho argumento
Pra qualquer bacharel.
Mas quando eu chego no morro,
Calço o meu charlote
Dou o braço à escurinha,
Tomo uma bebida quente
Na tendinha
E, no jogo de ronda, esqueço da vida.

Não é mole não, mas eu sou considerado
Pela turma que descamba.
Pego o pandeiro e caio logo no samba.
Já me disseram que eu sou um malandrão,
Mas trabalho como leão.

— No "Samba do trabalhador", criado de brincadeira pelo Darcy da Mangueira, um funcionário ocioso se vangloria:[123]

> Na segunda-feira eu não vou trabalhar
> Na terça-feira não vou pra poder descansar
> Na quarta preciso me recuperar
> Na quinta eu acordo meio-dia, não dá
> Na sexta viajo pra veranear
> No sábado vou pra Mangueira sambar
> Domingo é descanso e eu não vou mesmo lá
> Mas todo fim de mês chego devagar
> Porque é pagamento, eu não posso faltar
>
> E quando chega o fim do ano,
> Vou minhas férias buscar
> E quero o décimo terceiro
> Pro Natal incrementar
>
> Eu não sei por que tenho que trabalhar,
> Se tem gente ganhando de papo pro ar.
> Eu não vou, eu não vou
> Eu não vou trabalhar
> Eu só vou, eu só vou
> Se o salário aumentar

Darcy da Mangueira, violonista bom para acompanhar sambas tradicionais, me apresentou o virtuoso Mané do Cavaco, influenciador de muitos cavaquinhistas. Era extasiante ouvi-lo improvisando com a Rosinha de Valença, genial violonista. Rosinha, ao retornar ao Brasil após um longo tempo na Europa, chegou na ocasião do Festival Internacional da Canção, organizado pela TV Globo. Apresentado por uma amiga dela, eu a convidei para participar comigo no festival e, a partir daí, tocamos durante oito anos em vários recantos deste Brasil.

— Você é um cara de sorte, hein?! Teve na banda os cavaquinhistas Carlinho Pepé, Carlinho do Nosso Samba, Mané do

Cavaco... Tocou com Manoel da Conceição, Toninho Ramos, João de Aquino, Cláudio Jorge... Só virtuosos nos violões do nível da Rosinha de Valença, além de cantar acompanhado pelo Maestro Paulo Moura.

— Tenho uma boa estrela. Certa vez, assistia ao show *Telecoteco* com as deslumbrantes mulatas do Osvaldo Sargentelli, e o Paulo Moura tocava marchinhas de Carnaval com sua clarineta. O Sargentelli agradeceu a minha presença e, cerradas as cortinas, fui ao camarim agradecer a referência e dar um abraço no Paulo. Perguntei quando seria a próxima apresentação da Orquestra Sinfônica do Theatro Municipal em que ele era solista e me disse que havia se desligado. Queria se dedicar à música popular e se ofereceu para participar, tocando sax soprano, da minha banda, da qual já fazia parte Hamleto Stamato, o Mileto, flautista. Fizemos sons por este Brasil afora e fora do País.

Antes de entrar em cena ele dizia: "Estou pronto para enfrentar os inimigos". Um dia, eu retruquei: "Fala isso não, Paulo, são todos nossos admiradores". Sorridente, respondeu: "Se não gostarem do show, vão sair por aí falando mal da gente, inclusive os amigos que não pagaram ingresso". Nos espetáculos, Paulo Moura fazia uma participação especial e, no Le Griffin's Club de Genève, um clube privê suíço, ele fez um sucesso tão grande que teve de *bisar* três vezes. Um dos maiores músicos do país e de uma humildade enorme, pediu que eu fosse o produtor de um LP que gravaria. Tentei declinar do convite, mas me convenceu a aceitar com o argumento: "Você é a pessoa que mais me conhece musicalmente, pode exigir o melhor de mim e é capaz de montar um bom repertório". O resultado foi o álbum *Confusão urbana, suburbana e rural* em que, contra a minha vontade, gravou a canção "Se algum dia":[124]

Se algum dia
Antes de dormir
Ao fumar um cigarro
Você refletir
E pensar no romance feliz
Que com você vivi
A cantar e a sorrir

> Se na mente vier a melodia
> Que eu vivia sempre a murmurar
> Se lembrar dos beijinhos no rosto
> E de um gosto, o gosto de amar
> Se a saudade invadir o seu peito
> Jamais deve chorar ou sofrer.
> Foi o nosso romance desfeito
> Mas terá um consolo ao saber
> Que uma noite antes de dormir
> Quando o último cigarro fumei
> Uma grande saudade eu senti
> E do nosso romance eu lembrei.

Maestro competente e um dos mais virtuosos músicos do Brasil, Paulo Moura era fã do Gordinho do Surdo, do Mané do Cavaco e do Zeca da Cuíca e admirador da Rosinha de Valença e do João de Aquino. Gostava de tocar tamborim e deu um show de percussão com o pequeno instrumento no Teatro da Universidade Federal Fluminense.

Com Paulo Moura e o percussionista Bessa, viajei para a Europa, contratado para fazer vários shows, e, lá, arregimentamos um baterista brasileiro residente em Amsterdã. A primeira apresentação na Holanda, fizemos em um clube gay, com homens de paletó e gravata se acariciando e mulheres elegantes abraçadas, trocando bicotas. Estranhei muito, mas isso faz bastante tempo. Só conhecia homossexuais afetados, como o humorista e repórter de televisão Amin Khader.

Em Amsterdã, ficamos hospedados numa casa grande, frontal à residência da empresária, e as alimentações eram feitas na casa dela. Fazia um frio de doer e nevava. Dentro da nossa casa, bem aquecida, ficávamos de bermuda ou short e até sem camisa, numa boa, mas, para fazer as refeições, calçávamos tênis apropriados, botávamos cachecol, boné, casaco, luvas e atravessávamos a rua... E tínhamos de interfonar antes, avisando que estávamos indo, para que não demorassem a abrir a porta; senão, nossos narizes ficariam congelados. O que me aquecia era a jovem Anitra, secretária da contratante, que me ganhou com uma garrafa de vinho, para quem criei, em parceria com a Rosinha de Valença, o blues "Pro amor de Amsterdam":[125]

> Olho verde e negro
> Pelo liso e crespo sensual
> Negras mãos num corpo ariano de Amsterdã
> Moças na vitrine, som no clube gay é normal
> Gente deslizando em gelo numa fria manhã
> Já bem cedo alguém se aquece com um vinho alemão
> Cachecol, boné, casaco,
> Luva, bota e meião
> Scheveningen sem sol
> Mesmo assim é tão bonito
> Inverno, neve, primavera, flores
> Um lugarzinho privê
> Dos contrastes do meu belo Rio aflito
> Ao invés de um samba eu mando
> Um blues pra você.

Da Holanda, seguimos para Londres de navio, porque o aeroporto estava fechado devido à nevasca. Participamos de um evento carnavalesco no Royal Albert Hall, sem as cadeiras, bastante espaço para quem quisesse dançar. Ficamos por último por sermos do "País do Carnaval" e três bandas tocaram antes. O teatro estava lotado e ninguém dançava. Como não se animavam com as bandas grandes, calculei que seria um fiasco o nosso grupinho de três músicos e cantor. Ledo engano! O baterista atacou de samba, o Bessa fez a cuíca roncar e os ingleses balançavam os corpos nos camarotes e frisas e aplaudiram no fim. De imediato, o Paulo Moura tocou marchinhas de Carnaval, um casal pulou no meio do imenso salão e outros se encorajaram. Uso o verbo encorajar porque dançar é um ato de coragem. Acompanhado pelo Paulo, com o salão repleto, cantei as marchas brasileiras que ele havia solado. Que sucesso!

O som do Maestro Moura no sax soprano me fascinava, e o violão que mais me encantou foi o da Maria Rosa Canellas, a doce Rosinha.

Depois do Festival Internacional da Canção de 1970, dividimos palcos em muitos shows. Ficamos amigos e eu ia para o apartamentinho dela em Copacabana brincar de música, ora ela improvisando nos acordes e eu batucando com os dedos no tamborim, ora ela cantando em dueto com sua voz mansa, femininíssima, e eu com a minha, máscula. Depois dos shows, nos apartamentos dos hotéis, víamos o dia amanhecer, cantando e tocando.

Rosinha tinha uma nítida aura, e eu gostava de ficar perto dela porque trazia boas venturas. Acho que já contei, mas vou repetir: dei sorte uma vez em que ia viajar com ela. Rosa pensava que eu iria para a França e, ao saber que o meu destino era Madrid, desistiu e me aconselhou a não embarcar no avião da Varig. Na hora do embarque, fui transferido para um voo de outra companhia, direcionado à Espanha. Ainda bem que nossos Anjos da Guarda e Arcanjos estavam atentos. Não gosto de falar do acontecido, mas lhe conto: o avião em que iríamos caiu próximo ao aeroporto de Orly, e não escapou nenhum passageiro, morreu todo mundo, inclusive o cantor romântico Agostinho dos Santos, a bela e sensual socialite Regina Lécrery e o chefe de polícia linha-dura Filinto Müller.

Eu sou mesmo venturoso, escute um outro caso: era sargento do Exército e me candidatei a uma das duas vagas de burocrata no Batalhão Suez, contingente do Exército brasileiro enviado ao Oriente Médio como parte das Forças de Paz da ONU no conflito então existente entre Israel, Egito e seus vizinhos árabes. Criado por decreto do Congresso Nacional do Brasil, o Batalhão Suez fez parte da Força de Emergência das Nações Unidas, integrada por Brasil, Canadá, Colômbia, Dinamarca, Finlândia, Índia, Indonésia, Iugoslávia, Noruega e Suécia. Os exames foram realizados na Escola de Educação Física do Exército, e o oficial encarregado de aplicar os testes informou que estes estavam previstos para serem feitos em três vezes, mas, se quiséssemos, poderiam ser aplicados em um só dia, se todos concordassem, o que seria bom, inclusive para ele, porque ficaríamos com dois dias de folga.

O grupo era de sargentos de tropa: infantaria, cavalaria, paraquedistas, que ergueram os braços, menos eu. Os colegas voltaram-se para mim com olhares fulminantes e eu também levantei os meus.

Confesso que quase desisti, mas passei, a duras penas, em todos os testes, inclusive na corrida acelerada de mil metros, da qual saí esbaforido. Ao terminar, os concorrentes saíram em disparada e mergulharam nas águas gélidas da Praia Vermelha, mas eu não tinha pernas em condições de andar. Pensei novamente em abandonar o concurso, o que não fiz ao meditar sobre as vantagens, tais como salário maior e em dólares, tempo de serviço dobrado e férias de quarenta dias, que eu pretendia aproveitar para conhecer, além de Cairo, outras cidades do Egito e os países limítrofes próximos.

Eu estava eufórico e ansioso para embarcar. Mas, como disse, só havia duas vagas de sargento burocrata. O contingente foi diminuído em cinquenta por cento, um sargento mais antigo foi escolhido, e eu fiquei arrasado. O que eu auspiciava ser falta de sorte, na verdade, era uma boa ventura, porque o colega que embarcou passou um grande sufoco na Faixa de Gaza. Eclodiu a Guerra dos Seis Dias, e o governo do Brasil, por questões logísticas, não conseguiu retirar os militares a tempo, e eles ficaram no meio do fogo cruzado. O cabo Carlos Adalberto de Macedo, única vítima brasileira, foi alvejado por disparos israelenses quando soldados de Israel, que teriam confundido os brasileiros com palestinos, invadiram a base do Brasil. Eles foram informados de que todas as forças internacionais haviam sido retiradas, mas a nossa ainda estava lá.

— Caramba! Mais do que sortudo, você é cagão!

— Cagão não, já disse que sou venturoso. Meus Orixás, Omolu, Obaluaiê, Iemanjá, Ogum e Oxalá, todos os dias me protegem. Lembra-se do episódio em Moçambique? Estive em Angola no tempo das lutas pela Independência, várias vezes no período da guerra civil, e nunca tive o menor problema. E os seus guias, estão assentados?

— Sim, e muito bem cuidados pela minha sobrinha e afilhada Eliane, Mãe Pequena do Terreiro do Pai João Deloiá. Entretanto, sou católico à brasileira. Ao me levantar, abro a janela e saúdo:

Salve meus Anjos da Guarda e meus Arcanjos! Salve todos os santos, em particular os Martinhos e Josés, do meu nome! Viva Nossa Senhora mãe de Jesus! Viva Jesus, o Divino Espírito Santo! Glória a Deus nas alturas, sincretizado no candomblé com Olorum! Saravá Olorum e todos os meus Orixás, Exus e Erês! Caboclos e Pretos Velhos da Umbanda, saravá!

— O catolicismo convive bem com as religiões de matriz africana, talvez graças ao sincretismo religioso. Uma música com esse título, meio cantada e um tanto falada, explica:[126]

Saravá, rapaziada! – Saravá!
Axé pra mulherada brasileira! – Axé!
Êta, povo brasileiro! Miscigenado,
Ecumênico e religiosamente sincretizado!
Ave, ó, ecumenismo! – Ave!
Então vamos fazer uma saudação ecumênica,
Vamos? Vamos!
Aleluia! – Aleluia!
Shalom! – Shalom!
Al Salam Alaikum! – Alaikum Al Salam!
Mucuiu nu Zambi! – Mucuiu!
Ê, ô, todos os povos são filhos do Senhor!
Deus está em todo lugar.
Nas mãos que criam, nas bocas que cantam,
Nos corpos que dançam,
Nas relações amorosas, no lazer sadio,
No trabalho honesto.
Onde está Deus? – Em todo lugar!
Olorum, Jeová, Oxalá, Alah, N'Zambi... Jesus!
E o Espírito Santo? É Deus!
Salve o sincretismo religioso! – Salve!
Quem é Omolu, gente? – São Lázaro!
Iansã? – Santa Bárbara!
Ogum? – São Jorge!
Xangô? – São Jerônimo!
Oxóssi? – São Sebastião!
Aioká, Inaê, Kianda? – Iemanjá!
Viva a Nossa Senhora Aparecida! – Padroeira do Brasil!

Iemanjá, Iemanjá, Iemanjá, Iemanjá!
São Cosme, Damião, Doum, Crispim, Crispiniano, Radiema...
É tudo Erê! – Ibeijada!
Salve as crianças! – Salve!
Axé pra todo mundo, axé!
Muito axé, muito axé!
Muito axé, pra todo mundo, axé!
Muito axé, muito axé!
Muito axé, pra todo mundo, axé!
Energia, Saravá, Aleluia, Shalom,
Amandla, kanimambo! – Banzai!
Na fé de Zambi! – Na paz do Senhor! Amém!

— Certa vez, eu tive um problema nas cordas vocais e, no hospital, antes da cirurgia, apelei para os erês Cosme e Damião, padroeiros dos médicos, para que o procedimento fosse bem-sucedido, e rezei a oração de São Braz, protetor da garganta. Não sou muito medroso, mas estava apreensivo, e o que muito me encorajou foi o samba "Não tenha medo, amigo",[127] que cantei mentalmente:

Não tenha medo, amigo,
Não tenha medo.
Como falou o poetinha Vinicius,
"São demais os perigos desta vida",
Mas o sangue borbulha nas veias
E eu tenho que andar na rua.
Gosto de enfrentar o mundo cara a cara,
Olhar as pessoas no olho.
Tenho que estar nos botequins, nas favelas,
Nos palcos, nas plateias,
Nos campos, nas cidades, nos sertões...
Aqui e acolá, como gente,
Pés no chão, no meio do povo,
Cautelosamente sem cautela,
Receosamente sem receio,

Distraidamente distraído,
Mas sem medo.

Não tenha medo, meu amigo, não tenha medo,
Porque o medo é o seu maior inimigo.

Admiro medrosos sem medo,
Detesto valentes,
De heróis desconfio.
Do mundo eu não tenho medo,
Mas viver a vida é um desafio.

A vida é um segmento de reta sinuoso,
Um vai e vem.
Todo mundo tem que ser viandante,
Pois "barco parado não faz frete",
– Tá lá nos caminhões:
"Fé em Deus e pé na tábua",
Seguindo o destino,
Moldando o destino, transando com ele
Sem medo do que você tem e do que você pode ter
Do que você é e do que você será.
Vá em frente, amigo,
Amando a mulher amada,
Dando amor a muitas mulheres,
Caminhando em busca do infinito,
Sem mitos, sem metas,
Sem medo.

Não tenha medo de ficar doente,
De ser impotente
Ou de levar um chifre.
Confie no amor da amante
E na honestidade da mulher de casa.
Não é mais tempo do duelo nobre

> Ou de lavar a honra com florete ou sabre.
> Não tenha medo do clamor divino
> E nem do capeta e seu inferno em brasa.

— A cirurgia foi bem-sucedida, com certeza. Sua voz está melhor do que antes. Não tenho a mínima ideia de como é feita uma operação vocal.

— Calosidades em cordas vocais, atualmente, são resolvidas com procedimentos simples, a raio laser. Naquele tempo, era uma operação delicada. A minha cirurgia foi feita pelo dr. Flávio Aprigliano, da equipe do foniatra Pedro Bloch. Tomei uma anestesia geral e, antes de fazer efeito, vi chegar um grupo com seus jalecos brancos, fiquei assustado, e o doutor me acalmou dizendo que eram médicos colegas dele que, como eu era um artista muito notável, pediram para assistir. Em seguida, apaguei e não vi mais nada. Despertei no quarto, tentei falar, mas a voz não saía. A Ruça e o produtor Romeu Nunes foram me visitar, perguntaram como estava, se estava bem, e eu respondia por escrito. Fui operado porque, ao colocar a voz no LP *Meu Iaiáraiá*,[128] rateava nas notas graves. O produtor, Romeu Nunes, recomendou que eu voltasse para casa, descansasse, ficasse bem quieto, e marcou a gravação para o dia seguinte. A voz falhou novamente, ele remarcou para a semana próxima. Eu, ansioso:

— Pode ser amanhã?

— Melhor não. A seleção tricampeã do mundo retornará e vai ser um Carnaval. Alguns jogadores são seus amigos, você vai cair na farra e estará com voz de taquara rachada.

Não gostei da maneira que ele falou, retruquei, casmurro, que poderia marcar, pois eu estaria em boas condições. Cheguei na hora definida, fui recebido com um sorriso, me coloquei defronte ao microfone e, como antes, falhei. O produtor falou:

— Desculpe o que disse ontem. Hoje, noto os seus ares de quem descansou. Você deve estar com calo nas cordas vocais. Procure o dr. Pedro Bloch e faça uma consulta. Vou lhe dar o endereço do consultório dele.

Receoso, pensei em abandonar a vida artística e voltar para o Exército, mas refleti, tomei coragem e fui me consultar com o famoso fonoaudiólogo, que prescreveu cirurgia a ser procedida pelo dr. Flávio Aprigliano, da sua equipe. Convalescido, concluí com tranquilidade o meu segundo álbum.

Passado um tempo, me chamaram para uma reunião. Queriam que eu gravasse um novo disco como o primeiro, com as músicas restantes na base de violão, cavaquinho e ritmo. Fui informado de que o *Meu Iaiáraiá*, muito dispendioso, tinha sido um fracasso. Fiquei acabrunhado e sugeri que o melhor seria anular o nosso contrato e, para compensar o prejuízo, eu renunciaria aos royalties a receber. Levantei-me e pedi licença para sair, dizendo:

— Perdoem-me, mas deveriam ter lançado o disco. Eu não queria gravar, fui induzido. O anterior ainda está sendo executado nas rádios.

— Calma, você é o nosso principal artista. Seu disco não atingiu o número de vendas projetado, porém vendeu mais do que todos os lançados neste ano. Pense bem e grave o que quiser.

Saí da reunião de alma lavada. Gravei o *Memórias de um sargento de milícias*[129] e, no outro ano, o *Batuque na cozinha*.[130]

Em 1987, depois de um show no SOB's, em Nova York, encontrei-me com Bob Summer, presidente mundial da CBS e meu admirador, que, com sua pronúncia de gringo, me perguntou: "*Camo vai Erceá?*". Disse-lhe que meu contrato tinha terminado, discutia um novo com o dr. Duran, do departamento jurídico, mas não entrávamos em acordo e estava a fim de dar um tempo. Então, ele me fez uma boa proposta e me transferi para a CBS, hoje, Sony Music, onde estou.

Em 1995, a Sony vendeu, em poucos meses, mais de um milhão de cópias do meu CD *Tá delícia tá gostoso*.[131] Além de mim, entre os intérpretes de samba, só o falecido Agepê alcançou tal marca.

— Agora, fale-me de você. Como iniciou a vida de escritor? Já vendeu muitos livros?

— Meus livros são bastante conhecidos, mas não tenho nenhum best-seller. A Global Editora me encomendou um livrinho infantil e escrevi para a juventude; seguiu-se o *Kizombas, andanças e festanças*[132] e, na sequência, *Joana e Joanes*,[133] um romance. O meu livro mais bem-sucedido é o *2018: um ano atípico*,[134] indicado para o Prêmio Jabuti. Já publiquei muitos livros, sendo dois infantis: A *rosa vermelha e o cravo branco, A rainha da bateria...* A maioria não é para o público infantil. Antes de *Barras, Vilas e Amores*,[135] mais recente, reescrevi o *Memórias póstumas de Tereza de Jesus*[136] e acabo de colocar o ponto-final no *Contos sensuais e algo mais*,[137] meu primeiro do gênero.

Aproveitando o tempo de recolhimento por causa da pandemia da Covid-19, iniciei devagar a escrita da minha autobiografia, e estou grudado no computador digitando este *Martinho da vida*. Pretendo terminá-lo no último dia do ano e, depois, só vou querer saber de pescar.

Iniciei na pescaria com o saudoso odontologista Cícero Minei. Logo na primeira vez, no Pantanal mato-grossense, pesquei um pintado de uns seis ou oito quilos; ao puxar para dentro do barco, o peixe fazia um barulho parecido com ronco. Fiquei com pena, ia soltar, como nas pescas esportivas, mas o barqueiro disse para não ter dó, porque eles comem os peixes pequenos e é raro pegar um pintado tão grande. De outra feita, pesquei um jaú enorme, tão grande que não dava para embarcar, poderia virar o barco. O barqueiro calculou que deveria pesar mais de cinquenta quilos. Tivemos que ir para a margem do rio Paraguai, puxando-o devagar para ele não se debater. Jaú é muito gorduroso, e a carne é reimosa. Soltamos. Isso não é "conversa de pescador", é pura verdade.

Tem mais: ninguém estava pegando nada e, passado um tempo, senti que isquei outro. Vibrei, radiante: "Eu sou o Da Vila, meu apelido é Martim Pescador e agora pesquei um que, pelo peso, é maior ainda do que o jaú". Puxei com dificuldade e veio à tona um gigantesco toco. Os colegas de pescaria passaram a me gozar e, em vez de Da Vila, me chamaram de Do Toco.

Dizem que os pescadores mentem; por isso, ao fisgar um de tamanho médio, deve-se dizer que foi o dobro, porque podem pensar, por exemplo, que o pescado de quatro quilos pesa só dois.

Já pesquei no Rio Negro, no Xingu, Araguaia, Miranda, Paranaíba... No Ceará, pesquei várias vezes de jangada com o Cacheado, em alto-mar. Não vou mais para tais lugares, atualmente pesco em companhia do Pedro Penteado na poluída Baía da Guanabara, de preferência, nos arredores do vão central da Ponte Rio-Niterói, local em que a água é limpa.

— Onde mais gosto de pescar é em Duas Barras, nos lagos da minha fazendinha. Tenho dois, um pequeno e outro maior, ambos com peixes variados, muitos tambaquis, tilápias em profusão. Outra coisa boa de fazer lá é caminhar na estradinha no meio da floresta, mais ou menos de uma légua, que liga a Fazenda Pacau à Cedro Grande. Eu a chamo de estrada dos bons pensamentos, boa para se caminhar com esperança de que os sonhos justos serão realizados.

Duas Barras era uma cidadezinha desconhecida até que, ao gravar o meu primeiro disco, como introdução da faixa "Boa noite", falei: *Todo mundo pensa que eu sou baiano. Mas eu nasci no Carnaval de trinta e oito, em Duas Barras, estado do Rio de Janeiro.* O povo de lá ficou em polvorosa, e o prefeito me convidou a visitar a cidade. Fui anunciado com um foguetório e recebido por banda de música, me ofertaram um jantar no Rei do Bacalhau, restaurante do saudoso Everardo.

CAPÍTULO 9
Duas cidades

Meus conterrâneos gostam muito de mim, até ergueram uma estátua de bronze minha, de corpo inteiro, no Mirante Encantado. O município é pequeno, os urbanos se reúnem aos sábados para prosear nas portas dos bares e se juntam na praça, ouvindo a bandinha tocar no coreto. São educados, solícitos, proseadores, falam baixo e eu gosto de papear com eles. O problema é que perguntam mais do que relatam: "Já esteve na Europa? E nos Estados Unidos? E na África? Tem medo de viajar de avião? É muito assediado pelas fãs? A Sabrina Sato é legal como parece? Como você trata o Lula?". Para não ficar como se estivesse dando entrevista, uso a tática de satisfazer uma curiosidade e perguntar em seguida: "Já foram ao Maracanã? E ao campo do Vasco? É verdade que não comem sem angu? Já provaram caviar?". Certa vez, um parafraseou o Zeca Pagodinho na resposta: *"Não comi, nunca vi, eu só ouço falar"*.

Moradores de localidades distantes só vão ao centro da cidade para fazer compras ou em dias festivos. Seis de janeiro, Dia dos Santos Reis, é o mais movimentado devido aos encontros de folias de reis. Qualquer ausência é sentida. Edson Felipe Machado, artista de muitos recursos, solícito com todos, dedicava-se de corpo e alma a Duas Barras, cidade que o traz na lembrança. Em pequenas cidades, qualquer pessoa que se muda ou falece faz falta. Uma figura de lá, muito engraçada, que já morreu, era o Benício, corcunda baixinho que, volta e meia, convidava os amigos para tomar uma sopa na sua casa. Em uma das vezes – a última –, a panelona estava fervente, caiu uma lagartixa dentro, ele tirou com a concha e serviu a sopa. No dia seguinte, num bate-papo à porta do Rei do Bacalhau, contou o acontecido, gargalhando. Quase vomitei.

Duas Barras já foi mais animada. Nos fins de semana, pessoas se encontravam para beber e cantar modinhas de viola tocadas pelo Lelo, que bebia cachaça chupando sorvete. O Lelo ainda vive, mas está morto para a cidade porque, depressivo, não sai mais de casa. Eu não sou um bom amigo nas doenças, planejo visitar o Lelo, mas ainda não fui. Só visito um enfermo se a minha presença for muito desejada e faço uma visitinha rápida, como a que fiz ao Arlindo Cruz. Em casos de falecimentos, dou uma chegadinha no velório e caio fora. No óbito do Edson, eu tive de permanecer por um bom tempo, porque cheguei tarde da noite e estavam apenas os familiares. Pensei: *Vou ter que ficar até o amanhecer*. Aí, chegou uma folia que ele apoiava em vida, todos cantaram com os olhos marejados, saíram em silêncio, chegaram umas rezadeiras e oraram:

> Senhor, peço-Vos paz ao falecido amigo Edson Felipe e perdão para os seus pecados e que abra para ele as portas da Vossa casa, onde não há dores nem sofrimentos. Permita-lhe, Senhor, recordar-se de mim e dos seus familiares para que não nos esqueçamos de Vós.

Aproveitei para dar no pé, parei no Bar da Salete, tomei uma purinha, fui para minha fazenda, comi um saboroso angu com carne-seca e ora-pro-nóbis, tramando uma caneca de vinho branco, que para mim é um sonífero, e dormi.

Mantenho o sonho de passar os meus últimos anos de vida em Duas Barras e, ao subir da Terra para um mundo melhor, desejo que o meu esquife seja velado na quadra de ensaios da Unidos de Vila Isabel durante a noite e, pela manhã, transportado para a minha terra natal. Espero que seja oficiada uma missa de corpo presente, e que, depois, o esquife seja conduzido para o cemitério e enterrado no jazigo onde dorme a mãe Tereza em sono eterno, sob a imagem de Nossa Senhora de Fátima. A tumba dela é muito visitada nos dias de Finados, porque dizem que o túmulo dela é meu. Eu ainda não morri, mas é costume convidarem turistas para visitar o meu jazigo. Estátuas são erguidas para falecidos, mas há uma erguida para mim. No restaurante, tem um prato criado em minha homenagem. De gozação, dizem: "Vamos comer o Martinho da Vila no Rei do Bacalhau?".

A cidade que mais amo é Duas Barras; depois, a cidade do Rio de Janeiro, que, apesar dos pesares, continua maravilhosa. O poeta Geraldo Carneiro fez uma ode ao Rio, e eu a musiquei:[138]

O Rio é sempre um esplendor,
Um pôr do sol do Arpoador.
Tem macumba pra turista.
Vender? Só vendo a vista.
É fogo que arde sem se ver,
Ou até vendo, é um tremendo fuzuê.

O Rio às vezes é um grande abacaxi,
De São Conrado a São João de Meriti.
Uma janela sempre bela e admirada,
Do Cristo Redentor à enseada.

O Rio é Bento Ribeiro
Salgueiro e Oswaldo Cruz
Maracanã lotado
Mangueira e sua luz
Foi sequestrado
Por um pirata francês
E depois foi dominado
Pelo bonde do Império português.

Mas pode crer, minha amada,
Quando eu nascer outra vez,
De madrugada
Devagar devagarinho
Vou subir ao Terreirinho

Lá em Vila Isabel.
Então eu vou achar que tô no céu.

Quando estou em Duas Barras e tenho que voltar para o Rio, fico chateado. Entretanto, ao subir a ponte Niterói-Rio, meu sorriso se abre. Se encontro um trânsito intenso, nem me irrito, porque volto desestressado pelo astral de lá. Em um desses retornos, o engarrafamento era motivado por uma blitz. O guarda fez sinal para que eu fosse para o acostamento, pediu os documentos meus, do carro, verificou bem e, carrancudo, fez uma revista geral no veículo. Por fim, descontraiu o rosto, sorriu e me pediu um autógrafo para a filha.

Eu disse que o Rio de Janeiro é a cidade que mais amo, mas há controvérsias no interior do meu coração. Além de outras capitais brasileiras, sinto amor por Paris, Lisboa e Luanda, esta amada como a um próximo, ou próxima, com religiosa paixão.

Aprendi no catecismo da dona Margarida a amar todas as pessoas como a mim mesmo, e a Deus mais do que tudo. Devemos respeitar as religiões que não professamos, dizia minha mãe, a quem devo tudo o que sou. Meu pai me alfabetizou e, quando ele fez a passagem, ela me matriculou na Escola da Dona Glória, já falei disso. Mamãe era doce, compreensiva, conselheira, mas, se eu fizesse uma peraltice indevida, me castigava.

Eu tinha uma atiradeira de pedra feita com elástico preso às pontas de uma forquilha de galho de goiabeira e ela mandou que me desfizesse dela. "É perigoso", disse, "podes acertar em alguém, sem querer, e ferir". Não joguei fora, escondi e, por azar, mirei em uma rolinha e quebrei, com uma pedra atirada com a seta, a vidraça de uma casa, na subida do morro. Ela soube, me pegou pelo braço e me arrastou para ir pedir desculpas. A moradora disse que não foi nada de mais, pois a vidraça já estava partida e ainda brincou dizendo que eu só acabei de quebrar. Mesmo assim, mamãe avisou que ia me dar um castigo quando chegasse em casa. Escapei da mão dela e saí correndo. Eu tinha um primo que fugiu de casa, minha tia ficou desesperada e, ao encontrá-lo, pediu pelo amor de Deus que voltasse para casa. Pensei em fazer a mesma coisa, só retornaria se mamãe implorasse. Fiquei perambulando, anoiteceu, não tinha onde dormir e estava com fome. Avistei minha irmã, a Deuzina, me aproximei dela e perguntei:

— Mamãe mandou você me procurar? Não adianta pedir que eu não vou voltar pra casa.

— Eu vim de espontânea vontade, porque a mamãe ficou muito nervosa, andando de um lado para outro e, de repente, se jogou na cama. O barraco está um forno e, com esse calorão, ela se cobriu com um cobertor da cabeça aos pés. Com certeza está doente; se morrer, a culpa é sua.

Meu coração disparou, parti apressado para casa, me aproximei de mansinho. Que tolo fui! De súbito, ela me agarrou, já com um cinto de couro na mão. Ai de mim, foi a maior surra que tomei!

Agora existe o Estatuto da Criança e do Adolescente, criado por lei, que proíbe e penaliza quem maltratar petiz. Se um filho levar uma sova e apresentar queixa em delegacia policial, sua mãe (ou seu pai, é claro) será julgada por maus-tratos. Não se pode mais bater nos filhos.

Concordo e discordo, porque eu apanhei bastante e as palmadas que levei foram positivas. Uma delas, por ter batido gazeta. Os estudantes do passado pensavam muito para decidir faltar a aulas, pois, se fossem pegos conversando, o castigo era ficar de cara para a parede com os braços levantados, segurando um caderno em cada mão. Caso abaixassem um pouquinho, tomavam uma reguada e, se fossem pegos colando, tinham que dar a mão à palmatória, o pior castigo, tanto é que no tempo da escravidão os senhores a utilizavam nos castigos aplicados a cativos desobedientes. As palmatórias foram usadas pelos jesuítas como forma de disciplinar os indígenas resistentes à aculturação. Palmatória era uma espécie de régua de madeira, com uma das extremidades em forma circular, contendo cinco furos em cruz, com a qual os pais e professores castigavam as crianças, batendo-lhes na palma da mão.

— Graças a Deus não vivi naqueles tempos. Meu sonho de aluno era ser professor como o Celso Luiz Filho, que foi colega de faculdade da amada Cléo. Tenho vários braços direitos, o Celso é um deles, cuida de mim como um bom filho. Lídia, minha sócia na ZFM Produções, gosta tanto de mim a ponto de, se eu passar mal, ela não ficar bem. Lídia é um exemplo de superação. Começou catando milho na máquina de escrever, com pouca instrução, e, hoje, é advogada, com carteira da OAB, e continua trabalhando comigo. Fernando Rosa, meu sobrinho, me assessora desde menino. Contador formado, cuida do meu imposto de renda, administra a minha vida financeira com acesso às minhas contas bancárias, faz pagamentos. Uso o Bolinha, seu apelido de infância, para tudo. Se escrevo um conto ou artigo para jornal, ele formata. É o meu maior leitor. Leu todos os meus livros e vai formatar os capítulos deste *Martinho da vida* que estou escrevendo agora e pretendo lançar pela Editora Planeta, indicação do meu assessor Fernando Sant'ana.

Além da Lídia, citada como sendo meu braço direito, conto com mais duas mulheres: Márcia Madela e Liziyane Carneiro da Rocha supervisionadas pela Cléo. Marcinha cuida das minhas redes sociais e a Lizy é minha assessora de imprensa. Antes, quem me acompanhava nas entrevistas era a jornalista Rejane Guerra, testemunha de batizado da Alegria que, em consideração, assumiu o posto de madrinha, com o falecimento da Neuza, que foi babá da Alegria.

O batismo, em cerimônia realizada na capelinha da Fazenda Pacau, em Duas Barras, emocionou, provocando gotas de lágrimas em choro bom. Djalma, o capataz, nasceu na fazendinha Cedro Grande, hoje sede do Instituto Cultural Martinho da Vila. Na fase adulta, foi alfabetizado na escolinha do ICMV. Muito inteligente, não bebe nem fuma e se alimenta basicamente com produtos da fazenda: batata, aipim, cenoura e demais legumes, verduras, ovos... Sem despesas com aluguel, água e luz, com suas economias comprou carro e moto. Casou-se com a sua primeira e única namorada, a Eva, que o amava de paixão. Eva sofria com uma doença desconhecida, não resistiu. Em seu lugar entrou a Jô, boa cozinheira que faz um angu mole bem temperado, acrescido de folhas de ora-pro-nóbis. Antes de falecer, a Eva pediu ao marido Djalma para proteger uma prima jovem, viúva com dois filhos pequeninos, que hoje é sua companheira marital.

Após as aulas de alfabetização de adultos no Instituto, era servido um lanche incentivador. Creio que os alunos iam à escolinha por causa do café com leite, pão ou aipim amanteigados. Aos sábados, promovíamos o Baile da Terceira Idade, com som eletrônico, algumas vezes animado por um sanfoneiro e um pandeirista. A intenção inicial era propiciar lazer para lavradores e mulheres das fazendas próximas, o que informamos à Secretaria de Cultura. O prefeito compareceu acompanhado de alguns secretários e assessoras, que participaram e se divertiram. Outras pessoas da cidade foram se achegando, inclusive jovens, e o baile ficou diversificado, com gente *"de várias idades, de muitos amores, casadas, carentes, solteiras, felizes"*. Um senhor viúvo, magrinho, bem idoso, por dançar muito bem, era disputado pelas moças, e uma jovem se apaixonou por ele. Certa de que sua família não aprovaria o envolvimento, se relacionava com ele às escondidas. No final do baile da terceira idade, o Edson dava um show de dublagem, fantasiado de Maria Bethânia, Ângela Maria, Cauby Peixoto, Roberto Carlos... Fazia um enorme sucesso imitando a Inezita Barroso cantando "Moda da pinga":[139]

> Co'a marvada pinga é que eu me atrapaio
> Eu entro na venda e já dô meu taio
> Pego no copo e dali num saio
> Ali memo' eu bebo, ali memo' eu caio
> Só pra carregá é qu'eu dô trabaio, oi lá
>
> Venho da cidade, já venho cantando
> Trago um garrafão que venho chupando
> Venho pros caminho, venho trupicando
> Chifrando os barranco, venho cambeteando
> No lugar que eu caio já fico roncando, oi lá
>
> O marido me disse, ele me falô
> Largue de bebê, peço por favor
> Prosa de home nunca dei valor
> Bebo com o sor quente é pra esfriá o calô
> E bebo de noite pra fazer suadô, oi lá
>
> Cada vez que eu caio, caio deferente
> Meaço pra trás e caio pra frente

Caio devagar, caio de repente
Vou de currupio, vou deretamente
Mas sendo de pinga eu caio contente, oi lá

Pego o garrafão e já balanceio
Que é pra mor de vê se tá mesmo cheio
Num bebo de vez por que acho feio
No primeiro gorpe chego inté no meio
No segundo trago é que eu desvazeio, oi lá

Eu bebo da pinga porque gosto dela,
Eu bebo da branca, bebo da amarela,
Bebo nos copo, bebo na tigela
E bebo temperada com cravo e canela,
Seja quarqué tempo, vai pinga na guela. Oi lá!

Eu fui numa festa no rio Tietê
Eu lá fui chegando no amanhecê
Já me deram pinga pra mim bebê
Já me deram pinga pra mim bebê, tava sem fervê.

Eu bebi demais e fiquei mamada
Eu caí no chão e fiquei deitada
Aí eu fui pra casa de braço dado
Ai de braço dado é com dois sordado
Ai, muito obrigado

Edson Felipe Machado, artista de muitos recursos, dedicava-se de corpo e alma a Duas Barras, cidade que não o esquece. Solícito com todos, não negava pedidos dos amigos e participava de tudo que acontecia na cidadezinha: as festas da Padroeira, da Emancipação, do Folclore, da Cooperativa, do Bacalhau, do Aipim com Torresmo... A Festa do Folclore ocorre sempre no segundo domingo de janeiro, com um emocionante encontro de Folias de Reis.

Gosto de passar a Semana Santa na roça, desde o domingo de Ramos. Na Quinta-Feira Santa, a igreja fica de portas abertas a noite inteira para a Vigília de Jesus Cristo; na Sexta Sagrada, os santos são cobertos com um pano roxo e se faz a procissão do Senhor Morto, tristíssima, com a imagem do Filho da Virgem Maria em um esquife e a de Nossa Senhora das Dores com um punhal enterrado no peito. Não é aconselhável assistir. No Sábado de Aleluia tem malhação do Judas pela criançada e, no domingo da Ressurreição, um cortejo alegre, animado pela Banda Oito de Dezembro. Aqui no Rio, só se percebe quando é Semana Santa porque é feriado.

— Já que gosta tanto de lá, por que não se muda?

— Já fiz isso. Sentia-me fatigado com as agitações da vida urbana, pensei em residir no interior. O problema é que eu namorava a Pretinha, gaúcha acariocada. Com pesar, disse-lhe que deveríamos interromper o namoro porque iria morar em Duas Barras. Ao invés de se entristecer, sorriu:

— Casa comigo que eu vou contigo.

— Não acredito que uma garota-zona-sul queira ir para a roça.

— Vou de boa, mas tem de ser casamento com padre e juiz.

O ato civil, testemunhado por dona Maria e seu Mário, os caseiros, ocorreu na fazendinha Cedro Grande, hoje, sede do ICMV. Era 13 de maio, Dia dos Pretos Velhos na umbanda e da Senhora de Fátima no catolicismo. Adquiri uma outra fazenda maior, a Fazenda Pacau, limítrofe, onde nos enlaçamos no último dia do mesmo mês de Maria, em uma cerimônia emotiva, sob as bênçãos do pároco da igreja de N. S. da Conceição, ao som da seresta "Malandrinha", tocada pelo Rildo Hora, na gaita de boca, e o cavaquinho do Mané do Cavaco. Já comemoramos as bodas de prata e nas de pérolas (trinta anos) sob as bênçãos do padre Júlio Lancellotti.

O ato solene dos vinte e cinco anos ocorreu no Teatro Clara Nunes, repleto; oficiado pelo pastor Paulo e o padre Omar, agradou os familiares católicos e os evangélicos, com sermões descontraídos. As cerimônias tradicionais, eu acho cafonas e não gosto das recomendações dos oficiantes.

A Preta, Clediomar Correa Liscano, desde que se tornou uma Ferreira, participa do Ferreiraço, nome que damos às reuniões anuais da nossa incomensurável Família Ferreira. O Ferreiraço é só alegria, com refrigerantes, sucos, cerveja e comedoria, ocasiões em que se cantam músicas populares, hinos católicos, evangélicos, pontos de umbanda... Ninguém da família – nem as crianças – deixa de se esforçar para não perder uma aglomeração dessas.

Bodas de Prata celebradas no palco do Teatro Clara Nunes,
no Rio de Janeiro, com as mesmas roupas usadas no dia do casamento.

No meio da festança, lembramos da mãe Tereza, matriarca que manteve a família unida, sem esquecer do pai Josué, homem que esbanjava alegria, improvisador de versos nos calangos, ritmo do interior do estado do Rio de Janeiro. Mantinha o hábito de ler e adquiriu invejável cultura através dos livros. Possuidor de veia poética, escrevia a história dos Santos Reis Magos para os mestres de Folias de Reis cantarem, além de ser um bom tirador de ladainhas caseiras. Talvez seja por herança dele que vivo a cantar, versejar, compor, escrever... Gosto de todos os meus livros, os releio, e, quando alguém me pede para indicar um, eu recomendo sempre o *Memórias póstumas de Tereza de Jesus*, em que ela conta a história da nossa Família Ferreira.

— É um dos que eu mais gosto, embora o preferido, em geral, seja o *Ópera negra*,[140] que só reli uma vez. Escrever livros não é um ofício prazeroso, nem mesmo os romances. Sofro ao ter de separar um casal e padeço ao ter que dar fim a uma personagem. Foi doloroso escrever o *Ópera negra*, tive de narrar vários assassinatos.

— Também sofri ao escrever algumas canções. Por exemplo, "Linda Madalena",[141] "Melancolia"[142] e "Pensando bem",[143] que não me arrependo de ter feito, mas não gosto de ouvir. Uma das criações mais dramática é "Menina de rua":[144]

O meu pai se mandou de casa
E a mãe desapareceu.
(O quê que você faz?)
Vendo bala, pipoca e amendoim
Pra sobreviver
Pra viver
As marquises são o meu teto
E as ruas a minha escola.
Os adultos maltratam a gente
E tudo é tão ruim
Tão ruim...
Sou criança
Mas tenho sonhos lindos
E vou crescer.
Quando grande eu vou querer cuidar
Dos iguais a mim.
(Diz, menina, o que já sofreu?)
Passei fome e também fui agredida,
Mas eu não tenho medo
De falecer
Por quê?
Pois sonhei

Que no céu tem uma cidade
Só pra crianças

Como eu.
La a gente almoça, janta
E dorme de cobertor
Professores nos dão amor
Não se teme o anoitecer
Tem duentes pra proteger
Anjos bons chegam de manhã.
(Diz, menina, como acordou?)
Acordei querendo morrer.

Os meus maiores admiradores são os parentes, mas não gostam de ouvir a "Menina de rua". Quase todos cantam, de cabo a rabo, as capoeiras "Camafeu",[145] "Ê cacheado", "Coco da vida",[146] "A Serra do Rola-Moça",[147] o blues "Pro amor de Amsterdam", "Dentre centenas de mastros", "Cruz e Souza, cria lambida"[148] e outras diferentes, como "Salve a mulatada brasileira":[149]

Ai, Vanina
Vanina bonita, bonita Vanina
Gente boa, gente fina
Vanina queres saber?
Vou te dizer
Minha bisavó era purinha, bem limpinha
De Angola
O meu bisavô também purinho, bem limpinho
De Moçambique
Eu não sou branquinho, nem pretinho
A minha dona é moreninha
Eu tenho muitos mulatinhos
Salve! Salve!
Salve a mulatada brasileira!
Salve a mulatada brasileira, salve! Salve!
Salve a mulatada brasileira!
José do Patrocínio
Aleijadinho

Machado de Assis que também era mulatinho
Salve a mulatada brasileira!

Je ne sais pás parle français
Também não falo português
Meu idioma é o brasileiro
E ninguém entende nada, nada
E ninguém entende nada

Eu só não entendo gente brigando
Se odiando depois do amor
É tão estranho, Vanina
Este pavor que a vida traz
Gente com medo de Jesus e adorando Satanás

Se o amor é lindo
E a flor é bela
E a natureza sempre sorrindo
Vivo no mundo pra aprender
E nada sei pra ensinar
Só o que eu sei
Que eu sei fazer
É te querer, te sublimar
E te deixar em paz

Vanina é linda! Françoise é linda,
Marisa é linda,
a Adalgisa...
E a Monalisa do Da Vinci
não é muito linda.

Olinda é linda,
Amaralina,
Dona Marina
e a Joselina

Luanda é linda, ô Vanina!
Também Cabinda.
E lá em Dili, Timor-Leste,
serás bem-vinda ou bem ida.

Maputo é fina, e Petrolina,
A nossa Rio de Janeiro, maravilinda.
Serei menino só pra ti, menina. Nina, nina, nina.
Às vezes eu te vejo tão felina, Linda Vanina, ô divina!

Olinda é linda e Diamantina
E a minha limpa Duas Barras, pequenina,
É mais que linda!
Salve a mulatada brasileira!

— Vanina existe ou é ficção? Quem são as mulheres citadas?

— Marisa, de sobrenome Karraz, é uma psicóloga. Adalgisa é a Gisa Nogueira. Dona Marina e Joselina eram funcionárias domésticas, um trabalho que considero nobre, exercido por muita gente importante. A cantora de rap Joyce Fernandes, conhecida como Preta Rara, trabalhou como empregada em casas de família de classe média, superou as dificuldades e tornou-se escritora. Carolina Maria de Jesus, autora do clássico *Quarto de despejo*,[150] também foi empregada doméstica, como minhas irmãs, Deuzina, Nélia, Maria José e Elza, que lavaram muitos banheiros e arrumaram camas para as patroas dormirem até tarde — como eu, que só me levanto depois das dez. Françoise, como o nome deixa claro, é uma parisiense muito fogosa que trabalhava na RCA francesa, promotora dos meus discos e shows em Paris. Vanina é uma brasileira residente na França. Eu a conheci numa lanchonete próxima ao Théâtre des Champs-Élysées, onde me apresentei. Após o ensaio, eu estava querendo beber e comer algo, a lanchonete estava lotada, ela ocupava uma mesa de dois lugares e me ofereceu a cadeira vazia. Uma boa amizade floriu, no outro dia, saímos para jantar com o Collor e a Lilibeth, que assistiram ao show. Me encantei pela Vanina, deixei transparecer um sincero amor por ela, mas a nossa relação não passou de uma sólida amizade. De volta ao Brasil, gravei no LP *Maravilha de cenário* a música inspirada nela e, em 1981, citei o Fernando Collor no samba "Só em Maceió":[151]

Teka, rendeira
Eliane, praiera
Vamos pra Paripueira
Vamos pra Paripueira
Vai ter sururu
E o Maré fica na beira
Da Lagoa de Mundaú.
Vou tomar uma azuladinha
E vou convidar vocês
Prá comer uma agulinha
Lá na Praia do Francês
E um caldinho de feijão
Lá na casa do Seu João
E depois vou vadiar
Com as meninas do Mossoró

Só em Maceió
É que se pode vadiar
Com as meninas do Mossoró.
Alagoas, Alagoas...
Em Alagoas há lagoas.
Ganga Zumba prá onde foi
Foi pra lá das Alagoas
E um bom "pega de boi"
Só tem lá em Alagoas
Rifle de papo amarelo
Se encontra em Alagoas
Prá encontrar Fernando Mello
Tem que ir em Alagoas
E manga-rosa da boa
É coisa lá de Alagoas.

— Conheço bem Alagoas, terra de Ganga Zumba, fundador do Quilombo dos Palmares. Andei bastante por lá: conheci a Teka Rendeira, numa barraca no Pontal, onde ela vendia e rendava; Maré, um restaurante onde eu comia sururu e agulhinha, petiscos saborosos, tomando a cachaça azuladinha; a bela híbrida Eliane é filha do seu João dos Caldinhos; Mossoró, um negão simpático, morava na sua casa de quengas com a mulher e os filhos.

— Você citou Ganga Zumba, mas não se referiu a Zumbi e nem à Serra da Barriga.

— Falo agora: Zumbi é o grande ícone da negritude brasileira, e a Serra da Barriga pertence à União dos Palmares, município onde milhares de negros fugitivos ou escravizados, resgatados por Zumbi, eram abrigados no Quilombo dos Palmares.

— Chega de história! Fale-me de shows inesquecíveis, como o *Batuque na Cozinha*, que você fez no Canecão, e o *De Terra, de Nara e de Vila*, na boate Sucata, com roteiro do Sidney Miller e dirigido pelo Paulo Afonso Grisoli, que me instruiu a entrar portando um revólver. Eu não queria, mas, dada a instância, concordei.

— Nara Leão abria o espetáculo e, enquanto ela cantava "Corisco",[152] música do Sérgio Ricardo, no final eu entraria, no escuro, com um revólver de espoleta e detonaria para assustar os assistentes com o estampido. Na estreia, a engrenagem falhou. Que fiasco! Eu fiquei com cara de tacho por uns segundos, um facho de luz me iluminou, me recuperei e respondi cantando:[153]

Eu não me entrego não,
Eu não sou passarinho
Pra viver numa prisão.
Não me entrego a tenente,
Não me entrego a capitão,
Eu só me entrego pra morte
De parabelo na mão.

Aplausos eclodiram, e eu saí devagarinho...

No Canecão, chamado de "o templo da música" pelo meu compadre Ricardo Cravo Albin, vivi uma situação ridícula por me autovalorizar. Em uma temporada de quarta a domingo com o show *Batuque na cozinha*, dirigido pelo Sérgio Cabral pai, cenário e iluminação do Elifas Andreato, que começava às vinte e uma horas e trinta minutos, Mário Prioli, arrendatário do Canecão, pediu-me para antecipar para as vinte horas e diminuir o tempo em uma hora para ele colocar, depois, o James Brown. "Deixa só ele", eu disse. "Acontece que há alguns ingressos vendidos para o seu show e vai ser problemático", respondeu. "Então, bota ele para entrar antes, não quero abrir show para gringo", falei claramente, mas não convenci.

Seria bom abrir às 20 horas. Pois o Canecão já estava superlotado. Após muita lenga-lenga, o empresário americano concordou em colocar seu artista às 21 horas e, pontualmente, a banda atacou. Que músicos maravilhosos! Durante meia hora, encantaram o público, se revezando em solos. Fez-se um blecaute de uns segundos em toda a casa e um canhão iluminou o James Brown com sua capa preta, estático, no fundo do palco. Um delírio! Então ele soltou a voz e dançou, ininterruptamente, durante duas horas e tal. Eu não sabia praticamente nada sobre o astro da música negra americana e fiquei boquiaberto. Como todos, aplaudi muito, assobiei e gritei: "Bravooo!". E só de me balançar acompanhando a movimentação dele no palco fiquei exausto.

As cortinas baixaram já passava de onze e meia, o público alegre foi se retirando, eu também me levantei para sair e, pasmem, ouvi o anúncio: "Dentro de poucos minutos, o show *Batuque na cozinha!*".

Entrei no palco sem graça, pois ficaram apenas uns gatos pingados, talvez uma centena, número ínfimo para uma casa daquele tamanho, entre eles o Jorge Ben, que se levantou e gritou: "Da Vila, aguenta aí um pouco!". E chamou o público esparso para se juntar à frente. No repertório, havia umas músicas lentas, eu as suprimi e mandei só sucessos. O restrito público vibrou, eu me empolguei e, apesar dos pesares, foi ótimo.

Depois do show, fui com a jornalista Cleia Nesi para o La Fiorentina, no Leme, tomei não sei quantos copos de chope e dormi na casa dela, na rua Icatu. Naquele tempo, eu andava biritando muito. Aí o

Aragão, que só me chama de Ferreira, juntou-se ao Neuci, fizeram um samba de partido-alto e me desafiaram para improvisar:

— *Zé Ferreira, vê se passa a bagaceira. Pra cantar a noite inteira tem que tá numa legal. Firma o pagode pra alegrar o pessoal.*

Não me fiz de rogado, respondi:

— *Me chamou de Zé Ferreira e eu cheguei à conclusão de que o samba é nossa vida, nossa fé, nossa paixão.*

— *E se você tá presente, o cavaco contente se sente melhor.*

— *Violão sabe de cor que vai cantar em tom maior.*

— *Mas pode ser menor.*

— *Ferreira...*

— *Eu já falei pra você, só sei dizer que o amor é lindo.*

— *Estás falando a verdade, com sinceridade, ou estás mentindo?*

— *Saí da casa de bamba, cansado de samba e procurando alguém...*

— *Passeando por Bonsuça trouxe a Ruça que é teu bem...*

O "Vê se passa a bagaceira" foi um alerta, fiquei antenado. Antes, eu bebia muito e fazia uma coisa absurda, que é dirigir alcoolizado. Sofri vários acidentes. Em um deles, um ônibus bateu na minha retaguarda e quebrei as duas pernas. Fui operado no Hospital Samaritano de Botafogo pelo ortopedista Francisco Godinho, que colocou placa de platina na perna esquerda, partida em três lugares, ligada por sete parafusos, que seriam, depois, retirados. O dr. Godinho recomendou que eu comesse bastante fígado malpassado, para ajudar na recuperação dos ossos. Comi muito, quase cru. Fiquei acamado durante quatro meses e andei um tempo em cadeira de rodas, depois, de muleta. A placa e os parafusos permanecem na perna.

— Você já passou por outra situação difícil por tomar umas e outras em excesso?

— Sim, mas não só pelo excesso. Em estado de felicidade, tranquilidade, sob emoções positivas e sem tensões, posso ingerir bastante que fico numa boa. No máximo, uma sonolência me atinge. No ano de 1970, pisei pela primeira vez em solo africano, andei de norte a sul por Angola em uma das viagens mais emocionantes da minha vida, tomei até cerveja quente e tudo bem. Em 1980, voltei lá com o

Projeto Kalunga, tive uns desentendimentos com alguns colegas do grupo, fiquei tenso, bebi não somente por prazer e me descompensei totalmente.

De volta ao Brasil, desembarquei do avião e fui levado diretamente para uma clínica psiquiátrica. Após uns dias de repouso, aparentemente recuperado, tive alta. A partir daí, bastava tomar uma cerveja para perder as estribeiras. Quase não dormia, delirava que trocava tiros com um tal de Mão Branca, justiceiro do Nordeste. Nunca fui de falar palavrões e acordava xingando o exterminador de pretos, completamente fora de meu juízo normal. A Ruça, coitada, não conseguindo me acalmar, ligou para uma clínica de psiquiatria e solicitou ajuda. Ao ver o médico acompanhado de dois enfermeiros com seus jalecos alvos, lembrei-me do Mão Branca, fiquei agressivo e tive que ser conduzido em camisa de força.

Internado, em momentos de lucidez eu dizia para o enfermeiro que não havia motivo para permanecer ali, que passei mal porque bebi demais, que não precisava de ser medicado, que queria ir para casa, que estava bem... O dr. Cotrim, médico psiquiatra, não me liberava, eu ficava irritado. Ele me ludibriou dizendo que me daria alta depois que eu tomasse uns comprimidos calmantes, e eu tomei, sem saber que estava se iniciando um tratamento sonoterápico. Dormi, dormi e dormi. Ao despertar, um enfermeiro mandou-me tomar uma ducha fria e me levou à presença do dr. Cotrim, que, sem mais delongas, me perguntou:

— Você está doente ou são?

Abaixei a cabeça por uns segundos, depois o encarei e respondi:

— Pois é, doutor. Se vim parar aqui, é porque não estou bom.

Ele, sorrindo:

— Admitir a doença é um grande passo para a cura. Vai aceitar os medicamentos?

— Posso tomar qualquer um, menos os injetáveis.

Calmamente, dirigiu-se a um armário, pegou uma caixa de remédios, colocou vários comprimidos em um pote de plástico e me deu para tomar todos em seguida. Preparou uma injeção, eu havia dito que não aceitaria, mas relaxei e ele aplicou.

— Pronto. Você está de alta. Vá para casa, não se agite muito; ao se deitar, ouça músicas suaves bem baixinho. Se não dormir, tome este comprimido de Fenergan, mas só em último caso. Quero vê-lo daqui a dez dias. Atenção! Abstinência total de bebidas alcoólicas!

Não foi necessário tomar o comprimido relaxante. Na consulta de retorno, ele disse que eu estava muito bem e que, se quisesse ficar para sempre assim, deveria permanecer, no mínimo, um ano sem bebidas alcoólicas. Durante dois anos, fui abstêmio e não tive mais problemas, apenas indisposição para exercer o meu ofício de escritor.

— No ano de 1980, eu também andei indisposto. No anterior, fiz uma longa excursão com o show do disco *Terreiro, sala e salão*. Percorri o Brasil do Sudeste ao Nordeste pelas capitais litorâneas, até São Luís do Maranhão. Cantei em todos os estados do Norte e centrais, retornei ao Rio de Janeiro e, em seguida, parti para a região Sul. Exausto, voltei a pensar em abandonar a vida artística e ir viver na roça com os direitos autorais. Para completar a receita, faria um galinheiro de poedeiras caipiras e construiria uma granja para criar pintos, uma atividade rentável. Empresas chocam ovos em chocadeiras elétricas, dão os pintos para os granjeiros, que os criam e, quarenta e cinco dias após, eles viram frangos; elas compram dos criadores, que vendem o estrume das aves como adubo.

Não abandonei o meu ofício porque o diretor artístico da RCA me perguntou se eu tinha algum disco planejado. Eu não tinha nada em mente, e ele me sugeriu fazer um LP com os meus sambas-enredo da Aprendizes da Boca do Mato e da Unidos de Vila Isabel. Julguei a ideia interessante, mas decidi gravar sambas históricos que eu gostaria de ter feito. No show de lançamento, no Teatro Carlos Gomes, o Elifas fez um cenário com restos de alegorias de escolas de samba, que eu achei feio e estranho. O público entrou com as cortinas já abertas e, ao terceiro sinal, Elifas mandou apagar as luzes por uns segundos e iluminou o palco. O feio ficou bonito e o público aplaudiu.

O saudoso Elifas foi um gênio. Criou a maioria das capas dos meus discos e de alguns livros. Uma das que mais me agradam é a do LP *Samba enredo*, aquele que tem uma foto minha mostrando só o meu peito nu. O disco atingiu uma boa vendagem e quem gostava muito de ouvi-lo era o Gil Beltran, um gringo que presidiu a RCA. Será por que, Zé Ferreira?

— Creio que ele, na função que exercia, sentia obrigação de conhecer um pouco da História do Brasil e aprendeu muito ouvindo o disco. Eu conheci bem o Gil Beltran, era um cara muito legal. Ficamos amigos, ele me levou a uma convenção da gravadora em Paris, de lá fomos para Nice, viajamos de carro pela Côte d'Azur até Marseille e fomos a uma ilha de nudismo, a Île du Levant. Foi uma experiência incrível. Logo ao desembarcar, tivemos que nos despir. De início, fiquei acanhado porque pensava que o meu pênis era muito pequeno, mas, olhando de soslaio, vi que era igual ao da maioria.

A ilha tinha pouca água, havia um local aberto para lavagem de rosto e escovação de dentes até às 10 horas e das 16 horas às 17 horas, para banho. No mercadinho, com trajes de banho e farmácia misturados a produtos alimentícios, usava-se apenas tapa-sexo. No restaurante anexo à boate, mulheres de vestidos longos e homens trajados a rigor, uma elegância.

Numa tarde, fui com o Gil Beltran à tenda de uma família de suas relações, um senhor, uma senhora, três crianças e um casal jovem, todos nus. Não consegui ficar à vontade. Estranhei muito nos dois primeiros dias, mas no terceiro já estava completamente ambientado. Na Île du Levant a água era escassa, liberada para banho de borracha das 16 horas às 17 horas, como já disse. Fui me lavar, e uma bela naturalista ensaboada me pediu para espirrar água nela, com a borracha, o que fiz sem excitação. Que boa experiência! Gostaria de revivê-la.

— Não há necessidade de ir tão longe para andar pelado. Aqui no estado do Rio pode-se tomar banho de mar nu na praia do Abricó, na Barra da Tijuca; na Olho de Boi, em Búzios; e na Brava, em Cabo Frio. Em Santa Catarina, na praia do Pinho, em Balneário Camboriú; na da Galheta, em Florianópolis; e na das Pedras Altas, em Palhoça. Na Bahia tem a Massarandupió, em Entre Rios; na Paraíba, a Sambaba, em Conde; e, no Espírito Santo, tem a Barra Seca, em Linhares. Porém, nesses lugares, quase não se veem nudistas... Melhor é pegar um sol em praias cariocas, onde as mulheres são atraentes a ponto de deixar os homens vesgos de tanto movimentar os olhos para um lado e para outro.

Mas há quem diga que mulheres bem-vestidas são mais atrativas. No Theatro Municipal, as mulheres se apresentam bem-trajadas, e meus olhos se movimentam mais do que em uma praia. Certa vez, vi uma de vestido preto com um pequeno decote em V, parte do ombro à mostra, e a imagem dela não me sai da lembrança. Era um belo espetáculo com uma orquestra sinfônica, um bom solista e uma soprano maviosa, que versava sobre o negro na música erudita, o "Concerto negro".

— Falando assim, está se autoelogiando, pois o "Concerto" foi criado por você, em parceria com o maestro Leonardo Bruno. Ele é o regente, e você, o apresentador. A sua interpretação do samba-enredo "Chico rei",[154] dos salgueirenses Geraldo Babão e Binha, soa como se estivesse declamando uma poesia.

— A letra é deveras poética. Eu a recitava, o público se emocionava e aplaudia muito.

— Desculpe-me, mas a parte mais emocionante do *Concerto negro* foi a participação do coral Família Alcântara, formado por senhores idosos, antigas senhoras, jovens e crianças. Passei uma inolvidável tarde com eles em Monlevade, Minas Gerais, quando fui convidá-los para participar do *Concerto*. Pela primeira vez, saboreei ora-pro-nóbis com arroz de alho e costelinha suína, uma delícia.

A ora-pro-nóbis, verdura apelidada de carne de pobre, ajuda a evitar o envelhecimento precoce da pele e das células, é aliada do bom funcionamento do intestino e ajuda a manter e a ganhar músculos. É de fácil cultivo e resistente a mudanças climáticas. Dona Ivone, uma das componentes da Família Alcântara, me ofertou uma muda, plantei na minha fazendinha em Duas Barras, de clima semelhante ao do sul de Minas, e vingou.

Sinto grande satisfação em plantar e acompanhar o crescimento. Na fazendinha há árvores frondosas plantadas pelas minhas próprias mãos. Colher o que foi cultivado é muito agradável. Nada melhor do que pegar frutas nos pés: goiaba, pitanga, caqui ou carambola, fruta amarela de sabor doce e meio ácido, rica em vitamina C e boa para fazer caipirinha, bebida gostosa da qual mulheres só devem tomar um copo. O segundo aguça a libido, e é voz corrente que não existe mulher difícil depois da terceira caipirinha...

De Jaboatão, Pernambuco, eu trouxe umas sementes de pitomba, fruto de casca dura, quebrável; plantei, as sementes brotaram, cresceram, surgiram as frutinhas e, nos meses de abril e maio, estão prontas para serem saboreadas. O caroço da pitomba, de forma esférica, é envolto por matéria carnosa de sabor agridoce. Adoro. Aprecio também jabuticabas, tenho um pé delas na Fazenda Pacau, são miúdas e docinhas. Há também jabuticabeiras de frutas grandes e saborosas.

— Que legal essa conversa sobre frutas! Atualmente só se fala em pandemia, que ainda assola a humanidade, assunto lamentável. O que você fez durante o recolhimento?

— Aproveitei as horas, aparentemente mais longas, para ler, escrever, jogar xadrez contra o computador, falar com amigos pelo Zoom, por telefone... Na televisão, via os noticiários, filmes e jogos de futebol. Sou vascaíno desde a infância, influenciado pelo meu padrinho Sebastião Rosa, um português que me contou a história do clube de São Januário com relação à construção do melhor campo de futebol do Rio de Janeiro até hoje. Barra o Maracanã, porque tem mais calor humano. Como disse, sou Vasco desde criança e fiquei mais aguerrido ao saber do combate ao racismo no futebol pelo clube da Cruz de Malta, primeiro time a admitir negros no seu plantel. Construí três músicas referentes ao clube, uma delas citando grandes jogadores que vestiram a camisa da Cruz de Malta:[155]

Ô, ô, ô, ô! Vascooo!

O timão da Cruz de Malta
Barbosa, Augusto, Rafanelli, Ely, Danilo, Jorge, Sabará, Maneca,
   Ademir, Ipojucan, Chico

Vascooo! Ô, ô, ô, ô!

Brito, Coronel, Tita, Alcir Capitão, Bellini, Friaça, Jorginho Carvoeiro, Roberto Dinamite, Vavá, Moisés

É campeão! É campeão! É campeão!

Faz tempo que não se veem no time jogadores do nível do Edmundo, do Jorginho Pernambucano, do Romário... Com toda a urgência, o conselho deliberativo do clube de São Januário precisa fazer mudanças na administração. É fácil, basta trocar a diretoria, vender o elenco atual, comprar dezesseis craques do nível do Expresso da Vitória, sendo cinco para o banco de reservas e um plantel jovem para treinar com os titulares. Na juventude, eu sonhava jogar no Vasco, sem suar a camisa, como fazia no F. C., onde eu era reserva. Seu Dorvalino, o presidente e técnico, dizia que não me escalava porque eu não jogava com seriedade, só pensava em driblar.

De uma feita, o Boca enfrentava o poderoso time do E. C. Curupaiti, estava ganhando de um a zero, e o adversário pressionava. Faltando poucos minutos para o término, fui mandado entrar em campo para substituir o atacante e prender a bola, o que eu mais gostava de fazer. A pelota sobrou pra mim, driblei uns e outros, acelerei um pouquinho até a grande área do Curupaiti. Livre e desimpedido, poderia chutar, mas fiquei com medo de perder o gol como de outras vezes, por não ter potência nos pés, e atrasei para um companheiro que deu uma pancada forte, a bola bateu na minha testa e eu desmaiei. Recobrei os sentidos com um bando de loucos sobre mim e, graças a Deus, fui socorrido pelo técnico e o massagista. Fui o herói do jogo com um gol de cabeça, feito sem querer.

São boas as lembranças dos tempos em que havia espaços para bater uma pelada, campos gramados nos bairros, não havia brigas entre torcidas e os brasileiros eram vistos como o povo mais alegre e gentil do mundo. Atualmente, há um grande percentual de raivosos, preconceituosos e racistas.

Uma cena violenta de racismo ocorrida nos Estados Unidos viralizou na internet e inspirou a canção "Vidas negras importam". Os crentes dizem que os chocantes acontecimentos raciais que acontecem no Brasil e nos Estados Unidos, com violentos protestos, sinalizam os maus tempos em que vivemos, sem bons auspícios.

Já estou com oitenta e tal, sem lamentações. Não sinto diferenças de quando tinha cinquenta carnavais a menos, só percebo por que a pele dos idosos enruga e tudo encolhe, inclusive o... deixa pra lá.

O mundo vai girando, eu me transformando, mudando de hábitos... A minha primeira atividade após o café matinal era ler o jornal, folheando, e agora, após o desjejum, o leio no computador e vou envelhecendo atualizado. São raras as boas novas naquele tempo de pandemia, que diminuiu, mas não acabou imediatamente, pois surgiram variantes do vírus.

O avanço da idade traz algumas vantagens. Uma delas é, em filas, passar na frente dos mais jovens. Todos os dias eu agradeço ao Criador por ainda enxergar bem e ter sensibilidade para apreciar as belezas da natureza e saravo os meus Orixás de Cabeça.

Ao meditar sobre religião e o fanatismo religioso, nasceu a música intitulada "Oração alegre", formada por cânticos católicos e de diversas religiões. Eu comecei declamando uma parte do Credo:[156]

> Creio em Deus Pai Todo-Poderoso,
> Criador do Céu e da Terra,
> Em Jesus Cristo, Seu filho, nosso Senhor,
> Que foi concebido pela graça do Divino Espírito Santo
> E nasceu da Virgem Maria.

Falei que a Virgem Maria, em Angola, é a Kianda; um pastor evangélico rezou o Pai-Nosso; o rabino Nilton Bonder, uma oração judaica; o muçulmano Haab Abdul, uma oração islâmica, e Carlinhos Brown encerrou cantando um ponto de candomblé:

> Onissa Urê
> Saulagé
> Onissa Urê Oberiomam
> Onissa Urê

Saulagé Baba
Onissa Ure Oberiomam

No ano 1991, juntei uma ialorixá, um líder umbandista, um rabino, um pastor e o cardeal Dom Paulo Evaristo Arns em um show-mício pela libertação de Nelson Mandela, na Praça da Sé, em São Paulo. Foi emocionante! Mantenho o sonho de reunir representantes das principais religiões praticadas no Brasil para orarmos juntos no Rio de Janeiro e, no final, todos cantarem a música "Era de aquarius", com a participação do rapper Djonga:[157]

> O futuro do país está bem próximo
> Conservadores serão liberais
> Os raivosos vão ficar dóceis
> E as doces mais adocicadas
> Quando a Era de Aquarius chegar
> Quando a Era de Aquarius surgir.
>
> O mundo não terá mais pandemia
> E ninguém com síndrome de pânico
> As diferenças sociais vão encolher
> E os preconceitos se diluirão
> Quando a Era de Aquarius chegar
> Quando a Era de Aquarius surgir.
>
> Fala, Djonga
> A era é de Aquarius
> Mas o que eu quero é um oceano
> Pão e vinho na mesa esse ano
> Povo antes servo, hoje soberano
> Nesse corre cigano
> Vi muito mano leviano
> Rindo de quem tá embaixo e levitando
> No tapete Aladdin que nóis costurou
> Colocou magia e comprou o pano

Menos ter, mais ser humano
Disposição de espartano
Se tu não tá com nóis
Vai sair pelo ralo ou descer pelo cano
E garotas bonitas amo
Mas minhas crias rindo é meu mundo
Negatividade eu anulo
Só isso muda um vagabundo
Lá no fundo
Você tem tudo o que você precisa
Dentro de ti mora um furacão
Mas só te vejo vivendo de brisa

Messiânicos, judeus, muçulmanos, cristãos, kardecistas
Juntos com fiéis do candomblé
Se abraçarão no ecumenismo
Podes crer, podes crer
Que tudo isso será real
Quando a Era de Aquarius vier
Quando a era de Aquarius surgir
Quando a era de Aquarius chegar.

— Ouvi a música no CD *Mistura homogênea*.[158] O disco ficou maneiro. Faz tempo que você não lança um álbum com tantas inéditas.
— Nem sempre eu tenho músicas suficientes. Incumbi o Martinho Antônio e o Celso Luiz Filho de produzir, com o Preto Ferreira na assistência, e a Alegria estreou como cantora interpretando "Muadiakime", música angolana em quimbundo, e o "Semba dos ancestrais". Dandara e Raoni cantam "Odilê Odilá" e toda a minha prole solta as vozes no samba-enredo "Canta, canta, minha gente – A Vila é de Martinho", com a Mart'nália solando na primeira vez. A Carvu se lamentava por eu ter feito músicas para todos os irmãos e para ela, não, embora tenha lhe dedicado o "Fala Mart'nália". Por fim, compus o sambalanço "Viva Martina":[159]

Com seu sambar miudinho
Lembra Dona Ivone Lara
Ativista antirracista
Boas novas alvissara
Uma reluzente estrela
Toda corpo e coração
Oh! Que alegria vê-la!
Cantando bossa e sambão
Samba enredo ou de roda, rap, reggae e baião

Voz dolente, maviosa
Doce e plena de emoção
Musicista virtuosa
Tira sons na percussão
Toca cuíca, pandeiro, berimbau e xique-xique
Xequerê e violão

Quem será, quem será
Todo mundo a perguntar
Quem será, quem será
Vou dizer sem gaguejar
É a preta andarilha
Um orgulho da família
Que samba desde pirralha
Boa filha Mart'nália
A Martina, Mart, Mart'nália.

 O meu compadre Paulo Rolim, sem cerimônia nenhuma, me disse:
 — Ela é a sua melhor intérprete; nos shows, sempre canta músicas suas. Desculpe, mas se acontecer uma apresentação sua no mesmo dia de uma da Tinália, eu vou na dela porque, em vários momentos, a impressão que tenho é de que quem está em cena é você. Ela é incrível! Em uma atuação a que assisti, se deslocava dançando em direção aos músicos acompanhantes e os osculava cantando a música "Beija,

me beija, me beija", mais uma composição dedicada à minha amada Cléo Ferreira:[160]

> Pela própria natureza
> Ela é minha mulher
> Tão pureza, tão fogosa
> Um botão que virou rosa
> Pra ser o meu bem me quer
> Beija, me beija, me beija
> Não é Amelia, mas lava roupa
> Seca louça e me dá banho
> Enxágua, me enxuga, mas se vende caro
> Pois não é "preta de ganho"
> Me come, se acaba, inda diz
> Ora veja
> Me beija, me beija, me beija, me beija
> Beija, me beija, me beija...

— No final do show, o público não arredava pés, e ela teve de voltar ao palco várias vezes. Eu tentei ir ao camarim para abraçá-la, não consegui entrar. Tinha gente demais pedindo autógrafos, tirando fotos, e ela atendia a todos com aquele sorrisão, maior do que o seu.

CAPÍTULO 10
Um passarinho me disse

Mart'nália, com bem mais de cinquenta primaveras, parece uma menina sapeca. Possuída por energia impressionante, dança nos palcos, preenchendo todos os espaços. É a estrela da Família, embora seus irmãos e irmãs sejam talentosos: Maíra, pianista clássica e popular, orquestradora com formação acadêmica, tem boa voz e gosta de cantar; Analimar é cantora e rainha da vocalização; Juliana, cantora-compositora como o mano Antônio João; Martinho Antônio, vocalista e publicitário; Preto, psicólogo, especializado em dependência química, nas horas vagas vocaliza e gravou comigo o ponto de umbanda, "Exu das sete";[161] Alegria estreou como cantora gravando um clipe com milhares de acessos na internet. Todos buscam o aprimoramento pessoal, são afáveis, solidários, solícitos... E elas, tolerantes, gentis...

Na nossa Família não tem nenhuma ladra ou gatuno, ninguém conhece presídio nem delegacia de polícia, não tem prostituta, nem garoto de programa, e todos procuram mudar sempre para melhor. Eu já mudei bastante: morei na roça, num barraco de zinco, sem água nem luz e chão de terra batida, na Serra dos Pretos-Forros; passei para outro de piso cimentado, com luz elétrica, e depois desci para uma casa na rua Caparaó, 22, no pé do morro, e consegui comprar a minha primeira residência própria, uma casa velha na rua Heliodora, 46, em Pilares. Era uma cabeça de porco habitada por três famílias, tendo nos fundos uma dependência onde morava um pai de santo.

Antes de comprar, só vi por fora, os moradores não me deixaram entrar, dizendo que só sairiam se fossem indenizados. Voltei com a minha mãe e, com jeitinho, conseguimos adentrar. Em outra visita, fizemos amizade com o pai de santo, e ele foi o primeiro a se mudar. Em um domingo, de volta, uma senhora disse que sairia porque se aborreceu e estava cheia daquela gente imunda. Não demorou muito, as outras duas famílias também vazaram. Para ocupar a casa, tivemos de fazer uma grande faxina. Tudo era realmente uma imundice, como falou a senhora.

Com umas economias, comprei um apartamento na rua Visconde de Itamarati, Tijuca, para namorar com a Ruça, apelido da loura Lícia Maria Maciel Caniné. Na primeira vez em que ela foi ao meu apartamentinho de quarto, sala, cozinha e banheiro, ao vê-lo todo equipado, achou lindo e disse que gostaria de morar comigo, com a condição de que eu pedisse permissão ao seu pai, o general-médico Maurício Afonso Maciel Caniné. Eu era terceiro-sargento Burocrata, deveria prestar-lhe continência, mas, sem me perfilar, disse-lhe:

— General, eu e a Lícia pretendemos morar juntos.

— Ela já é de maioridade, vocês podem decidir o que fazer das suas vidas. Desejo-lhes vidas longas e felicidade.

Fomos felizes e tivemos a filha Juliana, a Juju, e o filho Antônio João e Pedro, o Tunico.

Um dia, a Juliana, com doze anos, estava no vaso do banheiro, viu sangue escorrer e gritou: "Mãe! Vem cá. Acho que me cortei". A Ruça correu apavorada e, ao constatar que eram as regras mensais femininas, pulou de alegria e ligou para mim, que estava em São Paulo. Baseado no acontecimento, ocorrido antes com a Analimar e a Mart'nália, escrevi uns versos:[162]

>Oitenta e dois, dezembro, dezessete.
>Pela terceira vez a história se repete.
>Desta vez com a Juca
>A Juju, Juquinha,
>Minha Juliana ficando mocinha.

É um corre-corre
É um pula-pula,
É o Salgueiro que pintou na avenida

Mas que bonito
Ela já ovula...
Daqui pra frente
Marcas no papel
Todo o mês Salgueiro
Todo o mês São Carlos
Todo o mês Unidos de Padre Miguel
Até que um dia não haja desfile
Um sinal de vida
Netinho ou netinha
Pro papai Martinho
Pra mamãe Rucinha
Pela vez terceira, a história se repete:
Oitenta e dois, dezembro, dezessete.

Procurei uma loja das que vendem artigos femininos, comprei absorventes, água de colônia, esmalte, pó e pincel de maquiagem, base, blush, batom... E dei-lhe, com os versos escritos, que depois musiquei.

Juju nasceu fofinha, e o Tunico, miudinho, pesando menos que o normal de um recém-nascido que é, em média, 3.400 gramas. Parecia que não ia vingar e teve de ficar na incubadora. Receoso, pensei em chamar um padre para batizá-lo na maternidade. Então, o Paulinho da Viola, futuro padrinho, e a Eliana Pittman, madrinha prometida, foram vê-lo. Paulinho ficou estático por longos segundos, em frente da incubadora, virou-se para mim sorrindo e profetizou:

— Daqui a poucos dias estará gordinho e forte. Vai ser artista, cantor e compositor.

Lícia Maria, a mamãe Ruça, um tanto incrédula:

— Que Deus lhe ouça!

Eliana, com seu jeito descontraído:

— Ele é muito lindo, vai dar trabalho à mulherada!

Estávamos no mês dos santos juninos e, por isso, o registrei com o nome Antônio João e Pedro, grafado assim mesmo, com a letra *e*. Em nova visita, a Eliana o pegou e exclamou:

— Que bonito é este meu afilhado!

Sem querer, ela me deu o mote para uma música alusiva:[163]

À meia hora de Santo Antônio
A um quarto da lua cheia surgiu
O Antonico
Tão bonito o Antonico
Um cigarro apagou
Uma luz acendeu azul
É homem
É o Antonico, é tão bonito

É o Pedro, Pedrinho
João, Joãozinho
O Tonho, Toinho
É o Antoninho
Tão bonito o Antonico
Anda, Antonico
Mama, Antonico
Não chora, Antonico
Dorme, Antonico
Acorda, Antonico
Desperta
Que é tão bonito o dia nascendo
É tão bonito, é tão bonito
O vermelho da tarde lá no céu
É tão bonito
Jangada chegando, lá do mar
É tão bonito...
Fogueira queimando
É tão bonito, é tão bonito,
o vermelho da tarde lá no céu,

É tão bonito...
É tão bonito
Fogueira queimando,
É tão bonito...
E a Katia sambando,
É tão bonito o Antonico
É tão bonito,
É tão bonito
É tão bonito

Eu era apaixonado pela Ruça, a segunda década da nossa relação foi-se desgastando, tive alguns envolvimentos extraconjugais que, salvo melhor juízo, ela fingia não saber. De volta ao lar depois de uma "pulada de cerca", me conscientizei de que era um polígamo, me autocensurei e não me senti bem.

— Que bobagem! Polígamo é o homem que mantém uma união estável com mais de uma mulher, o que não é o seu caso. A poligamia só é permitida em poucos países, mas é tolerada em muitos. Tenho um amigo que escreveu os versos abaixo, declamou para sua esposa, transformou na canção "Polígamo fiel" e cantou para ela que, se sentindo amada, adorou:[164]

Amor
Se estamos juntos, tu és única, mulher
Os longos beijos que te dou
Igual pra mais ninguém
És quem produz o sêmen que eu dou pra ti
Só tu
Me pões em transe pra gritar como Ilá de Oxum
A tua sensualidade é que me faz viril
E o meu polígamo instinto fica tão fiel
O teu orgasmo
É poesia não metrificada
Exala um cheiro
Privilégio só de quem te amou

E os soluços
Põem o coração descompassado
Me faz um bem
O teu astral, quando eu estou carente
A tua alma-gêmea não tem par
Porque és ímpar
Pra ti fiz esta canção sem rima
Pra te dizer
O quanto és
Um sonho blue
Mulher
E te falar
Que só tu és
Meu sonho azul
Amor.

O sonho da Lícia era se casar, e eu, às escondidas, ia dar entrada nos papéis. Ela foi passar uns dias em São João da Barra, em visita a parentes, e eu permaneci em casa com a mãe dela, que morava conosco. Demorou muito por lá, tempo foi passando, eu pensando na festa de casamento. Aí, uma amiga nossa me ligou dizendo que a Ruça estava em sua companhia, pretendia seguir outro destino e precisava pegar alguns pertences. Abalado, peguei o carro com a intenção de ir ao encontro dela, a caminho mudei de ideia, procurei uma imobiliária, aluguei um apartamento mobiliado no Condomínio Alvorada, na Barra da Tijuca, e deixei a casa do Grajaú, cantando sem alegria:[165]

A vida de casado é boa
Mas a vida de solteiro é melhor.
Solteiro vai aonde quer,
Casado tem que levar a mulher.

É natural a empolgação do amor arrefecer com os anos de convivência. Diz a letra de um samba que *"se o amor se esvai, saudade vem e um novo amor virá também"*.[166]

O "apê" do Alvorada, de dois quartos, um deles eu emprestava para amigos e parecia hotel de trânsito, um entra e sai de casais. O outro, mais amplo, reservei para mim e a minha companhia mais constante, que era a Simone, não a Bittencourt de Oliveira, e sim a Carvalho Rosa, uma gata lourinha que...[167]

Chegou
Desvirginando a minha mente
E em mim se faz presente
Com seu jeito sedutor
Plantou em mim
Plantou em si floresceu
Um grande amor
Igual jamais aconteceu.
Fêmea felina que lambe meu suor,
Minha caça perseguida
Meu sentimento maior
Minha canção preferida
Meu acorde em tom menor
Eu sei que é
Esse tal de amor que fica.
É pequenina e gostosa
Como banana nanica,
Uma mistura cheirosa,
Carvalho rosa e arnica.
Me bebe como cachaça,
Me come como canjica
Quem ela é?
É minha jaguatirica
Parece gata selvagem
Me arranha e me complica.
Quem ela é?
É minha jaguatirica.

A Jaguatirica sumiu como uma lua entre nuvens, a Preta resplandeceu como o sol na Prainha, Barra da Tijuca, onde acontecia a gravação de um clipe para o Fantástico, programa da TV Globo em que a Clediomar, apelidada de Preta, Pretinha e Cléo, foi fazer figuração. Eu havia sofrido um acidente, quebrado uma perna, me apoiava em muletas. No fim da gravação, mandei chamar um táxi e ofereci uma boleia a ela. No trajeto pedi o número do seu telefone. No dia sequente, liguei para agradecer os cuidados e galantear; a gauchinha não estava. Em novo contato, soube que viajara para Porto Alegre e parti para lá de perna engessada e bengala. Na gravação do clipe, ela, toda produzida, parecia mulher feita, com apenas quinze carnavais. E eu, com quarenta e oito, cortejando uma adolescente, com reciprocidade. Daí a música "Que preta! Que nega!":[168]

> Preta, que preta, que preta
> Que preta, que nega
> Nega, que nega, que nega
> Pretinha, que preta
> Quando a pretinha chega para galderiar
> Os meus olhos paqueras se abrem
> Coração menino se apura
> E os lábios se molham pro beijo que vem
> Nosso amor passarinha qual pluma no ar
> E os seres maldosos não sabem
> Que mesmo transando a ternura é tão pura
> Que os anjos nos dizem amém, minha preta.
> Mas eu sei, menina
> Que um dia irás
> Curvar-se ao destino
> Que o senso impuser
> Então eu serei
> Simplesmente amigo
> E tu serás só saudade mulher
> Mas sempre que eu estiver numa onda de sonhos
> Com lua espiando ou sol por um juiz

Vou olhar lá pro céu
E pedir para os astros
Guiarem teus passos
Para seres feliz
Minha preta.

— Devido às diferenças etárias, culturais e raciais, calculava que seria um caso passageiro. Ledo engano. Noivamos, casamo-nos, e desejamos ficar para sempre juntos, cantando o "Samba dos passarinhos":[169]

Um passarinho me disse
Que vamos viver pra sempre um grande amor
Canário livre cantou, cantou, cantou, cantou feliz
Um bem-te-vi que ouviu
Bentevitou com o seu amigo tiziu
Um pintassilgo se alçou e foi piar bem juntinho da perdiz

Logo que entardeceu
Galinha cocorocou
Canto de galo ecoou, de longe um outro respondeu

Um corpo ardente riscou o céu e o pedido que fiz
Foi para ser sempre seu, só seu, só seu, só seu, só seu

Vamos sonhar bem juntinhos
Levando a vida a cantar
E como dois passarinhos
Voar, voar, voar, voar...

Antes, na fase de namoro, tivemos a nossa primeira vez na fazendinha do Cedro Grande, de onde partiria para Fortaleza. Voamos para a capital do Ceará e, no camarim, o diretor social do clube, acompanhado da sua esposa, me perguntou:
— É sua vocalista ou filha?

Eu titubeei por uns segundos, a Preta se antecipou, causando surpresa:

— Sou mulher dele!

— Desculpe, senhora!

Sorrimos. Pela primeira vez, ela recebeu esse tratamento. Era desejo dela se casar comigo, várias vezes me pediu em casamento, eu desconversava. Um dia, sentindo-me um tanto cansado da vida urbana, resolvi ir morar em Duas Barras e ela me surpreendeu:

— Casa comigo que eu vou contigo!

O ato civil, tendo dona Maria e seu Mário, os caseiros, como testemunhas, ocorreu na Fazendinha Cedro Grande. Era 13 de maio, Dia dos Pretos Velhos, na umbanda, e da Senhora de Fátima, no catolicismo. No último dia do mês de Maria, nos enlaçamos na Fazenda Pacau, sob as bênçãos do pároco todo paramentado, ao som da seresta "Malandrinha", tocada pelo Rildo Hora, na gaita de boca, e o cavaquinho do Mané do Cavaco. Moramos durante um ano em Duas Barras, a barriguinha dela cresceu e, antes de o Preto ver a luz do dia, para apadrinhar, escolhi o amigo Paulo Rolim, que eu já chamava de compadre:[170]

Meu compadre
O pretinho tá nadando
Na barriga da comadre
Quando a bolsa se romper
Vai sair esperneando
Chorando, fazendo careta
Mas seu choro é pra dizer
Que a gente tem que comer
E o seu primeiro prazer
Mamar na teta.
Quando o Preto crescer
Que será que ele vai ser
Será que ele vai ser ator
ou atleta?

Depois de aprender a andar
Vai ter muito que estudar
e o nosso Preto menino
É quem vai saber fazer
e escolher
Seu destino, sua via
Êh, lua cheia
Êh, estrela guia
Poderá ser professor
Maestro, compositor
Diplomata, senador
obstetra, sacerdote
jornalista, dentista
talvez psicanalista
ou um belo ritmista
É o que me prenuncia
sua estrela alvissareira
Foi gerado com amor
Tem no nome a bela cor
Preto Liscano Ferreira.
Luar, luar, pega a criança
e ajuda a criar.

Os meus parentes negros *torceram as caras* ao saber que o nome do menino seria Preto, e os da Cléo, gaúchos de olhos azuis, adoraram. Cerca de quatro anos após, nasceu a caçula, batizei com um nome bonito: Alegria. Dediquei-lhe o disco O *pai da Alegria* e, no CD *De bem com a vida*, gravei, com a participação do Criolo, a música "Alegria, minha alegria!":[171]

Eu tenho uma Alegria particular
Fofinha, sensível, acridocinha
Já está bem crescidinha
Tem sonhos de menininha, mas vai ser grande mulher

Se Deus quiser
E Deus quer

Estarei com ela pro que der e vier
Onde estiver, seja noite ou seja dia
Pois mesmo quando velhinha
Será sempre caçulinha
Por isso é que eu canto pra ela
Alegria! Alegria! Alegria!
Fala, Criolo, dá aquele recado!

Sem alegria, não há felicidade
Quem tem alegria deve socializar a lacridade
Pois, satisfação coletiva tem mais enlevo
É bom dividir boas aventuras com parentes, amigos
E os que estiverem à volta
Quem sorri, comemora e canta com vontade
Atrai a sorte do trevo
De quatro folhas
Vamo cantar, minha gente!

Preta, a Pretinha Cléo, mãe da Alegria, *"um passarinho que pousou em mim"*, é a minha maior musa inspiradora. A criação que mais a identifica é "Minha preta, minha branca":[172]

Minha preta, vem ver, amor
O Cruzeiro do Sul se cariocou
E também o arco-íris que o céu pintou
E o plenilúnio com seu resplendor
Minha branca, clareou
A água do rio que me banhou
Você é cerca de arrimo que guarnece eu
E o melhor mimo que Olorum me deu.

> É brisa leve para refrescar
> A vaga lenta que vem lá do mar
> É alva nuvem lá no firmamento
> Minha energia e o meu alento
>
> Estrela guia que me norteou
> O alimento que me saciou
> Oxigênio, respiração
> E os impulsos do meu coração
> Meu manacá com cheiro de alecrim
> Um passarinho que pousou em mim.

O passarinho bateu asas voando comigo em uma viagem que fiz a Angola, levando o grupo Só Preto Sem Preconceito. Saltamos em Luanda, e o aeroporto estava abarrotado. Por coincidência aportaram três aeronaves ao mesmo tempo e formou-se uma aglomeração no pequeno hall sem aparelhos de ar-refrigerado, com apenas alguns ventiladores insuficientes. Que calorão! Por eu ser muito conhecido por lá, recebi um tratamento especial: a pessoa que me esperava me convidou para entrar por uma passagem reservada, eu disse que estava com a minha mulher e os componentes do grupo acompanhante. O homem pediu que os chamasse e gritei: "Só Preto, por aqui!". Sem querer, causei uma grande confusão: só havia pretos, com exceção de uns poucos branquelos.

Estive em Angola muitas vezes, uma delas com o Projeto Kalunga II, organizado pelo maestro Francis e sua esposa, Olívia Hime, meus parceiros na música de abertura dos shows, *Daqui, de lá e de acolá*:[173]

> Somos daqui e d'acolá
> Do sambear e do sembar
> Brasil-Angola, lálálálálá.
>
> Com muita ginga no falar,
> O mesmo jeito de cantar.
> Rio-Luanda, lálálálálá.

Meu coração banzeou
Tive que voltar.
Kalunga II retornou
Pra rememorar.

Brasil-Angola, lálálálá.
Com muita ginga no falar,
O mesmo jeito de cantar.
Rio-Luanda, lálálálá.

Bom é dançar zouk, quizomba
E o kuduro que cingiu.
Soltar os corpos nos forrós,
Ouvir as bossas do Brasil:
Partido-alto, frevo, samba,
Na emoção da nossa voz.

Vamos também moçambicar,
De capulana desfilar,
Uma boa chinguinha degustar,
Com os poetas poetar,
Na marrabenta me arrebentar
E ao som da tibila passadar.

Meu coração banzeou, tive que voltar.
Kalunga III é um sonho.
Como é bom sonhar!

Melhor do que sonhar é materializar um sonho, e um dos meus, pescar de jangada, realizei. Pintou um show em Fortaleza, após os aplausos finais fui comer uma biquara frita em um restaurante do Mucuripe, bairro da capital do Ceará. Gostei tanto que voltei no outro dia para almoçar. Conheci um jangadeiro apelidado de Cacheado, fiz amizade com ele e fui convidado para uma pescaria. Como era bom pescar de jangada! Às seis da matina, tomávamos um café reforçado, com ingredientes característicos da região: carne de sol desfiada, cuscuz, bolo de macaxeira, bolo de milho verde, queijo coalho e tapioca. Antes das sete, embarcávamos; por volta das nove, chegávamos ao ponto de pesca, recolhíamos as velas e poitávamos. Na risca, como os jangadeiros chamam a linha do mar, encontra-se um ponto de calmaria onde só se vê céu e água.

Um dia, em vez de pescar, fomos à Prainha ver as dunas e visitar o Afonso, velho jangadeiro amigo do Cacheado. Puxando conversa, fiquei sabendo da história do velho pescador, inspiração da música "É Cacheado",[174] em ritmo de capoeira:

Meu passado dá novela,
meu futuro dá enredo.
Já joguei faca de ponta,
E o passado é um segredo
Um segredo, um segredo
O passado causa medo.

Ê, Ceará! Ê, Fortaleza!
Ê, Morro Branco!
Iracema, que beleza!

Eu nasci lá na Prainha,
onde a jangada vira.
É lugar de cabra macho
E Afonso é testemunha
Testemunha
O Afonso é testemunha,
Pois é velho companheiro.

Ê, Ceará! Ê, Fortaleza!
Ê, Iracema!
Meu Iguape, que beleza!

Na Prainha só dá coco
E muita pimenta de cheiro
E no meio dos coqueiro
Moram os home verdadeiro
Companheiro
Menino no pé de coco
Tá cheirando a jangadeiro

Ê, Ceará, ê, Fortaleza
Ê, meu Iguape
Iracema, que beleza!

Eu fui batizado em Aquiraz
Que já foi capital do Ceará
Batizado e não registrado
E meu nome não sei mais
Não sei mais
Não sei mais, Aquiraz
Não sei mais

Ê, Cacheado, ê, Cacheado, ê, Cacheado!
O teu nome é Cacheado
Nesse nosso Mucuripe
Você foi rebatizado
Ê, Cacheado
O teu nome é Cacheado.

O grande amigo se foi, nunca mais pesquei de jangada, nem quero. Só pesco na Baía da Guanabara e nos lagos de Duas Barras.

— A nossa baía é mais poluída do que a de Todos os Santos, da Bahia. Lá, o meu parceiro de aventuras marítimas era o Camafeu de Oxóssi, com quem gostava de conversar. Ápio Patrocínio da Conceição, o Camafeu, era exímio tocador de berimbau, cantador de capoeiras, compositor de chulas e sambas de roda, além de conhecedor de inúmeras histórias e lendas da cidade. Me falou sobre a Maria de São

Pedro, uma ativista de religião de matriz africana; quando faleceu, houve um grande cortejo com seu féretro, homens choraram muito e mulheres desmaiaram. Tive o prazer de conhecer a Mãe Zulmira, filha da Maria de São Pedro, famosa cozinheira típica baiana e mãe de Jacira, a negra mais bonita de Salvador, que me encantou. Fiz amizade com Dois de Ouro, capoeirista que me deu um seu berimbau, também com Olga de Alaketu, ialorixá conceituada como outras sacerdotisas responsáveis pelo culto dos Orixás, e estive no terreiro da Menininha do Gantois.

Camafeu de Oxóssi cresceu pelas bandas do Pelourinho, trabalhando em pequenos ofícios ambulantes. Nossa camaradagem começou na sua Barraca de São Jorge, no antigo Mercado Modelo, repleta de berimbaus e artigos religiosos afro-brasileiros. Sempre que eu ia à Bahia, pescávamos.

Certa vez, botamos o barco n'água bem cedinho e, por volta das onze, ainda não tínhamos pegado nenhum peixe. As cervejas e a água mineral que levamos acabaram, voltamos em direção ao cais, vimos um amontoado de gente e paramos um pouco distante. Um saveiro se aproximou, perguntamos o que estava havendo e soubemos que um canal de televisão estava a postos para filmar a nossa chegada com os pescados e nos entrevistar. Que situação!

Um menino chegou com um caiaque, pedimos a ele para ir comprar uns sanduíches e algo para beber, com a recomendação de não contar para os jornalistas que era para nós. De posse dos mantimentos, zarpamos, paramos num ponto, jogamos a âncora, lançamos as linhas. Em pouco tempo, fisgamos uns peixes bons, tais como tainha, robalo, pampo e corvina, e voltamos orgulhosos para a filmagem; porém a equipe de jornalistas já havia se recolhido. Pesca esportiva é uma atividade prazerosa. É emocionante pegar um peixe grande, tirar uma foto, devolvê-lo à água devagar e o ver sair nadando.

— É um lance bonito, mas chega de conversa de pescador. Voltemos à música. Fale-me da composição "O pequeno burguês".

— Nasceu no meu tempo de milico. Entrei para o Exército em 1956, servi no Segundo Batalhão de Carros de Combate, fui transferido para o Laboratório Químico e Farmacêutico do Exército, fiz os cursos de Cabo e de Sargento no Terceiro Regimento de Infantaria, trabalhei na Diretoria Geral de Engenharia e Comunicações do antigo Ministério da Guerra exercendo a função de escrevente-contador, auxiliando o sargenteante Manuel Lino Xavier, que se formou em advocacia numa faculdade particular. Planejamos comparecer fardados na sua formatura, ele não nos convidou para a sua colação de grau e resolvemos dar um gelo nele, isto é, só lhe dirigir a palavra em assuntos de serviço. Após o expediente, costumávamos nos reunir num bar da Estrada de Ferro Central do Brasil para tomar uns chopes e, quando o Xavier chegava, pedíamos a conta e saíamos, dando uma desculpa qualquer. Em particular, botamos vários apelidos nele, entre os quais o de "O pequeno burguês". Eu, seu auxiliar na sargenteação, o tratava com indiferença; ele me questionou, e eu lhe disse que ficamos chateados porque não nos convidou para a sua formatura. Exaltado, o Xavier soltou o verbo:

— Fiz um esforço enorme para me formar, daqui ia direto para a faculdade, chegava em casa tarde e faminto. Meu título de doutor não tem nenhuma utilidade, pois nem conta pontos para promoção. O pior é que não vou poder advogar, o RDE (Regulamento Disciplinar do Exército) não permite. O diploma, que ainda não fui pegar na secretaria da faculdade, é apenas um canudo de papel.

— É... Deve ter sido muito difícil. Em compensação, um sargento com curso superior é um orgulho para a classe.

A música "O pequeno burguês", muita gente pensa que é autobiográfica, mas não é. Entrei para a faculdade com setenta e cinco anos e só então exclamei: *Felicidade, passei no vestibular!*

Na Faculdade Estácio de Sá, as mensalidades eram altas, e o meu soldo de sargento, baixo. Alimentava o sonho de adquirir uma casa própria, fiz um empréstimo na Caixa Econômica Federal, comprei e penei *"um bom bocado"* para pagar. Tive que fazer bicos como datilógrafo e até de vendedor ambulante. Este, exerci ao ver um anúncio arregimentando pessoas para representar uma empresa alemã de produtos eletrônicos e, apesar da proibição do RDE, me candidatei. Na verdade, o serviço extra era de vendedor de ferro elétrico. O chefe de vendas marcava um encontro aos domingos, às 9 horas da manhã, em um determinado bar de subúrbio e, de dois em dois, saíamos juntos para bater de porta em porta e retornar às 17 horas com as papeletas de venda. Normalmente, éramos escorraçados, sensação horrível. Insisti e consegui tirar três pedidos, que os compradores pagavam ao receber o ferro de passar roupas. Só então recebíamos a comissão.

A vez seguinte foi em Bangu, um dos bairros mais calorentos do Rio: era verão, e eu vestido de paletó e de gravata, traje obrigatório. Entramos num prédio de apartamentos, meu colega subiu para o primeiro andar, eu para o segundo, ganhei a primeira batida de porta na cara, depois de outra mais uma e, puto da vida, desanimei. *Vendas não é a minha praia*, pensei. Parei num bar que tinha uma mesa de sinuca com dois jogadores e alguns assistentes, tirei o paletó, pendurei no espaldar da cadeira, afrouxei o colarinho, sentei-me e pedi uma cerveja. O garçom puxou conversa, perguntou o que havia naquela caixa bonita que eu coloquei sobre a mesa; abri, mostrei-lhe e deixei o ferro exposto. Um homem barrigudo, de bermuda e camisa aberta se aproximou, olhou o passador, perguntou se estava à venda e quanto custava. Passei-lhe uma boa conversa tentando vender e ele disse que a mulher dele é quem resolvia. Pedi o seu endereço e o nome da esposa, parti para a casa deles, dei um boa-tarde respeitoso e falei, sorridente:

— Dona Mercedes, o senhor Apolônio incumbiu-me de lhe entregar um presente valioso, que a senhora vai adorar. É um mimo para lhe facilitar a vida.

Abri a caixa, e ela arregalou os olhos:

— Nem acredito. Faz tempo que ele não me dá nem uma bijuteria.

A mulher do barrigudo era uma jovem atraente, nem feia nem linda, com berloques antigos nas pequenas orelhas. Tive ímpeto de sair correndo para comprar uns brincos de ouro e colocar naquelas orelhinhas. Sem dinheiro, me contive e lhe entreguei a papeleta de pedidos, expliquei, solicitei que assinasse, *por favor*, e garanti que dentro de alguns dias chegar-lhe-ia um igualzinho. A gentil senhora assinou o pedido, me ofereceu um cafezinho, perguntei-lhe se havia nas proximidades algum parente ou amiga para eu visitar, ela ligou a uma vizinha de nome Amélia, e lá fui eu. Bem recebido, consegui vender mais um e pedi outra indicação. Sucessivamente tirei vários pedidos, usando a tática de dizer "olha o ferro que a fulana comprou". Penei no calorão por oito domingos, mas valeu a pena. Paguei as contas e ainda me sobrou um "faz-me rir".

— Essa sua história dá para fazer um samba. Eu trabalho desde menino. Fui empregadinho em casa de família, vendedor de estrume de boi, empregado em um aviário, em uma farmácia... Já falei sobre esses trampos, sem carteira assinada.

Como todos os compositores inéditos, o meu grande desejo era ter um samba gravado por um cantor, ou uma intérprete conhecida. Recebi um convite para comparecer à gravadora RCA e pressenti a realização do sonho. Num gravadorzinho, batucando em uma caixa de fósforos, gravei alguns sambas e levei. Surpreendentemente, me fizeram uma proposta:

— Vimos você se apresentando num show de amadores e nos encantamos com a sua voz. Já temos até um repertório prévio.

— Não quero ser cantor profissional, desejo apenas ter minhas músicas gravadas com a voz de um artista conhecido.

Diretor Artístico da gravadora, Romeu Nunes argumentou que não era conveniente apresentar as músicas aos artistas contratados, por estarem mal gravadas. Perguntou-me se poderia voltar no dia seguinte com dois ou três músicos, fazer o registro no estúdio de dois ou três compactos simples para serem mostrados a cantoras ou intérpretes e propôs:

— Em contrapartida, você grava um LP com músicas de outros autores para ser lançado por nós. Topas?

Topei. Convidei o Manoel de Sapucaia com seu cavaquinho, o Darcy da Mangueira com o violão e dois ritmistas para tocar pandeiro e tantã, a troco de umas cervejas. Gravei umas vinte músicas. Dias após, de volta à RCA, fui recebido com alegria:

— Parabéns! Você tem um timbre ímpar. As gravações ficaram muito boas. Desisti da proposição de gravar o disco com outras composições e vamos lançar o que você gravou. Temos apenas de refazer umas vozes suas, acrescentar um músico de sopro, umas vocalistas... Vai ficar lindo.

Ouvi, gostei de mim e assinei o contrato. Em tempo recorde, "Casa de bamba" chegou ao primeiro lugar na parada de sucessos; em seguida, "O pequeno burguês", na ponta dos mais vendidos. Nos anos seguintes, sucessos em profusão: "Meu laiáraiá", "Pra que dinheiro", "Batuque na cozinha", "Segure tudo", "Pelo telefone", "Aquarela brasileira", "Sonho de um sonho", "Iaiá do Cais Dourado", "Disritmia", "Ex-amor", "Tom maior", "Mulheres", "Devagar devagarinho", "Madalena do Jucu"... Todos produzidos pelo Rildo Hora.

O álbum *Canta canta, minha gente* não deu trabalho; a música-título aconteceu naturalmente, reforçada por "Disritmia" e outros sucessos, mas, para o lançamento do LP *Aquarela brasileira*, a gravadora planejou uma visita minha às principais emissoras de todas as capitais do país. Me entusiasmei com o projeto de viajar pelo Brasil sem gastar um níquel e ainda receber um bom *pró-labore* denominado *tour suporte*. A digressão durou dois meses, com retorno ao Rio de quinze em quinze dias. Fazer sucesso é bom, mas tive que ralar muito caitituando.

Não era moleza: depois, participava dos programas matinais de rádio, almoçava com um radialista e, após os vespertinos, jantava com um repórter de jornal que me entrevistava durante a refeição. Quase fiquei rouco de tanto falar, mas valeu a pena, porque o disco estourou.

Em Porto Alegre, a imprensa deu grande destaque ao disco por conta do samba-enredo "Glórias gaúchas"; criticaram o compositor Silas de Oliveira porque ele não citou nenhum estado da Região Sul na sua música "Aquarela brasileira", e sugeriram que eu regravasse o samba-enredo, incluindo o Rio Grande do Sul.

Eu não pretendia fazer o "Glórias gaúchas",[175] por julgar o tema inadequado para a época. O que me inspirou foi um gaúcho completamente pilchado que entrou num restaurante onde eu jantava e atraiu as atenções de todos no estabelecimento, cantando:

Vou-me embora, vou-me embora, prenda minha
Tenho muito que fazer.
Vou partir para bem longe, prenda minha,
Pro campo do bem-querer.

O restaurante em que eu jantava, onde um gaúcho entrou vestido a caráter, situa-se em Belém do Pará, cidade em que se realiza uma das maiores festas populares do Brasil, a do Círio de Nazaré. A gastronomia do Pará é especialíssima: pato no tucupi, tacacá, maniçoba, moquecas de peixe (tambaqui, tucunaré, pirarara, pirarucu), chibé e caruru são algumas das iguarias saborosas de Belém.

— A melhor lembrança que tenho da região amazônica é a do encontro das águas do Rio Negro com as do Solimões. Elas se juntam, caminham ladeadas, deságuam outros afluentes e se forma o maior rio do mundo em volume d'água, o Amazonas. É fenomenal a pororoca, grande onda de alguns metros de altura que ocorre em certas épocas no encontro do rio com o oceano, causando grande estrondo e formando atrás de si ondas menores.

— Em Belém, fiz um show na Assembleia Paraense, clube da elite. Eu era sargento do Exército e, antes da minha apresentação, um colega de farda casado com uma belenense de família abastada foi ao meu encontro no hotel. Eu o atendi com satisfação e o convidei para o show; declinou. Instei, e ele disse, com tristeza, que na Assembleia Paraense só entram sócios, que tentou se associar ao clube, mas, mesmo sendo marido de mulher da alta sociedade, não foi admitido, por ser sargento do Exército. Só admitiam militares de alta patente.

Na ocasião, o diretor artístico da luxuosa casa disse que me contratou por ser meu fã e me fez algumas colocações:

— Será bom se fizer um show curto. Os frequentadores se reúnem aqui para beber *whisky*, palestrar, tratar de negócios... E as mulheres, para papear sobre moda, fofocar. Nem ligam para a música. Um colega seu estava no meio do show cantando um dos seus sucessos, e um figurão mandou que ele parasse, estava atrapalhando a conversa.

— Ótimo, não costumo fazer shows longos.

Fui meio ressabiado, o iluminador baixou a luz deixando a casa em penumbra, entrei sem ser anunciado, um foco de refletor me iluminou, nenhum aplauso. Cantei:[176]

Quem quiser saber meu nome,
Não precisa perguntar.
Sou Martinho lá da Vila,
Partideiro devagar.

Emendei com "O pequeno burguês":[177]

Felicidade, passei no vestibular
Mas a faculdade é particular.

Segui cantando sorridente e dei ênfase aos últimos versos:

Dizem que sou um burguês muito privilegiado
Mas burgueses são vocês
Eu não passo de um pobre coitado
E quem quiser ser como eu
Vai ter é que penar um bocado
Um bom bocado, vai penar um bom bocado...

Sem me despedir, saí. Na coxia, ouvi um zum-zum-zum vindo do público, um dirigente da casa apareceu exigindo que eu voltasse porque o contrato previa uma hora de duração, e as pessoas estavam reclamando. Acedi, retornei ao palco, esquentaram as mãos aplaudindo. Aí, soltei a voz em "Parei na sua" (*Menina, eu parei na sua, parei e vou me declarar. Eu fico no mundo da lua quando vejo você chegar*),[178] emendei com "Iaiá do Cais Dourado" e terminei com "Casa de bamba",[179] acelerando e repetindo os versos finais:

Na minha casa todo mundo é bamba
Todo mundo bebe, todo mundo samba
Todo mundo bebe, todo mundo bebe, todo mundo bebe...

Me ovacionaram freneticamente. Ao me preparar para sair, fui convidado a tomar um *whisky* na mesa da diretoria, o que jamais havia acontecido. A Assembleia Paraense agora está mais aberta. Tempos após, voltei a me apresentar lá e a descontração foi total.

Lembra-se de que eu disse que não pretendia fazer o samba-enredo "Glórias Gaúchas"? Fiquei feliz ao ver a Vila cantando, num belo desfile. Um jornalista de tendência à esquerda observou que, de maneira indireta, o Da Vila citou Getúlio Vargas, que se suicidou para não ser deposto, e o Jango, destronado pelos militares, no ano em que comemoravam dez anos da ditadura que eles chamam de "A Redentora".

— Você foi milico, correto?

— Sim. Incorporei-me voluntariamente ao Verde-oliva em 1956, engajei, cheguei ao posto de terceiro-sargento e requeri desligamento treze anos após. A minha baixa foi negociada. Havia sido promovido a segundo-sargento e, antes de colocar a quarta divisa no ombro da farda, requeri desligamento, o que só poderia ser concedido após três anos. O coronel chefe do gabinete da DGEC fez uma proposição:

— Eu assino o seu requerimento, convoco um canal de TV para fazer o registro e você faz um depoimento de louvor ao Exército, convocando os jovens de dezoito anos para se alistarem. De acordo?

— Sim, senhor! Farei com prazer.

Aceitei porque, nos shows, me acusavam de ser dicotômico. Logo que as cortinas eram abertas e eu aparecia, alguém gritava:

— Sargento!

Uns berravam, raivosamente:

— Comunista!

Os que queriam me ouvir, reagiam:

— Cale a boca!

E formava-se uma confusão. Os primeiros eram pessoas de esquerda que odiavam militares e os sequentes, porque eu me apresentava às segundas-feiras no Teatro Opinião, lugar onde se reuniam socialistas. Eu era tachado de comunista devido à minha ida a Angola, país em luta pela independência com a ajuda de soviéticos e cubanos. A inicial expressão corporal nos palcos era ficar imóvel até o público se acalmar. Aí eu cantava a canção "Linha do ão":[180]

Tô cantando nesta linha
Que é a linha do ão
Já dancei samba-de-roda
Já briguei muito na mão

Treze anos de caserna
Me deram boa lição

Sou formado lá na Vila
Fiz do samba profissão

Em seguida, atacava de "Na aba", e o povo entoava o refrão:[181]

Na aba do meu chapéu
Você não pode ficar
Meu chapéu tem aba curta
Você vai cair e vai se machucar
[...] Eu não nasci pra coronel,
Coronel, saia da aba do meu chapéu...

— Como já disse, eu era terceiro-sargento do Exército, de licença especial para tratar de interesses particulares. O Brasil estava sob ditadura militar e, em 1968, foi decretado o AI-5, Ato Institucional que dava ao presidente marechal Arthur da Costa e Silva poderes para fechar o Congresso, cassar políticos e institucionalizar a repressão implantada pelo general Médici, com tortura e morte dos opositores, censura à imprensa e cerceamento das liberdades individuais. Médici adotou os slogans: "Este é um país que vai pra frente" e "Brasil: ame-o ou deixe-o". Devido a seu sobrenome, Garrastazu, em conversas particulares, era chamado de Carrasco Azul. Seu mandato foi marcado por um "milagre econômico" que mais tarde se revelaria uma ilusão.

— Chega de assuntos militares, vamos mudar de conversa. Você possui vários títulos de cidadania; tem algum do Rio Grande do Sul?

— Estadual, não, tenho de São Borja, imerecido. Ganhei por ser casado com uma gaúcha natural de lá. Só fui receber para me vangloriar de ser conterrâneo honorário de Getúlio Vargas e João Goulart. Quanto ao título de cidadão baiano, há lógica: fiz o samba-enredo "Iaiá do Cais Dourado" sem conhecer Salvador, mas já tinha um encanto pela cidade e diversos sambas meus falam da Bahia. Gravei uma música do Ilê Aiyê e lá fiz muitos amigos, particularmente os familiares da histórica Maria de São Pedro.

No Mercado Modelo, há um restaurante com o nome da matriarca da família, Maria de São Pedro, onde me deparei com a belíssima

Jacira e me apaixonei por ela, filha da dona Zulmira, famosa cozinheira. Na Bahia, conheci também a ialorixá Olga de Alaketu, frequentei a casa de santo da Mãe Celina e a trouxe ao Rio de Janeiro, que ela desejava conhecer.

Também tive contato com a ialorixá Mãe Stella e fiquei impressionado com a sua cultura. Quando o Ilê Axé Opô Afonjá da Mãe Stella estava ameaçado, eu fui uma das vozes que se levantaram contra o despejo daquele terreiro. Graças a Olorum, o Opô Afonjá não foi despejado e permanece no bairro São Gonçalo do Retiro, em Salvador.

— Certa vez, estava na Bahia para um show no Teatro Vila Velha, ensaiei na véspera e, no dia da estreia, fui fazer mais uma pescaria com o Camafeu e dois camaradas, o Zezinho e o Faquir. Passamos quase o dia inteiro balançando no mar, conversando, cantando, gargalhando... Voltei para o hotel sem voz. Falei com a empresária Elizete Duarte para cancelar o show, mas o público já estava entrando. Lembram-se do acontecido no show do Teatro Mogador de Paris? Ocorreu o mesmo, sem precisar de mímica. Entrei, interrompi os aplausos e bradei com a voz rouca:

— Boa noite, baianada amiga! Responderam em altos brados:
— Boa noiteeee!

Ao se acalmarem, falei:

— Sempre que venho a Salvador, não paro no hotel. Encontro com alguns dos meus muitos amigos, farreio, como de tudo, bebo muita Saborosa, que é a melhor cachaça daqui, canto sambas de roda e capoeiras com eles e fico rouco. Vocês devem estar notando que falo com dificuldade. Me desculpem, mas a culpa não é minha, é desta cidade, cheia de gente farrista como eu.

Falava sorrindo e eles riam. Continuei:

— Então, não vai dar para fazer o show. Um homem de voz forte berrou:

— Canta assim mesmo!

E todos gritaram em uníssono:

— Canta! Canta! Canta!

O roteiro iniciava com músicas românticas, algumas em quimbundo, seguidas de sambas de quadra alusivos à Vila Isabel. Não segui o planejado, só cantei músicas conhecidas, ou melhor, começava, me calava e deixava a plateia cantando. O sucesso foi enorme, talvez maior do que se eu não estivesse afônico. No camarim, tomei umas cervejas bem geladas, fui para o hotel meio sonolento, dormi numa boa e despertei feliz, com o sol a pino. Desjejuei com suco de cupuaçu, tomei um banho e fui almoçar num restaurante do Largo Sete Portas. Planejei uma pesca com Camafeu de Oxóssi para o dia seguinte, bem cedinho, como de costume, mas o pescador lamentou não poder ir ao mar comigo, por causa de um compromisso marcado.

Um outro amigo meu, dono de um saveiro, me convidou para um passeio a Itaparica. Camafeu soube e disse para eu não ir porque teria problema com as ondas. Não acreditei. Camafeu era um tanto ciumento, calculei que era ciúme dele e fui.

Itaparica, ilha atualmente turística e muito povoada, na época era virgem como uma donzela. Estava me banhando na água morna da praia Mar Grande quando avistei um barco a motor. Era o Zezinho:

— Da Vila, vamos embora! O tempo vai mudar!

— O dia está tão bonito. Quero ficar mais um pouco.

— Nada disso! Camafeu mandou te buscar, vamos agora!

Sem discutir, embarquei, e o Zezinho virou-se para o homem do saveiro:

— É melhor voltar também. Podemos ir engatados.

O homem não gostava de pescar sozinho. Contrariado, recolheu as velas e o Zezinho atou as embarcações com uma corda grossa.

Gente!... Na volta, o tempo virou, como previsto pelo Camafeu, as águas da Baía de Todos os Santos, quase sempre tranquilas, ficaram agitadas com grandes vagas ameaçadoras. Pensei que havia chegado a minha hora e me consolei cantando, mentalmente, a canção do Caymmi:[182]

É doce morrer no mar
Nas ondas verdes do mar...

Balançamos até o cais e paramos ao largo, esperando o vento diminuir; devagar, aportamos. Se o filho de Oxóssi não tivesse mandado o barco a motor, talvez eu não estivesse aqui contando essa história.

Fiz uma cantiga de capoeira em homenagem ao Camafeu, e o Candeia fez uma gravação maravilhosa. O compositor portelense admirava os meus sambas românticos e me deu uma melodia bonita para musicar. Há música em que eu coloco letra rapidamente; outras, não. A que o Candeia me passou só consegui completar depois do seu falecimento. Era para ser uma canção de amor. Pensando no falecimento dele, criei a música "Eterna paz":[183]

> Como é bom adormecer
> Com a consciência tranquila
> As chuteiras penduradas
> Depois do dever cumprido
> Despertar num mundo livre
> E despoluído
> Onde tudo é só amor
> Coisas imateriais
> Onde o medo não existe
> Nem das reencarnações
> Pois as purgações da Terra
> São pra se purificar
> E se tornar ser abstrato
> Imaterializável
> Até ser flor-luz que influi
> Nas gerações
>
> Sempre lutar pelas coisas que se acredita
> Mas tem que ser luta bonita
> De ideais comuns
> Quem não for justo e honesto nas coisas que faz
> Jamais será flor que flui
> Pra viver na eterna paz
> Jamais será luz que influi
> Pra vida na eterna paz.

A Portela é uma escola de grandes compositores no passado: Alcides, Picolino, Waldir 59, Jair do Cavaquinho, Ari do Cavaco, Manacéia, Casquinha e muitos outros. *"Se for falar da Portela, hoje eu não vou terminar"*,[184] diz um samba do Monarco. Um dos que eu mais admirei foi o Walter Rosa. O Walter namorava uma moça na Boca do Mato, ficamos amigos, ele me convidou para ir a um ensaio da Portela. Cheguei lá, havia um burburinho na porta; com dificuldade, consegui me aproximar e disse que era convidado do Walter Rosa. O porteiro, virando-se para um segurança:

— Olhe, mais um penetra dizendo que é amigo do Walter.

Humilhado, ia me afastando, o Rosa apareceu, autorizou a minha entrada, me levou para uma espécie de camarote e me apresentou ao Monarco, na altura, presidente da Ala de Compositores, e fez um sinal para o Waldir 59, diretor de Harmonia. O ensaio foi interrompido, e o porta-voz da escola anunciou:

— Temos a honra de receber em nossa quadra de ensaios o compositor Martinho da Boca do Mato!

A bateria rufou em minha homenagem, a primeira de toda minha vida de sambista, graças ao Hildmar Diniz, o Monarco. Em 1973, gravei no LP *Origens* o samba "Tudo, menos amor",[185] parceria dele com o Walter Rosa, falecido. Sua alma deve ter ficado feliz.

Monarco, pleno de gratidão, em diversas entrevistas disse que a gravação de "Tudo, menos amor" mudou a sua vida. Era conhecido apenas entre sambistas como compositor, passou a ser notável, foi convidado a gravar seu primeiro LP em 1976 e virou cantor.

O Da Vila teve a honra de ser presenteado pelo Monarco com um samba e ficou muito sensibilizado. Quem não ficaria? A composição "Amigo Martinho"[186] foi gravada no CD *Feliz da vila*, da MZA Music:

Amigo Martinho de Vila Isabel
Sejas sempre iluminado por nosso Deus do céu
Tu que defendes a nossa bandeira
Com tanto orgulho pra música brasileira
Caro amigo, eu desejo que sejas feliz
Pela fidelidade que tu tens pela nossa raiz...

Tu foste diplomado em sua Escola
Com pandeiro, viola e tamborim
Ganhastes seu canudo de papel
No reduto de Noel
E foi assim
Segundo sua linda trajetória
Tens o nome na história
Por vários carnavais
E eu, sendo fã do samba brasileiro,
Desejo ao fiel companheiro
Saúde, amor e paz.

— Monarco foi grande personalidade do samba. Outro bom compositor da azul e branco de Madureira é Osvaldo Alves Pereira, em artes, Noca da Portela. Artista ativista, foi militante do Partido Comunista Brasileiro, secretário de Cultura do Rio de Janeiro e tem um título de Doutor *Honoris Causa*.

— Você também é Dr. HC. O estopim para o laureamento foi aceso na palestra proferida na UFRJ para os alunos do setor de Literatura Africana, a respeito dos *griots*.

— O filósofo do Mali, Amadou Hampâté Bâ, classificou os *griots* em três fases:

1ª – *Os primitivos. Passavam seus conhecimentos boca-ouvidos.*

2ª – *Os modernos. Usam os sons, a música e a fala.*

3ª – *Os pós-modernos. Além dos sons, da música e da palavra, passam suas vivências através da literatura.*

Em África, nos lugarejos em que não havia luz elétrica – como ainda não há em muitos lugares por lá –, as famílias faziam uma pequena fogueira no terreiro das casas para esperar o sono, conversando. Os griots, em Angola chamados de sobas, contavam histórias, falavam de suas experiências e passavam os ensinamentos.

Manuel Rui e Ruy Mingas criaram uma canção alusiva aos *griots* intitulada "Meninos do Huambo", e estes versos me impressionaram:[187]

Palavras são palavras, não são trovas
Palavras deste tempo sempre novo
Lá os meninos aprenderam coisas novas
E até já dizem que as estrelas são do povo.

A letra original é extensa, e eu penei para fazer uma versão resumida, com as mensagens destinadas às crianças de cá. Eu a batizei de "À volta da fogueira".[188] Ficou assim:

Os meninos à volta da fogueira
Vão aprender coisas de sonho e de verdade.
Vão perceber como se ganha uma bandeira
E vão saber o que custou a liberdade.

Palavras são palavras, não são trovas.
Palavras deste tempo sempre novo.
Lá os meninos aprenderam coisas novas
E até já dizem que as estrelas são do povo.

Os meninos...

Aqui os homens permanecem lá no alto
Com suas contas engraçadas de somar
Não se aproximam das favelas nem dos campos
E têm medo de tudo que é popular

Mas os meninos deste continente novo
Hão de saber fazer história e ensinar.

CAPÍTULO 11
Burgueses são vocês

Manuel Rui é um grande poeta e Ruy Mingas um musicista de mão-cheia. Sempre se aprende algo ao conversar com eles. Ensinar é mais prazeroso do que estudar, e eu sonhava ser professor. Passei a ser chamado de Mestre, e assim me senti ao dar uma aula magna na Universidade Federal do Rio de Janeiro (UFRJ), para os alunos de Letras, Sociologia e Direito. Comecei cantarolando uns versos da música "Salve a mulatada brasileira":[189]

> Vivo no mundo pra aprender
> E nada sei para ensinar.
> Só o que eu sei
> Que eu sei fazer
> É te querer, te sublimar
> E te deixar em paz.

Emendei com o partido-alto "O pequeno burguês":[190]

> Burgueses são vocês.
> Eu não passo de um pobre coitado,
> Mas quem quiser ser como eu
> Vai ter que penar um bocado...

Expliquei o significado da palavra *partideiro*, esclareci o que é um partido-alto, falei da importância da poesia, confessei ser um leigo em sociologia, sabendo apenas que é uma ciência que estuda as relações humanas e declamei a letra de "Nossos contrastes"[191] criada em parceria com o Nelson Sargento:

Concerto de cordas, ópera chocante
Araponga, grilo, rouxinol cantante
Tuba, bombardino
Fagote, oboé
Na madrugada uma forte batucada
Hip-hop e reggae
Seresta e axé
Barata que voa, borboleta azul
Canta o garnisé, late o pit bull
Triste acalanto de manhã
Silvo de serpente, coaxar de rã
Com sorriso de mulher

Uma brisa leve, uma ventania
Nuvem turbulenta, vaga em calmaria
Dinheiro no banco, esmola na mão
Zuela, mantra, penitência e oração
Corpo bronzeado, sol no lajeado
Fosco firmamento, céu em tom anil
Rock heavy metal, samba de raiz
Fogo de morteiro, bala de fuzil
Riqueza opulente, pobreza indecente
Mesmo assim eu amo meu país.

Andei pensando em ir morar uns tempos na França ou nos Estados Unidos e levei a Cléo a Nova York. Ela resolveu ficar por lá e me botou numa "saia justa", expressão popular: eu estava com cinquenta luas; ela, com dezessete. Me preparava para regressar, e ela resolveu ficar mais uns dias para ir ao encontro de uma amiga de infância que morava em São Francisco. Ai, meu Deus, que problema! Ela estava sob minha responsabilidade.

Tentei demovê-la, não teve jeito. A aventureira, sem falar inglês e com pouquíssimos dólares na bolsa, se virou bem por lá. Ficou na casa da irmã da amiga de infância casada com um americano gay e experimentou diversos trabalhos. Entregou panfletos de pizzarias nos sinais de trânsito, faxinou, trabalhou de baby-sitter... No regresso, me confessou que uma vez dormiu e a criança ficou andando pela casa, fazendo bagunça. Pensei que ela não voltaria mais, mas ficou só por três meses, tempo que o visto permitia.

— Voltando a falar da casa de Pilares, uma observação causou-me estranheza: os moradores eram todos alvos no meio daquela casa imunda. Veio-me à mente a expressão "parecem pintos no lixo". Na ocasião em que não me deixaram entrar, pensei que eram racistas, um mal que tem cura, segundo Nelson Mandela. Não eram. Ao voltar com minha mãe, fomos convidados a sentar e até nos ofereceram cafezinho.

Conversando sobre racismo com o Noca da Portela, lembramos da expressão "Vidas Negras Importam", creditada ao líder sul-africano. O Noca rascunhou uma letra referente e me deu para fazer um samba. Eu a transformei em xote e gravei com arranjo do violonista Gabriel de Aquino. O Bruno Batista, diretor artístico da Sony Music, adorou, e o pessoal do departamento de marketing a lançou nas redes sociais no dia 13 de maio, data que é marcante: Dia de Preto Velho, festejado na umbanda; de Nossa Senhora de Fátima, cultuada no catolicismo; de comemoração da extinção da escravatura no Brasil e, particularmente, o de meu aniversário de casamento com a Cléo, meu Pãozinho de Açúcar:

Ah! Sou gamado por você
Não devia, mas não posso dominar meu coração
Oh! Meu pãozinho de açúcar
Quero ser seu Corcovado, sua Barra da Tijuca
Cheguei de mansinho em busca do amor
Então mergulhei na sua lagoa

> Tal um peixinho nadei no seu rio
> Deitei no seu leito, fiquei numa boa
> Vou fazer nenem na sua barriga
> Porque você é a maravilhosa
> Bela, gostosa, sem fantasia
> Manda no rei, cai na folia

Moças, em geral, sonham com o matrimônio. Em uma conversa descontraída, na pracinha bucólica de Duas Barras, uns rapazes diziam que, sem pensar em compromissos, tinham uma namorada para os amassos, e uma "amizade colorida" para se aliviar. Um deles falou que não namorava virgem se a donzela não permitisse anal.

Um senhor meu conhecido se aproximou, o apresentei e ele ficou ouvindo a conversa dos rapazes em silêncio. Em dado momento, o homem confidenciou que jamais viu mulher desnuda sem ser a sua esposa. Enamorados desde a infância, noivaram, casaram-se e vivem felizes. Olhos invejosos se arregalaram, e ele argumentou que, nos casamentos duradouros, o amor não se esvai, mas o companheirismo o supera. Reforçou o pensamento de que o casamento é uma forma de liberdade, pois causa a boa sensação de se escapar do domínio do pai e da mãe, ao qual se é submetido desde criança. Prosseguindo, o homem afirmou que, salvo exceções, todos os rapazes que possuem uma família e convivem com os parentes, ou afins, desejam se casar e ter uma prole, pois solteirões vetustos, sem paternidade, ficam melancólicos.

Lembrei-me de um colega de caserna que, ao saber do sonho maternal da namorada, se submeteu a um procedimento vasectômico. Vasectomia é reversível e, desfeita, o homem pode emprenhar uma mulher, se não houver se submetido a uma extração de próstata por motivo de câncer prostático.

Alguns tipos de tumores crescem lentamente, passam a incomodar e necessitam de radioterapia, quimioterapia ou outros tratamentos. Comuns em homens com mais de cinquenta anos, também podem aparecer em mais jovens, principalmente quando tiverem histórico dessa doença na família. O tratamento da próstata é feito com cirurgia para remover o tumor, sendo necessário, em alguns casos, a remoção total.

— Um dos sintomas de câncer prostático é a dificuldade em urinar. Eu passei a sentir uma ardência na hora de fazer xixi e, conduzido pela Cléo, fui a um urologista, me submeti a um exame de toque retal e foi encontrado um nódulo. Feita a biópsia e enviada a um laboratório, o dr. Paulo Rodrigues, com um ar lastimoso, falou-me da necessidade de radioterapia, terapia hormonal, quimioterapia, ou um procedimento cirúrgico. Perguntei-lhe quais seriam os riscos, e fiquei sabendo que o pior era a incontinência urinária; que problema de ereção pode ser resolvido com comprimidos estimulantes, e a perda da rigidez, com colocação de prótese.

A minha operação foi um sucesso, não tive nenhuma sequela. A única diferença é que não posso mais ter filhos, o que não é problema, pois tenho oito. Anália me deu três: Martinho Antônio, Analimar e Mart'nália; Lícia Maria, a Ruça, me presenteou com a Juliana e o Tunico; Rita me brindou com a Maíra; e, da Cléo, ganhei dois mimos: o Preto e a Alegria.

Nenhum membro da minha honesta Família Ferreira, homem ou mulher, conhece um presídio, nem mesmo delegacia. Eu estive em uma penitenciária, a convite: estava me apresentando no Asa Branca, uma casa musical localizada na Lapa, recebia os amigos após o show, e o Chico Recarey, sócio da casa, entrou no camarim com um rapaz, que me apresentou como sendo um fã especial. Era um rapazinho aparentando ter cerca de vinte anos, que me fez um invite para fazer um show num complexo de detenção que existia na rua Frei Caneca. Surpreso, aceitei, pela curiosidade de conhecer um cárcere.

Combinado o dia, cheguei e fiquei pasmo ao ser recebido pelo tal rapaz, com traje de presidiário. O show era um prêmio de Natal para os presos de bom comportamento e seus familiares. No pátio, não havia nenhum policial. Toda a responsabilidade pelo evento era dos membros do Comando Vermelho, organização marginal. No final do show, fui levado à sala do diretor do presídio, um homem sisudo que, ao me receber, sorriu. Agradeceu-me, conversamos e me elogiou:

— Sua voz é tão mansa... Sua apresentação foi brilhante como a do cantor-humorista Dicró, no ano passado.

— Deve ter sido divertida, o Dicró é muito espirituoso.

— É... Mas, ao finalizar, causou um constrangimento ao dizer: "Espero voltar outras vezes e encontrar todos vocês aqui". Até eu fiquei constrangido, pois não desejo permanecer neste comando.

Sorrimos, pedi licença, me despedi e saí. No caminho para o estacionamento onde estava o meu carro, avistei um amigo de longa data, saindo de um motel barato, como todos os do centro da cidade, com uma conhecida garota de programa, que se despedia dele com um beijo teatral. Ele tem uma esposa linda, perguntei por ela:

— Está bem, amorosa como sempre, só que insossa.

— Não captei.

— É uma particularidade: ela não é chegada a sexo, embora no tempo de namoro fosse fogosa, se entregava de todas as maneiras, com prazer.

— As mulheres, em geral, são assim. Depois de casadas, só gostam de praticar o manual, sem felação. Parecem sentir prazer em ver os maridos desmoronarem nas suas mãos. A minha é cuidadosa comigo, tanto como se fosse minha mãe. Já festejou cinquenta primaveras e mantém aparência jovial. Se ela disser que tem quarenta, ninguém vai pensar que está escondendo a idade.

— Os homens da década etária de sessenta anos não podem ver uma mulher que querem pegar. Depois de oitenta, perdem o interesse, a libido: se marcam com uma gatinha para transar, vão cheios de medo, como numa música do João Nogueira:

Pra visitar teu corpo, amor
Trago como ingresso as mãos
Bem cheinhas de calor
Os lábios a tremer, medo de não poder e o amor não valer
Eu quero te rezar em terços
Te falar em versos
Te ninar em berços
Me perder no meio do teu lindo corpo
Beijar teus seios, me sentir bem morto
E poder voltar amanhã mais cedo
Teu corpo visitar, dessa vez sem medo

— E a Catarina, aquela morena de cabelos pretos lisos com aparência de índia, que desfilava pela Flor do Lins, e você a levou para a Aprendizes da Boca do Mato? Continua pegando?

— Não, brigamos. No meio de uma discussão, eu a agredi com um palavrão, ganhei um tapa na cara, dei-lhe um empurrão, ela caiu e quebrou um braço. Levantou-se da queda, mandou que eu sumisse da vida dela e foi para a casa da patroa. Era empregada doméstica. Semanas passadas, preocupado, liguei, e a Catarina me atendeu numa boa:

— Oi, meu homem! Tudo bem?

— Como você está?

— Estou legal, não vai vir me visitar?

Me recebeu no seu quartinho de empregada, com um longo beijo e conversamos como se nada houvesse acontecido. Voltei para revê-la, não a encontrei. Catarina sumiu, não se sabe para onde. Do acontecimento abominável, restou um samba, improvisado no final, com o Almir Guineto:[192]

Mulata faceira
Cheia de empolgação
Parecia uma feiticeira que mandava no meu barracão

Mulata faceira, ô mulata
Cheia de empolgação
Se banhava lá na cachoeira, cachoeirinha
E morava no meu barracão
Com ela muito dancei
Carnavais brinquei
E dos seus carinhos desfrutei
Sempre que estava no aconchego
Me chamava de meu nego
Fazia tudo para me agradar
E eu ficava cheio de chamego
Abusando do gosto de amar

> Mas por coisas banais
> A mulata brigava demais
>
> Um dia eu vacilei
> Ela também vacilou
> Vacilou eu castiguei
> Tudo se acabou
> Se acabou sem chegar ao fim
> Camarada Almir Guineto, acha essa nega pra mim.

Neste ponto, passávamos aos improvisos:

— Se acabou sem chegar ao fim, me chamo Martinho da Vila, ela me chama de Martim.

— Se essa nega não lhe serve, deixa essa nega pra mim.

— Gosta muito do meu samba, toca no meu tamborim.

— A cocada da nega é gostosa e o pé de moleque tem amendoim.

— Era a flor mais perfumada que enfeitava o meu jardim.

O homem que perguntou pela Catarina disse ao amigo que foi uma alegria encontrá-lo, gostaria de conversar mais um pouco, mas não podia porque, uma vez por semana, tem um bate-papo virtual com uns amigos e estava quase na hora.

— Eu também converso, virtualmente, com três amigos bons proseadores, bem-informados, cultos e inteligentes. Nas conversas, me enriqueço. São eles: Uelinton Farias Alves, o escritor Tom Farias; Elói Ferreira Araújo, zootecnista, ex-ministro do governo Lula, na Secretaria Especial de Políticas de Promoção da Igualdade Racial; e Edmilson José Valentim dos Santos, amante da capoeira, político filiado ao Partido Comunista do Brasil, ex-deputado federal que participou da elaboração da Constituição de 1988. Com o Elói fiquei sabendo um pouco sobre zootecnia; o Edmilson passou-me a história da capoeira e o Uelinton, autor do livro *Escritos negros*,[193] me ilustrou citando nomes de autoras da bela cor por mim desconhecidas e de escritores pretos não divulgados ou embranquecidos pela classe dominante: padre Antônio Vieira, brilhante orador; Domingos Caldas

Barbosa, poeta popularizador do lundu; Silva Alvarenga, formado em Coimbra; Paula Brito, contista, poeta e tradutor; Teixeira e Souza, autor de *O filho do pescador*;[194] Gonçalves Dias, de quem poucos sabem da sua origem negra; Luís Gama, filho da revolucionária Luísa Mahin; Domício da Gama, um dos fundadores da Academia Brasileira de Letras (ABL)...

É imensa a lista de autores "clareados". Da mesma forma, a relação de escritoras negras alvescidas. Ainda bem que não embranqueceram a Carolina Maria de Jesus, autora de *Quarto de despejo*, um dos livros brasileiros mais lidos no exterior, com destaque para os países lusófonos do continente africano.

O Brasil é a segunda nação do planeta com mais gente da cor preta. Só a Nigéria tem população negra maior que a brasileira. Nosso país seria o primeiro se, após a abolição da escravatura, o governo brasileiro não houvesse criado facilidades para trabalhadores e famílias europeias imigrarem para cá para trabalhar, em vez de dar emprego aos negros libertos.

Da Vila, no tempo de escola primária, as aulas que achava mais interessantes eram as de História do Brasil. Na fase adulta interessou-se pela vida dos czares, imperadores que governaram a Rússia por centenas de anos, e se informou sobre Karl Marx, Friedrich Engels e Lenin, Vladimir Ilyich Ulyanov, fundador da União Soviética. Quando foi a Moscou, andando pela Praça Vermelha teve a impressão de que a conhecia. O mesmo aconteceu em Paris ao transitar pela Place de La Concorde, entre a Av. Champs-Élysées e o Jardin des Tuileries, uma das praças mais representativas da França.

— Em sonho, voei para a cidade do franco-argelino Albert Camus, encontrei-me com a Simone de Beauvoir, contracenei com a Brigitte Bardot e cantei com Charles Aznavour. Sonhar não custa nada, diz um samba-enredo da Mocidade Independente de Padre Miguel.[195] É bom sonhar e voar alto, como o Fernão Capelo Gaivota. Já voei em grandes aviões, jatinhos, monomotor, helicóptero e até de parapente. Viajar é bom. Regressar ao Rio de Janeiro, melhor ainda. De avião, as nuvens me levam à meditação. Além delas, é bom colocar fones nos ouvidos, ouvir música e deixar o pensamento voar.[196]

Ê pensamento que voa!
Ê Rio de muitas portas,
Bahia que tem janela!
Ê mundo que não tem canto,
Ê pensamento que voa!
O vento me levando lá pro Pantanal
Pra ver tuiuiú voando,
Mas me sinto mal
Porque a poluição está se alastrando
E a humanidade está ameaçando.
Me lembro de um amor
Que guarda meu retrato
E me dizia que este mundo
Ainda tem salvação.
Negritude mantém vivo
Meu sangue africano,
É por isto que meu canto
Vem do coração.
Ê Rio de muitas portas,
Bahia que tem janela!
Ê pensamento que voa
Pras bandas das Alagoas,
Me leva pra Guarabira,
Nas terras da Paraíba.
São Paulo...
Tatal juíza,
Por que não quis me prender?
Mineira de Paraopeba,
Que saudade de você!

Alguém me pediu explicação sobre o verso "*São Paulo... Tatal juíza, por que não quis me prender?*" e sobre o que eu fiz que merecia prisão. A resposta é: não fiz nada, queria ser preso no coração dela, Maria Adelaide França, jurista paulistana, Tatal para os íntimos. Já falei muito, agora sou todo ouvidos. Solte o verbo, deixe o pensamento voar.

— Vou bater asas para Brazzaville: antes da vez que voei com o Manoel da Conceição para a República Popular do Congo, estive lá para fazer uns shows e convidar uma delegação a participar do Primeiro Encontro Internacional de Arte Negra. Conheci um brasileiro que morava em uma *bidonville*, favela em francês, manifestei o desejo de conhecê-la e, a convite, fui almoçar na casa dele. A comunidade era mais pobre do que as existentes no Rio de Janeiro, muito suja. Entretanto, ao entrar no interior do barraco, observei que tudo estava bem limpinho e saboreei sambusa, um refogado de couve com pasta de amendoim, batata temperada frita inteira e fufu, espécie de polenta feita com farinhas de mandioca e de milho.

Após o almoço, nos sentamos em dois caixotes à porta do casebre para perscrutar o ambiente, tomando cerveja em canecas de alumínio. Viam-se meninas barrigudinhas, peladas, brincando com garotos nus, alguns com umbigos enormes, e porcos remexendo montes de lixo. Uma mosca varejeira caiu dentro da minha caneca de cerveja, fiz uma cara de lamento, e o rapaz que me convidou encolheu os dedos mindinho, o anelar, o polegar, chamado popularmente de mata-piolhos e, com os outros dois, de unhas turvas, retirou a mosca. A cerveja estava gelada, eu enruguei a face e bebi. À noite, ao me deitar, levei a palma da mão à testa, senti que estava um pouco quente e dormi preocupado. Acordei bem, abri um sorrisão e exclamei: *Graças a Deus!*

Gostei muito de Brazzaville, onde tocamos; de lá, seguimos para a terra dos pigmeus por uma estrada de terra que cortava a floresta. Do palco improvisado em área descampada no meio de uma savana, dava para ver o movimento de arbustos, sinal de que os baixinhos estavam por lá, mas não se aproximavam. Mandei o baterista Alexandre Papão fazer um solo e os músicos foram entrando e interagindo. Cantei "Aquarela brasileira", meu grande sucesso na época, e não se manifestaram. Calculei que eles estavam nos vendo, botei a atraente passista Soninha Toda Pura para sambar de biquíni na frente da banda, e não aconteceu nada. Em nossos shows, o Manoel da Conceição fazia um solo de violão; tive uma ideia e perguntei:

— Manoel! Dá para tocar lá embaixo, naquele espaço vazio, sem amplificação?

— Claro. Ninguém está nos ouvindo mesmo.

Logo que ele começou a dedilhar, os pigmeus foram se achegando e se colocaram à frente dele. Que cena bonita! Manoel da Conceição Chantre, conhecido como o Mão de Vaca, apelidado assim por ter mãos grandes, era um mulato alto. Parecia que um bando de petizes retintos estava admirando um gigante. O virtuoso violonista fez um solo longo e, ao terminar, foi aplaudido de um jeito diferente: os pigmeus, de braços cruzados, batiam as palmas das mãos no antebraço, sorridentes. Entendi que eles tinham os ouvidos muito apurados, pedi aos músicos para tocarem bem baixinho o choro "Carinhoso", do Pixinguinha e Braguinha.[197] Os pigmeus foram se achegando mais, se sentaram em forma de uma meia-lua à frente do Manoel e aplaudiram no final, com os braços cruzados, batendo com as palmas das mãos nos ombros. Manoel da Conceição foi a estrela do show, eu não cantei. Violonistas, em geral, fazem solos em que o público tem de ficar silente, mas o Manoel divertia as plateias tocando com o violão nas costas ou batia com os dedos no corpo do instrumento, fazendo uma batucada com a mão direita e tirando um som de cuíca com um vai e vem com um dedo numa das cordas. Os virtuosos Mão de Vaca e Rosinha de Valença eram geniais e diferentes: ele, de acordes agressivos, os dela, delicados. Conheço poucas mulheres solistas de violão. Rosinha lidava com seu instrumento como se fosse uma joia preciosa. Tocava ora delicadamente, em dados momentos swingando e tirando efeitos sonoros incomparáveis. Como era bom brincar de música com a Rosinha, ela no violão, e eu no tamborim! Depois dos shows que fizemos em várias capitais deste imenso Brasil, nos apartamentos dos hotéis também brincávamos.

CAPÍTULO 12
O país do futuro

Agora, sem brincadeira, cambiando o papo de pomba branca para tiê-preto, vamos bater asas para o bairro dos tangarás, Vila Isabel: Amadeu Amaral, conhecido como Maestro Mug, apitava na bateria da Vila, sinalizava com a batuta, tratava os ritmistas com amor e era muito amado. Senti muito a partida dele para o Além. A sua missa de sétimo dia, na Lurdinha, apelido carinhoso da Igreja de N. S. de Lourdes, ficou repleta de olhos lacrimejantes. Componentes da Velha Guarda, feminina e masculina, adeptos das religiões de matriz africana, compareceram vestidos de azul e branco.

Minha mãe, a religiosa Tereza de Jesus, me ensinou que todas as religiões devem ser respeitadas. Graças a ela sou o que sou, e devo um pouco ao meu pai, também católico, que me alfabetizou. Eu tinha dez anos quando ele fez a passagem, e mamãe me matriculou na Escola da Dona Glória, já falei disso. Mãe Tereza era doce, compreensiva, conselheira, mas, se eu fizesse uma peraltice além dos limites, me castigava.

Um castigo merecido: eu tinha uma atiradeira de pedra, feita com elástico preso às pontas de uma forquilha de galho de goiabeira, e ela mandou que me desfizesse dela. "Não quero você matando passarinho e é perigoso", disse, "pode acertar em alguém, sem querer, e ferir". Não joguei fora, escondi. Por azar, de brincadeira, atirei uma pedra para o alto com a seta e quebrei a vidraça de uma casa, na rua Maranhão. Mãe Tereza soube, não sei como, me pegou pelo braço e me arrastou para ir pedir desculpas. A moradora disse que não foi nada de mais, pois a vidraça já estava quebrada, e ainda brincou dizendo que eu só acabei de quebrar. Mesmo assim, mamãe avisou que ia me castigar quando chegasse em casa. Aí eu escapei da mão dela e saí correndo. Eu tinha um primo que fugiu de casa, minha tia ficou desesperada e, ao encontrá-lo, pediu pelo amor de Deus que voltasse para casa. Pensei em fazer a mesma coisa: só retornaria se mamãe implorasse. Perambulei até o anoitecer, avistei minha irmã Deuzina e fui até ela, decidido:

— A mamãe mandou você me procurar? Não adianta pedir que eu não vou voltar pra casa.

— Vim de espontânea vontade, porque estou preocupada. Mamãe ficou muito nervosa, andando de um lado para outro e, de repente, se jogou na cama. O barraco está um forno e, mesmo com esse calorão, ela se cobriu com um cobertor de cabeça aos pés. Com certeza está doente; se morrer, a culpa é sua.

Meu coração disparou, parti apressado para casa, me aproximei de mansinho. Que tolo fui! De súbito, ela me agarrou, já com um cinto de couro na mão. Ai de mim, foi uma das grandes surras que levei!

— Minha mãe também me batia sempre que eu fizesse uma peraltice, mas eu sou esperto e conseguia ludibriá-la. Uma vez, estava numa rodinha em conversa com colegas depois de bater uma pelada no campinho de terra que havia lá no morro e apareceu, vindo não sei de onde, um cavalo alto como um corcel. O Ailton da Cuíca, o maior e mais forte do grupo, chegou perto do equino, alisou um lado do pescoço e constatou que o animal era manso. Eu tinha em mãos uma corda, pois gostava de brincar de pular, ele me pediu, transpassou na boca do cavalo e pulou em cima. O bicho soltou um relincho rouco e ficou parado. Alguém pegou uma vara num galho de uma goiabeira improdutiva e, depois de uma lambada, o cavalo desempacou. Éramos uns oito ou dez moleques que deram muitas voltas a galopar. Eu era o menor do grupo, fiquei por último. Na verdade, nem queria montar, mas o Ailton me pegou e jogou no dorso suado. Quase caí pelo outro lado. O cavalo, exausto, não saiu do lugar. Tomou uma varada, pulou para a frente, eu caí por trás, sentado, sem poder me levantar. Erguido, caminhei devagarinho para casa. Quase não conseguia andar, com uma dor aguda no cóccix. Disfarcei bem, mamãe não percebeu. Se notasse, com certeza não me castigaria naquela condição, mas no outro dia... Ai de mim! Naquela noite, me cansei de rolar na cama de um lado para outro, sem achar uma posição confortável, até o sono vencer o cansaço. Ao despertar, mesmo dolorido, ri de mim ao lembrar que, ao ser levado a montar, quase saí pelo outro lado do cavalo e desabei pela traseira. Toda queda provoca risos, até a própria.

— A vida de pessoas bem-humoradas e sadias é mais alegre do que triste. Viver é purgar, superando os males. Os piores são o fanatismo religioso, os preconceitos raciais e os sociais. No Brasil, muitas pessoas abominam os candomblecistas porque, nos cultos, sacrificam animais para oferenda aos orixás. Coitadas, são ignorantes, dignas de pena. Não sabem que o que é ofertado às entidades são as patas de cabrito, pés, cabeças e asas de galinhas ou de outras aves. As partes melhores são consumidas nos terreiros, ou, dizendo melhor, nos templos. Por que não?

O catolicismo também é detestado pelos protestantes por causa do culto a imagens de santos e de Nossa Senhora, porém os intolerantes são mais raivosos contra as religiões de origem africana. Neste caso, a intolerância vem embutida de racismo por causa do culto aos ancestrais. Uma boa maneira de atuar contra os racistas e preconceituosos é se achegar a eles com doçura e atraí-los para o nosso convívio. A ancestralidade cultural africana está muito presente na cultura negra brasileira. A umbanda é religião natural do Rio de Janeiro, e o candomblé tem mais adeptos no Brasil do que em muitos países da África. Aqui se desenvolveu como verdadeira religião e influenciou doutrinas de alguns segmentos do protestantismo que passaram a fazer sessões de descarrego, imitação do antigo exorcismo não mais praticado por sacerdotes católicos. Umbandistas frequentam igrejas católicas e um percentual enorme de católicos também são praticantes da umbanda e do candomblé.

— Manifestações folclóricas como as Folias de Reis, plenas de fé religiosa, e boa dose de espiritismo são praticadas, em geral, por afro-brasileiros. O samba também tem espiritualidade, porque nasceu nos terreiros onde se praticam os cultos espirituais. Uns dizem que ele nasceu na Bahia, outros falam que foi no Rio de Janeiro, mas o samba pode ter surgido em qualquer outro estado, pois em todas as cidades do Brasil os escravos batucavam nas senzalas e entoavam suas zuelas. Dos cânticos e batuques surgiu o samba.

As tradições e as crenças vindas do continente negro têm similares em nosso país, inclusive os costumes relativos ao nascimento, à vida e à morte, como, por exemplo, os combas de lá e os gurufins de cá, os sembas e os sambas. Combas são reuniões que amigos e parentes fazem nas casas africanas quando há um falecimento. Levam comidas, bebidas, batucam, cantam... Se o falecido é importante, os combas duram muitos dias. O intuito é alegrar os enlutados. Aqui, os semelhantes gurufins têm o mesmo objetivo. No Rio de Janeiro, quando morre um sambista conceituado e identificado com sua escola de samba, o velório é na quadra de ensaios e, às vezes, rola um gurufim. Com a bandeira da escola sobre o esquife, primeiro se reza, depois os amigos cantam ao redor composições do falecido ou músicas de que o finado gostava. Começam baixinho, de maneira lamentosa, a música vai contagiando e a cantoria fica envolvente.

— Quem participa de um velório de personalidade do samba jamais esquece. Foram fantásticos os do Beto Sem Braço, na quadra da Império Serrano, o do Luís Carlos da Vila, na da Vila Isabel, e o do Cabana, na da Beija-Flor, em Nilópolis.

— Eu estive lá, Zé Ferreira. O Anízio, patrono da escola, ia lembrando de músicas do Cabana e o povo cantarolava. Em dado momento, aconteceu um lance inusitado: alguém puxou um samba antigo do compositor de corpo presente, cantando de maneira errada, e a Tereza, viúva do Cabana, com os olhos vermelhos de tanto choro, se achegou, soltou a voz trêmula, entoando a letra certa e cantou lacrimando. Em seguida, emendou um outro, deixou os presentes cantando e se afastou lacrimejosa, causando uma bela, triste e boa emoção comovente.

Na hora dos enterros, os sambistas são mais contidos, mas também se canta. Quando o corpo baixa à sepultura, eclodem aplausos frenéticos. Assim foi o funeral da Dona Ivone Lara, considerada a "Grande Dama do Samba". "Sonho meu", música dela em parceria com o saudoso Décio Carvalho, foi cantada em forma de oração.

Luiz Fernando Veríssimo escreveu: "Os tristes dizem que o vento geme; os alegres acham que ele canta". Quando eu morrer, serei um falecido feliz se colocarem sobre o meu esquife as bandeiras do Vasco da Gama e da Vila Isabel. Tomara que não me velem em uma capela mortuária, não tem a menor graça. Minha alma ficará feliz se o meu corpo estiver em um lugar onde possam rezar juntos os católicos, protestantes, messiânicos, espíritas, judeus... Como se estivessem na Era de Aquarius que se aproxima.[198]

Em 2016, as atenções do mundo inteiro convergiram para o Brasil, colocando em evidência o prestígio internacional do Rio de Janeiro, que organizava o "maior espetáculo da Terra", o Carnaval carioca. Incumbida de sediar as Olimpíadas daquele ano, a "Cidade Maravilhosa", título que o município ainda mantém apesar dos pesares, fez bonito. Só causou estranheza a primeira competição ser realizada fora da cidade-sede, a dois dias da cerimônia de abertura e antes de ser acesa a Pira Olímpica.

A escolha do Rio deixou os cariocas eufóricos, ainda mais sorridentes, sonhadores e esperançosos. "Finalmente, a Baía da Guanabara vai ser despoluída!", diziam alguns. Outros acreditavam que a Lagoa de Marapendi também ficaria com suas águas cristalinas, tudo graças às exigências do Comitê Olímpico Internacional. Contavam ainda com as promessas de serem construídas novas linhas do metrô, o que deixaria o trânsito, tão caótico, sem os engarrafamentos corriqueiros. As despoluições da baía e das lagoas não foram cumpridas, e a prometida pista de ciclismo ligando o Leblon à Barra da Tijuca permanece interditada. Batizada de Ciclovia Tim Maia, ficou infinitamente mais problemática do que foi o homenageado, cantor de voz forte, ao contrário da fraca pista.

— Ciclismo e todas as competições olímpicas são interessantes, algumas bem divertidas. A mais hilária é a marcha atlética, com o vai e vem dos quase impercebíveis bumbuns das gringas em contraste com os atraentes glúteos das brasileiras. Dá para rir dos homens que, para atingir melhor velocidade, marcham rebolando na marcha atlética. É uma modalidade olímpica em que o atleta tem que se movimentar o mais rápido possível, mas dentro de algumas regras que o impedem de correr. A principal exigência desse esporte é que um dos pés deve estar sempre em contato com o chão.

— A equipe de segurança tem que cuidar para que alguma louca não invada a pista e agarre um deles, como fez um ativista com o nosso Vanderlei Cordeiro na maratona de Atenas. Lembra-se?

— Claro. Em meio ao entusiasmo dos cariocas, entrou na pista a interrogação "será?", com muitos "quês": Será que vai ficar pronto isso? Será que concluirão aquilo? Será que vai haver Olimpíada? Será que vai ter ação terrorista?

O que era motivo de júbilo foi-se transformando em tensão. Com os receios, a euforia diminuiu, os sorrisos se fecharam, a autoestima baixou, vieram os sonhos nebulosos e falsos, como o poema do Drummond, *Sonho de um sonho*.

Em mesas de restaurantes e de bares, sem esperanças, os negativos vaticinavam que sediar os jogos seria "a maior furada", e que não nos restaria nenhum legado. Comentava-se, também, a contenda entre a Rússia e a Agência Mundial Antidoping, que queria banir das Olimpíadas os atletas daquele país. Dizia-se que era uma ação de cartolas políticos para aumentar as chances de hegemonia esportiva ocidental. Os adeptos do pensamento fascista bradavam: "Os comunistas têm de ser eliminados!", sem se importar se os atletas russos, preparados durante quatro anos, seriam alijados, pagando assim, sem culpa, pela desonestidade dos conterrâneos atletas do passado que aceitaram o doping. Os liberais diziam que, sem os medalhistas russos, as conquistas dos Estados Unidos e de outros países não teriam relevância. Ainda bem que o Comitê Olímpico interveio a tempo.

Abraçando o positivismo metafísico, pensei: "O evento é de grande importância. Pode não deixar nenhum legado concreto, mas vai ficar o pensamento olímpico: *Ninguém vence na vida sem esforço, disciplina e perseverança*, máxima determinante que penetrará no inconsciente da nossa juventude". Só pensei. Não falei porque minhas palavras se perderiam no ar pessimista que quase me contagiou. Planejei viajar para bem longe, plano desfeito pelo convite recebido para conduzir a Tocha Olímpica. Graças a Deus, o Cristo Redentor não dormiu e tudo deu certo. A festa de abertura, organizada pela carnavalesca Rosa

Magalhães, da qual participei, emocionou. Senti orgulho da criativa Rosa, de ser amigo dela, de termos trabalhado juntos na Unidos de Vila Isabel e termos sido campeões do Carnaval de 2013. A Vila deu uma aula de samba na Sapucaí, em particular a bateria, sob a regência do percussionista Macaco Branco.

Em prosa com o parceiro Cláudio Jorge, elogiávamos a anatomia corporal da Sabrina e falávamos sobre a Serra dos Pretos-Forros e do Morro dos Macacos, de Paulo Brazão, de Noel Rosa e do compositor Dunga, que fez parte da Ala de Compositores da Unidos de Vila Isabel, autor de "Conceição", maior sucesso de Cauby Peixoto. O exímio violonista Cláudio Jorge confessou que sonhava morar em uma vila em Vila Isabel e nasceu então um samba a respeito:[199]

Alô, Noel
Eu vou cantando o meu samba
E fazendo na vida meu melhor papel
Bem feliz eu sonho
Ter uma vida tranquila
E morar numa vila
Em Vila Isabel

Pode ser em qualquer rua
Ou na praça Barão de Drumond
E até mesmo num barraco
Naquele macaco do meu coração
Na Teodoro da Silva
Lá nas Torres Homem ou na Souza Franco
Mas a Vinte e Oito é que é o biscoito
Pra ir pra Maraca caminhando a pé
Desfilar de azul e branco
E beber na Visconde de Abaeté.

Cláudio Jorge de Barros faz parte da banda Família Musical, que acompanha o Da Vila em exibições no Brasil e no exterior, Angola inclusive. O cantor esteve naquele país no tempo colonial e muitas outras vezes, uma delas no ano de 1980, com o Projeto Kalunga, direção do Fernando Faro, com a participação de uma gama de artistas, a maioria já falecidos, entre os quais Dorival Caymmi, Ivone Lara, João Nogueira, Clara Nunes, João do Vale... O Djavan, a Cristina Buarque e o Chico, a Elba Ramalho, o Francis Hime e outros que me fogem da memória estão bem vivos. Em contrapartida ao Kalunga, aconteceu no Brasil o já citado evento Canto Livre de Angola.

Logo após o país de Agostinho Neto ter conquistado a Independência, vieram ao Rio empresários, políticos e intelectuais e procuraram o apoio do Zé Ferreira, a pessoa que mais conheciam. Ainda não haviam instalado Embaixada e Consulado, o Zé os assessorava, chegou até a hospedar alguns na sua então residência do Grajaú. Agia como um diplomata e era chamado de embaixador. Instaladas as repartições de relações internacionais, recebeu oficialmente o título de Embaixador Cultural de Angola.

— Essa outorga honorífica facilitou os meus contatos nos países convidados a participar do Primeiro Encontro Internacional de Arte Negra, organizado em 1986 pelo Grupo Kizomba, no Pavilhão de São Cristóvão. Vieram delegações de Angola, Cabo Verde, Moçambique, Senegal... Da África do Sul, trouxe o AMANDLA, braço cultural do Congresso Nacional Africano, organização guerrilheira liderada pelo Nelson Mandela; e, dos Estados Unidos, veio o Ebony Economical Ensemble.

CAPÍTULO 13
O grande ideal do sonhador

Causou uma enorme frustração foi a ausência anunciada do Balé Folclórico de Cuba. O Brasil não mantinha relações com a nação de Fidel Castro; eu fui a Brasília, consegui autorização verbal do 1º Secretário do Itamaraty para trazer os artistas cubanos por se tratar de um evento cultural, com a observação de que a responsabilidade seria toda do Grupo Kizomba. Como chegar em Havana era a questão. Fui a Luanda, consegui um passaporte especial provisório e embarquei num avião da TAAG, empresa aérea angolana, voo longo de mais de quatorze horas, com escala na Ilha do Sal, Cabo Verde. Aceito o convite, combinei tudo com um dirigente da Secretaria de Cultura de Cuba. A TAAG, empresa aérea angolana, transportaria os componentes do Balé Folclórico gratuitamente, mas eles perderam a viagem. Me ligaram dizendo que poderiam vir no próximo avião, só lamentei. Os voos da TAAG eram quinzenais e não daria para chegar a tempo. Tive de justificar a falta a um jornal que cobriu o evento; com o cuidado de não me referir à perda do voo, disse na entrevista que alguns dos membros do balé estavam com passaportes vencidos e não dera tempo de renovar.

Estive em Cuba a passeio, não me lembro do ano. Me impressionei com a arquitetura de Habana Vieja, com os carros antigos funcionando a contento. Tive a impressão de que colecionadores tinham resolvido exibir seus automóveis nas ruas de Havana. Tomei o delicioso mojito, espécie de caipirinha com folhas de hortelã e rum, em vez de cachaça.

Em 1988, realizamos o segundo Encontro Internacional de Artes Negras no teatro Odílio Costa Filho, da UERJ, com um final no Circo Voador, por ser mais popular. Esse foi um ano repleto de atividades. Em uma delas, a direção da TV Globo me encarregou de transformar a mensagem de final de ano, aquela com imagens dos contratados cantando:[200]

>Hoje é um novo dia
>De um novo tempo
>Que começou
>Nesses novos dias
>As alegrias serão de todos
>É só querer
>Todos os nossos sonhos serão verdade
>O futuro já começou
>Hoje a festa é sua
>Hoje a festa é nossa
>É de quem quiser
>Quem vier
>A festa é sua
>Hoje a festa é nossa
>É de quem quiser!

A mensagem é sempre positiva, alegre, bonita e agradável. Estávamos no ano comemorativo do Centenário da Abolição da Escravatura, e a intenção era que eu convertesse a canção para samba. Achei melhor criar uma mensagem nova e fiz um jongo:[201]

>Axé, axé, axé pra todo mundo, axé!
>Muito axé, muito axé!·
>Muito axé pra todo mundo, axé!

A letra é curta para permitir que os participantes, de improviso, mandassem axé para diversos segmentos da sociedade. Com enorme dificuldade, convenci os diretores da Globo. Avancei mais na ideia e sugeri que colocassem na tela da televisão só caras negras, o que foi ainda mais difícil de convencer. Argumentei que não pensava só em negros e pretas, poderia ter castanhos, morenas escuras, cafuzos (miscigenação de índios com negros) e mamelucas (mistura de brancas com índios). Por fim, acataram, e o Milton Gonçalves dirigiu a gravação, supervisionada pelo ator e diretor Daniel Filho. Ficou emocionante.

Ralei muito em 1988. Ao mesmo tempo que elaborava um enredo para a Vila, o "Kizomba, a festa da raça", preparava o LP de mesmo título, meu primeiro disco lançado pela Sony Music, minha gravadora até hoje. Do segundo, *Tá delícia, tá gostoso*, produzido pelo Miguel Propski, foram compradas mais de um milhão de cópias. Seguiram-se outros não tão bem-sucedidos. Planejei gravar um álbum com músicas cantadas em francês e português, mas o diretor artístico e os chefes dos departamentos de venda e promoção não gostaram do projeto. Conversei com o Squiavo, na época presidente da gravadora, e recebi autorização para gravar na MZA Music, do Marco Mazzola.

— São lindos os seus discos produzidos na MZA, principalmente o *Conexões*, com uma versão de "La bohème",[202] cantada em francês e português, registrado em vídeos também, assim como o *Brasilatinidade*, com temas de países de línguas latinas, inclusive a versão de "Dentre centenas de mastros", música da Romênia:[203]

> Saúde!
> Energia!
> Boa sorte, felicidade!
> Alegria!
>
> Dentre centenas de mastros
> Que vão aos pontos nevoentos
> Quantos não serão tragados
> Pelas vagas, pelos ventos?
> Dentre os pássaros que migram

E atravessam tantas plagas
Quantos não serão tolhidos
Pelos ventos, pelas vagas?
Ventos, vagas, ventos.
Vagas, ventos, vagas.
Podes desprezar a sorte
Largar ideias que tragas
Mas te seguem, sul a norte
Tanto os ventos quanto as vagas
Desatina a mente, errando
Por teus cantos e lamentos
Em voo eterno enganando
Tanto as vagas quanto os ventos.
Ventos, vagas, ventos.
Vagas, ventos, vagas.
Podes desprezar a sorte,
Largar ideias que tragas
Mas te seguem, sul a norte,
Tanto os ventos quanto as vagas.
Desatina a mente errando
Por teus cantos e lamentos
Em voo eterno enganando
Tanto as vagas quanto os ventos.
Ventos sudoeste
Vêm de Bucareste.
Peço data venia
Pra ir pra Romênia.

Da Vila ficou no estúdio até por volta da meia-noite, chegou em casa, sua mulher dormia. Ligou o computador, reviu uns vídeos engraçados para descontrair, tomou meia garrafa do vinho português Duas Quintas, que guardava para uma boa ocasião, adormeceu sentado com a cabeça pendida para o ombro direito. Sonhou que estava sendo empossado na Academia Brasileira de Letras pelo Professor Arnaldo Niskier e, no devaneio, fazia o seu discurso de posse:

Senhor presidente, diretores e membros desta egrégia Academia, a Casa de Machado de Assis... Gostaria de citar todos nominalmente, não o faço devido ao tempo estipulado para minha fala. Senhores, senhoras, familiares, amigos e demais pessoas presentes que vieram me prestigiar. Peço licença para declarar o meu amor pela Ruth, minha mulher aqui ao meu lado, que me acompanha em todos os momentos possíveis.

Nesse ponto do sonho confuso, a cena mudava para o Sambódromo e ele desfilava em um carro alegórico por uma escola de samba de cores azul e branco com a indumentária acadêmica, destoando de todos os sambistas e, em vez de cantar o samba, lia o seu discurso em forma de oração:

Agradeço ao Divino Mestre criador do universo que privilegiou o planeta Terra, único com seres vivos. Agradeço à Vila Isabel de quem herdei o sobrenome. Sou o primeiro sambista a ter assento em uma cadeira no Petit Trianon e fui eleito porque a maioria dos membros da ABL são vila-isabelenses de coração. Os que têm assento na Casa de Machado de Assis que não votaram em mim justificaram a decisão com o argumento de que eu pertenço à mais importante academia, a Unidos de Vila Isabel, favorita a ganhar o Carnaval.

Concentrado nas palavras, não escutava o samba-enredo cantado com galhardia, nem a bateria que abafava a voz e ninguém o ouvia. Na realidade, ele foi homenageado pela sua escola de coração como figura central do enredo. Um escritor profetizou como tudo aconteceria, em uma crônica feita antes do desfile:

É madrugada. A escola está prestes a adentrar na Sapucaí. O diretor de harmonia autoriza e o Bocão dá o grito de guerra: "Alô comunidade! Alô Sapucaí! Chegou a hora!". Ouve-se o som de cavaco, pandeiro e tamborim, o cavaquinhista dá o tom, e Tinga, o puxador, canta o "samba de esquenta", oportuno:[204]

A Vila tá na boca da avenida
Boa noite, pessoal
Vamos entrar com responsabilidade

Fazer bonito na cidade
Pra nós é questão de moral.

Tô feliz da Vila
Com a nossa escola toda aberta
Pra arrepiar a passarela
O povo nos empresta o seu calor

Na Apoteose, na Apoteose
Lá é que o bicho vai pegar
Pois o ideal do sonhador
É ver a Vila em primeiro lugar.
O grande ideal do sonhador,
É ver a Vila em primeiro lugar.

Morteiros explodem no ar colorindo o céu em espetacular pirotecnia, a bateria ataca sob o apito do diretor Macaco Branco, tendo à frente a graciosa Sabrina Sato, rainha da bateria. Tinga pega o microfone sem fio e alardeia em alto brado: "Canta! Canta, Vilaaaaa!!!". A Escola começa a desfilar com os componentes soltando as vozes no samba-enredo "Canta, canta, minha gente – a Vila é de Martinho", composto por André Diniz, Bocão e outros parceiros:[205]

Ferreira, chega aí
Abre logo uma gelada, vem curtir
A Avenida engalanada
Nossa gente emocionada vai reluzir

Os sonhos de laiá
Suas glórias e cirandas, resgatar
Não acaba quarta-feira a saideira
Nem o meu laiáraiá

Raízes da roça para os pretos-forros
Tanto talento não guarda segredo

O dono do palco, o Zumbi lá do morro
Pela 28, chinelo de dedo
Se a paz em Angola lhe pede socorro
Filho de Teresa encara sem medo

Seguiu escola do Pai Arraia
Reforma agrária e na festa do arraiá
Em cada verso, mais uma obra-prima
Ousar, mudar e fazer sem rima.

Profeta, poeta, mestre dos mestres
África em prece, o griô, a referência
O senhor da sapiência, escritor da consciência
E a cadência de andar, de viver e sambar

Tão bom cantarolar porque o mundo renasceu
Me abraçar com esse povo todo seu
Eu vou junto da família
Do Pinduca à alegria pra brindar
Modéstia à parte, o Martinho é da Vila.

Partideiro, partideiro, ó
Nossa Vila Isabel brilha mais do que o Sol
Canta, negro rei, deixa a tristeza pra lá
Canta forte, minha Vila, a vida vai melhorar
(A vida vai melhorar)

Mestres-salas e porta-bandeiras começam a se exibir, a Ala das Baianas gira. Entra a alegoria da Comissão de Frente com o homenageado assentado em trono de rei, sob uma imagem de Omolu, seu santo de cabeça, recebendo a coroa, símbolo da Unidos de Vila Isabel.

É uma grande honraria a homenagem a uma figura viva, coisa rara, ainda por cima na sua própria escola. É justo. A Vila era menina, o Da Vila a adotou, ajudou a crescer, divulgou a escola nos cinco continentes, a ama de paixão. Lutou para que ela tivesse uma sede própria.

Fez muitos sambas-enredo, criou temas com destaque para "Kizomba, a festa da raça", com o qual a escola sagrou-se Campeã do Centenário da Abolição da Escravatura, e trabalhou com a carnavalesca Rosa Magalhães na elaboração do enredo "A Vila canta o Brasil, celeiro do mundo", conhecido como "Festa no arraiá", samba inesquecível. O seu amor pela Vila é recíproco: ganhou o título de Presidente de Honra e um busto seu na entrada da bela quadra de ensaios.

Os gigantes carros alegóricos criados pelo carnavalesco Edson Pereira deslumbram e, durante o percurso, o público aplaude até o final, hora em que o dia amanhece, com os gritos soltados outras vezes em que a Vila não saiu laureada: "É campeã! É campeã! É campeã!".

Na Praça da Apoteose, o Da Vila salta da alegoria da Comissão de Frente e reaparece no último setor do desfile, no meio da Ala dos Amigos, cantando a sua própria história, junto com militantes do Movimento Negro, artistas, escritores, intelectuais notáveis, membros da família Ferreira e a Cléo, sua linda esposa. Entre o alegre grupo, semelhante a um bloco de rua, o Pinduca e a Alegria citados no samba gingam em cima de um pandeiro, belo adereço.

Na Quarta-Feira de Cinzas, jornais físicos estamparam manchetes animadoras, tais como "VILA, FRANCA FAVORITA", "INSUPERÁVEL A ESCOLA DE VILA ISABEL", "IMBATÍVEL O DESFILE DA VILA". No Bairro de Noel, preparativos para as comemorações.

Às quinze horas da tensa quarta-feira, começa a apuração. Nas quatro primeiras notas, a Vila recebeu notas máximas, ficando provisoriamente em primeiro lugar, e os componentes, que assistem em um telão, vibram. Na quinta, uma escola empata, na sexta, a supera, e a barulhenta turma de assistentes se cala. A sétima nota é anunciada, a Vila empata, na oitava toma a frente de novo e as esperanças se renovam. Jorge Perlingeiro, hoje presidente da LIESA, pega os últimos envelopes dos quesitos enredo e samba-enredo. Na quadra da Vila e da outra ameaçadora concorrente ao título, igualmente repleta, os corações disparam. Perlingeiro se levanta, confere as notas por uns segundos maléficos e anuncia: "Unidos de..., enredo, 9.8". Faz uma pausa torturante e calmamente revela: "Unidos de Vila Isabel... Nota 10!". Os corações dos vila-isabelenses em silêncio mortal palpitam. Perlingeiro abre o último envelope com um sorrisão e anuncia: "Samba-enredo, Vila, nota 10!"; e repete: "10, nota 10!". Sambistas choram de alegria, pulando abraçados. Em vários pontos do bairro explodem morteiros. O carnavalesco Edson Pereira e o homenageado no enredo são erguidos pelos braços do povo. Que cena linda!

— Daí, amargamos resultados desfavoráveis até 2020. Em 2021, não houve desfile por causa da pandemia e, no ano de 2022, em Carnaval fora de época, a Vila estava apontada como favorita, tinha tudo para ganhar, mas tiramos o terceiro lugar. Lamentamos e comemoramos: "Tudo bem, no próximo, vamos levantar o caneco com a reedição do enredo "Gbala – viagem ao templo da criação"". Será o meu desfile de despedida, não pretendo desfilar mais, só se for o autor do enredo ou do samba, coisas que não farei.

— Calma aí, Da Vila! Quando for anunciado o novo enredo...

Estávamos em um churrasco alegre com cerca de uma dúzia de queridos camaradas e umas amiguinhas. Parecia festa de Réveillon. A turma foi saindo aos poucos, Zé Ferreira e Da Vila engrenaram um novo papo fantasioso e retrospectivo:

— O tumultuado ano recém-passado, 2022, se iniciou com o país dividido politicamente entre a esquerda fanática e a direita radical; ocorreram manifestações antidemocráticas e até mesmo agressões verbais e físicas, com o povo temeroso pelas tentativas de golpe, arquitetadas pelo então presidente, objetivando a volta da ditadura militar, e o medo do vírus ômicron, variante do coronavírus, causador da Covid-19.

— O pior é que a pandemia permaneceu, persiste ameaçadora, se espalhando pelo mundo. Houve um aumento do número de casos no Brasil, calculado seis vezes acima em comparação com dezembro de 2021, devido à resistência do desgoverno Bolsonaro em comprar as vacinas e implementar sua ampla utilização.

— Esquece o "Bozo". O acontecimento mais lamentável desse ano foi a morte do Pelé, e o mais festejado foi a vitória da democracia nas urnas. A alegria voltou empolgante. Fui a Brasília, assisti à posse do Lula, no dia 30 de dezembro, passei o Réveillon em um restaurante reservado no Hotel Meliá, em companhia de familiares dele e de alguns amigos, cerca de trinta pessoas, sem nenhum político. A alegria imperou à meia-noite, com estouro de garrafas de prosecco, tilintamos as taças, nos abraçamos e dançamos ao som de "Tá na hora do Jair já ir embora".[206]

— No dia primeiro do ano, tive a honra de estar presente no ato de posse de Luiz Inácio Lula da Silva, com a colocação da faixa presidencial por uma senhora catadora de lixo. Doze chefes de Estados democráticos vieram presenciar, e Brasília ficou superlotada, com milhares e milhares de pessoas chegadas dos mais distantes recantos do Brasil, de ônibus, cantando:[207]

> Passa o tempo e tanta gente a trabalhar
> De repente essa clareza pra votar
> Quem sempre foi sincero em confiar
> Sem medo de ser feliz, quero ver chegar
>
> Lula lá, brilha uma estrela
> Lula lá, cresce a esperança
> Lula lá, o Brasil criança
> Na alegria de se abraçar
>
> Lula lá, com sinceridade
> Lula lá, com toda a certeza pra você
> Meu primeiro voto
> Pra fazer brilhar nossa estrela.
>
> Lula lá, é a gente junto
> Lula lá, valeu a espera
> Lula lá, meu primeiro voto
> Pra fazer brilhar nossa estrela.

Nunca se viu nada igual! Viva o povo brasileiro!
Feliz Ano Novo, Brasil!

FIM

POSFÁCIO

Lendo estes escritos, plenos de realidade e fantasia, viaja-se para alhures. Em Paris, hospeda-se no luxuoso Hotel Plaza Athénée; de Luanda, perambula-se por Angola, Moçambique, Cabo Verde... Anda-se pela região amazônica; emociona-se com o encontro das águas do rio Negro com o Solimões; em Belém do Pará, toma-se tacacá e come-se maniçoba; sobe-se a Serra dos Pretos-Forros, na Boca do Mato; saboreia-se o bacalhau do Everardo em Duas Barras; brinca-se na Banda de Ipanema; desfila-se pela Unidos de Vila Isabel em vários carnavais e comemora-se a vitória da Vila em 1988 com o enredo "Kizomba, a festa da raça".

Com uma releitura atenciosa, passa-se a entender um pouco de samba e a apreciar as letras das canções poéticas... A impressão que fica é a de que o sambista Da Vila é um cantor romântico e que, além de samba, compõe músicas de diversos estilos, como o "Semba dos ancestrais", em parceria com a Rosinha de Valença:[208]

> Se o teu corpo se arrepiar,
> Se sentires também o sangue ferver,
> Se a cabeça viajar
> E mesmo assim estiveres num grande astral
> Se ao pisar o solo
> O teu coração disparar,
> Se entrares em transe
> Sem ser da religião,
> Se comeres fungi kizaca

E mufete de carapau,
Se Luanda te encher de emoção
Se o povo te impressionar demais,
É porque são de lá os teus ancestrais.
Podes crer
No axé dos teus ancestrais.

Zé Ferreira se sente oriundo de Angola, é um lusófono convicto, já transitou por países africanos de linguagens distintas. As memórias escritas passam por sua vida amorosa, com boas lembranças até dos desamores. Os leitores mais sensíveis ficarão chocados com algumas histórias dramáticas. Eu me impactei com os relatos de crimes passionais, em que mulheres adúlteras são assassinadas, e me impressionei com a narrativa de um caso semelhante, que ficou conhecido como "Tragédia da Piedade", no qual o escritor de Os sertões, Euclides da Cunha, foi morto a tiros. Me sensibilizaram os casos de amor e sorri com algumas histórias como a da queda do cavalo e das surras que o Da Vila tomou da Mãe Tereza. Me diverti com o caso do travesti fantasiado de freira noviça no Bloco da Kizomba, que ele paquerou pensando que era uma mulher. Sorri com o desfecho do show que fez no Canecão depois do eletrizante James Brown e gargalhei quando contou o fiasco no Teatro Mogador de Paris, lugar de operetas bufas.

Fantasiando, pesquei com o lendário Camafeu de Oxóssi, almocei no restaurante da família da Maria de São Pedro, me deliciei com a música "À volta da fogueira", do poeta Manuel Rui Monteiro, e com o poema "Cantada", do Ferreira Gullar. Senti saudades da Tereza Aragão, e trago na mente a imagem da matriarca Tereza de Jesus, mãe do Zé Ferreira, que se confunde e se funde com o Da Vila. Me arrepiei ao ouvir o povo gritar: "É campeã, é campeã, é campeã!" no final de um desfile da Vila e fiquei tenso no dia da apuração ao serem anunciados os pontos dos quesitos. Por fim, pulei de alegria com as notas máximas recebidas e vibrei muito ao ser anunciada a vitória.

Este livro de memórias é, deveras, uma autobiografia disfarçada, na qual as personagens Da Vila e Zé Ferreira, uma só pessoa, monologam, ou, falando melhor, dialogam.

O Da Vila continua ativo nos palcos da vida com seus oitenta e tantos carnavais, cumpre bem sua missão aqui na Terra e ambiciona ser referência para os jovens da sua origem após ser chamado pelo Todo-Poderoso.

Sargento José

OBSERVAÇÃO

As letras de músicas e poesias contidas neste livro que não têm citação dos nomes dos autores são de autoria de Martinho da Vila, algumas com parceiros.

AGRADECIMENTO

Ao querido sobrinho Fernando Rosa, meu agente financeiro e consultor literário, filho da saudosa mana Maria José, a Zezé, minha protetora em terra e intercessora no céu.

NA TRILHA DA VIDA

Confira a discografia completa de Martinho da Vila.

Nem todo crioulo é doido (1967)
1. Pra Que Dinheiro
2. Deixa Serenar
3. Se Eu Errei
4. Querer É Poder
5. De Fevereiro a Fevereiro
6. Só Deus
7. Ritmo
8. Tristeza de Malandro
9. Nem Todo Crioulo É Doido
10. Sou de Opinião
11. Quem lhe Disse
12. Sinfona do Mosquito
13. Berço do Samba

Martinho da vila (1969)
1. Boa noite
2. Carnaval de Ilusões
3. Caramba
4. Quatro séculos de modas e costumes
5. O Pequeno Burguês
6. Iaiá do cais dourado
7. Casa de Bamba
8. Amor pra que nasceu?
9. Quem é Do Mar Não Enjoa
10. Brasil mulato

11. Tom Maior
12. Pra que dinheiro
13. Parei na sua
14. Nhem, Nhem, Nhem
15. Grande Amor

Meu Laiaraiá (1970)
1. Meu Laiaraiá
2. Volta pro morro
3. Plim-plim
4. Melancolia
5. Madrugada, Carnaval e chuva
6. Samba do paquera
7. Samba da Cabrocha Bamba
8. Folia de Reis
9. Samba de irmão
10. Linha do ão
11. Ninguém conhece ninguém
12. Vamos Viver

Memórias de Um Sargento de Milícias (1971)
1. Segure tudo
2. A Flor e o Samba
3. Camafeu
4. Pode encomendar o seu caixão
5. Dia Final
6. Menina Moça
7. Seleção de Partido Alto
8. Pra você felicidade
9. Quem pode, pode
10. O Nosso Olhar
11. Memórias de Um Sargento de Milícias

Batuque na Cozinha (1972)
1. Balança Povo
2. Xô, Chuva Miúda
3. Na Outra Encarnação

4. Quem Lhe Disse Que Eu Chorei?
  5. Marejou
  6. Sambas de Roda e Partido-Alto
  7. Batuque na Cozinha
  8. Maria da Hora
  9. Onde o Brasil Aprendeu a Liberdade
  10. Jubiabá
  11. Saudade e Samba
  12. Calango Longo

Origens (1973)
  1. Tributo a Monsueto
  2. A Hora e a Vez do Samba
  3. Não Chora Meu Amor
  4. Antonio, João e Pedro
  5. Tudo Menos Amor
  6. Requenguela
  7. Pelo Telefone
  8. O Caveira
  9. Beto Navalha
  10. A Feira
  11. Som Africano (Extraído do folclore angolano – dialeto)
  12. Fim de Reinado

Canta Canta, Minha Gente (1974)
  1. Canta Canta, Minha Gente
  2. Disritmia
  3. Dente por Dente
  4. Tribo dos Carajás
  5. Malandrinha
  6. Renascer das Cinzas
  7. Patrão, Prenda seu Gado
  8. Nego, Vem Cantar
  9. Calango Vascaíno
  10. Visgo de Jaca
  11. Viajando
  12. Festa de Umbanda

Maravilha de Cenário (1975)
1. Aquarela brasileira
2. Você Não Passa de Uma Mulher
3. Tempo de Menino
4. Andando de Banda
5. Lá na Roça
6. Maré Mansa
7. Salve a Mulata brasileira
8. Verdade Verdadeira
9. Cresci no Morro
10. Hino dos Batutas de São José
11. Se Algum Dia
12. Glórias Gaúchas

Rosa do Povo (1976)
1. Claustrofobia
2. João e José
3. Não tenha medo, amigo
4. A invenção de Orfeu
5. História da Liberdade no Brasil
6. Coisa Louca
7. Chorar não cabe agora
8. Piquinique
9. Quem me dera
10. Choro chorão

Presente (1977)
1. Vai ou Não Vai
2. Iemanjá, Desperta
3. Mangueirense Feliz
4. Daqui pra lá
5. Cordas e Correntes
6. Quero, Quero
7. Manteiga de garrafa
8. As Festas
9. Timidez

    10. Mudiakime
    11. É Cacheado

Tendinha (1978)
    1. Minha comadre
    2. Garçom
    3. Zé Ferreira
    4. Trepa no coqueiro
    5. Poeira no caminho
    6. Chora viola, chora
    7. Mulata faceira
    8. Amor não é brinquedo
    9. Que pena, que pena
    10. Deixa serenar
    11. Nem a Lua
    12. O pior é saber
    13. Se eu errei
    14. Deixa a Maria sambar
    15. Deixa a Fumaça Entrar

Terreiro, Sala e Salão (1979)
    1. Deixa a Fumaça Entrar
    2. No Embalo da Vila
    3. Saideira
    4. Ou Tudo Ou Nada
    5. Eterna Paz
    6. Assim Não Zambi
    7. Pensar
    8. Diz Que Tamos

Samba Enredo (1980)
    1. Quatro Séculos de Modas e Costumes – Vila Isabel (1968)
    2. As Três Capitais – Imperatriz Leopoldinense (1965)
    3. Sublime Pergaminho – Unidos de Lucas (1968)
    4. Benfeitores do Universo – Cartolinhas de Caxias (1953)
    5. O Grande Presidente – Mangueira (1956)
    6. Machado de Assis – Boca do Mato (1959)

7. Chico Rei
8. Legados de D. João VI – Portela (1957)
9. Dia do Fico – Beija-Flor (1958)
10. Os Cinco Bailes da História do Rio – Império Serrano (1965)
11. Amazônia – Filhos do Deserto (1956)
12. Ao Povo em Forma de Arte – Quilombo (1978)

Sentimentos (1981)
1. Ex-Amor
2. Meu País
3. Olha Lá
4. Calango da Lua
5. Todos os Sentidos
6. Só em Maceió
7. Me Faz um Dengo
8. Graça Divina
9. Depois Não Sei
10. Daquele Amor
11. Noite Cheia de Estrelas
12. Velha Chica

Verso e Reverso (1982)
1. Êta Mundo Grande
2. Cirandar
3. Festas Para os Olhos
4. Lua de Fustão
5. Gaiolas Abertas
6. Isto É Amor
7. Efeitos da Evolução
8. Pensando Bem
9. Reversos da Vida
10. Cravo Branco
11. Mãe Solteira
12. De Pai Pra Filha

Novas Palavras (1983)
1. Balaio de Gato e de Rato
2. Partido Alto da Antiga
3. Conflito Interior
4. Vieram Me Contar
5. Roda de Samba de Roda
6. Linda Madalena
7. Salgueiro na Avenida
8. À Volta da Fogueira
9. Negros Odores
10. Foi Ela
11. Festa do Candomblé
12. Clara Nunes

Martinho da Vila Isabel (1984)
1. Minha Viola
2. Boa Noite – Nem a Lua – Vem pro Samba, Meu Amor – Quando o Ensaio Começa
3. Santo Antônio Padroeiro
4. Na aba
5. Rivalidade
6. Pra Tudo se Acabar na Quarta-Feira
7. Sempre a Sonhar
8. Fala Mulato – Graça Divina – Renascer das Cinzas – No Embalo da Vila
9. Flor dos Tempos
10. Paulo Brazão – Vila Isabel
11. Sonho de um Sonho

Criações e Recriações (1985)
1. Recriando a Criação
2. Polígamo Fiel
3. Fica Comigo Mais Um Pouco
4. Ninguém Conhece Ninguém
5. Ê! Mana
6. Carnaval de Ilusões
7. Muita Luz

8. Roda Ciranda
9. Retrós e Linhas
10. Odilê, Odilá
11. Traço de União
12. Samba dos Ancestrais

Batuqueiro (1986)
1. Rabo de Cometa
2. Pagode da Saideira
3. Cadê a Farinha?
4. Diamante
5. Maria da Penha
6. Batuca no Chão
7. Fazendo a Cabeça
8. Deus da Música
9. Felicidade, O Teu Nome... Uma Favela
10. Água do Rio
11. Preço da Traição
12. Bem No Coração

Coração de Malandro (1987)
1. Que Preta, Que Nêga
2. Coração de Malandro
3. Quiproquó
4. Só na Próxima Semana
5. A Carne é Fraca
6. Nem Deve Pensar
7. Menina Moça
8. Ai, Ai, Ai Meu Coração
9. Transando em Nova York
10. Pro Amor de Amsterdam
11. A Serra do Rola Moça
12. Leila Diniz

Festa da Raça (1988)
1. Kizomba, Festa da Raça
2. Liberdade Pelo Amor de Deus

3. Cafundó de Minas
4. Bom Dia, Minha Flor
5. Tom Maior
6. Axé Pra Todo Mundo
7. Chica da Silva
8. Rio Grande do Sul na Festa do Preto Forro
9. Ilu Ayê
10. Sol e Chuva, Casamento de Viúva
11. Jaguatirica
12. Quem Me Guia
13. Mistura da Raça

O canto das lavadeiras (1989)
1. Pelos Caminhos do Som
2. Madalena do Jucú
3. Congos do Espírito Santo
4. Dancei
5. Forrobodó
6. Congada de Minas Gerais
7. Pra Mãe Tereza
8. Folia de Reis
9. Beija, Me Beija, Me Beija
10. Bacamartes do Sergipe
11. Meu Boi Vadiou
12. Divino Santo Antonio

Martinho da Vida (1990)
1. Amo e Acho Pouco
2. Cidadã Brasileira
3. Planetário
4. Côco da Vida
5. Me Ama, Mô
6. Meu Quinhão Vida
7. Vamos Viver
8. É Hora de Pintar
9. Me Curei
10. Mundo Raro

11. Adeus Mariana
12. Meu Homem
13. Rosinha dos Limões

Vai Meu Samba, Vai (1991)
1. Vai Meu Samba
2. Eh, Brasil
3. No Embalo do Samba
4. Seleção de Partido Alto
5. Teatro Brasileiro
6. Presença de Noel
7. Bossa Nova
8. Voz do Coração
9. Queria Tanto Lhe Ver
10. Ó Minha Amada
11. Pensamento que Voa

No Templo da Criação (1992)
1. Samba do Trabalhador
2. Gbala – Viagem ao Templo da Criação
3. Pandeiro e Cavaquinho
4. Por Causa de um Cheiro de Amor
5. Vida de Pião
6. A nova onda
7. Platonismo
8. Lá Vou Eu
9. De Black Tie
10. Benzedeiras Guardiãs
11. Facho de luz
12. Alô
13. Vascooo

Escolas de Samba Enredo (1993)
1. Quatro Séculos de Modas e Costumes – Yaya do Cais Dourado – Glórias Gaúchas – 1970
2. Pra Tudo se Acabar na Quarta-Feira
3. Sonho de um Sonho

4. Raízes
5. Kizomba, Festa da Raça
6. Se Esta Terra, Se Esta Terra Fosse Minha
7. Onde o Brasil Aprendeu a Liberdade
8. Invenção de Orfeu
9. Gbala – Viagem ao Templo da Criação

Ao Rio de Janeiro (1994)
1. Pãozinho de Açúcar
2. Brasileiro
3. Carioquice
4. Amante do Rio
5. Vamos Kizombar
6. Sou Carioca, Sou do Rio de Janeiro
7. Delírios
8. Samba da Gema
9. Bem Feliz
10. Fala Mart'Nália
11. Batacotando
12. Meu Off Rio

Tá Delícia, Tá Gostoso (1995)
1. Mulheres
2. Cuca Maluca
3. Namoradeira
4. Devagar, Devagarinho
5. Tá Delícia, Tá Gostoso
6. Por Favor Me Ajude
7. Tô Vendo Que Você Me Quer
8. Não Rolou, Mas Vai Rolar
9. Um ai, ai Pro Meu Amor
10. Gurufim do Cabana
11. A Estrela Brilha
12. Em Memória de Candeia

Coisas de Deus (1997)
1. Minha e Tua
2. Coisas de Deus
3. E Se Ela ligar?
4. Café com Leite
5. Meu Benzinho Fez Amor Comigo
6. Nem Ela, Nem Tu, Nem Eu
7. Nas Águas de Amaralina
8. Graças a Deus
9. Mulher Mãe das Mães
10. Tá Com Medo, Chama o Pai
11. Feliz Natal Papai Noel
12. Prece Ao Sol
13. Já Fiz Promessa
14. Sincretismo Religioso

O Turbinado (ao vivo)
1. Batuque na Cozinha – Patrão prenda seu gado – Pelo Telefone
2. Quem é do mar não enjoa – Não chora, meu amor – Segure Tudo
3. Na aba
4. Vem chegando chega mais
5. Quem foi que disse
6. Se eu sorrir tu não pode chorar
7. Pra Poder Te Amar
8. Cama e mesa
9. Valsinha
10. Disritmia
11. Menina Moça
12. Aquarela brasileira
13. Makezu
14. Calango Longo
15. Meu Off Rio
16. Mulheres – Minha e Tua
17. Canta! Canta, Minha Gente – Pequeno Burguês – Pra Que Dinheiro – Casa de Bamba
18. Devagar, Devagarinho – Madalena do Jucu

O Pai da Alegria (1999)
1. Pro amor render
2. Coração de louça
3. O Pai da Alegria
4. Assédio
5. Pára de brincar comigo, mulher
6. Eu vi seu ex-amor
7. Gavião Calçudo
8. Seleção Noel Rosa
9. Luz do meu luar
10. Amor pra Valer
11. Nó de cipó
12. Coisa Louca
13. É difícil ser fiel
14. Forró do devagar

Lusofonia (2000)
1. Lusofonia
2. Ô morena, como é bom viajar
3. Fazendo as malas
4. Hino da Madrugada
5. Dança ma mi criola
6. Tira a mão da minha Xuxa
7. Vamos cultivar
8. Bacu
9. Nutridinha
10. Carambola
11. Lisboa menina e moça
12. Vasco da Gama
13. Salve a Mulata brasileira
14. Viva Timor Leste

Voz e Coração (2002)
1. Nós dois
2. Quase
3. Volta / Por Causa de Você
4. Você Passa, Eu Acho Graça

5. Apaga o fogo, Mané
6. Lembranças
7. Sonata Sem Luar
8. Rio de Lágrimas (Rio de Piracicaba)
9. Chuá Chuá
10. Antonico
11. Cabide de Mulambo
12. Minha Missão / O Poder da Criação
13. Chico rei
14. Heróis da Liberdade

Martinho da Vila, da Roça, da Cidade (2001)
1. Tô na Roça e na Cidade
2. Hoje tem amor
3. Nunca amei ninguém tão sexy
4. Fogo na Venta
5. Penetrante olhar
6. Além do mais, eu te amo
7. Presente aos fãs
8. Estado Maravilhoso Cheio de Encantos mil / Ai que saudades que eu tenho
9. A comida da Filó
10. Dona Ivone Lara
11. Linha do ão
12. Mineiro-Pau
13. Dança de Palhaço
14. Festa de Caboclo

Conexões (2003)
1. Como Você
2. Femmes (Mulheres)
3. Ô, Nega
4. Lentement (Devagar Devagarinho)
5. Minha Amiga
6. Dysrythmie /Ex Amour (Disritmia/ Ex Amor) Disritmia
7. Eu você, você eu
8. Pleures Caroline (Chora Carolina)

9. Nem Réu Nem Juiz
10. Brinquei Demais
11. Boemia (La Boheme)
12. Pour Qui Tout Termine Mercredi (Pra tudo se acabar na quarta-feira)
13. Vila Isabel
14. Le Petit Borgoese/ Chant chant mon peuple (O Pequeno Burguês/ Canta canta minha gente)

Conexões ao vivo (2004)
1. Menina Moça / Casa de Bamba / O Pequeno Burguês
2. Apaga O Fogo, Mané / Ex Amor
3. Tudo Menos Amor
4. Minha Amiga / Nem Réu Nem Juíz
5. Femmes (Mulheres)
6. Boemia (La Boheme)
7. Ó Nega / Semba dos Ancestrais
8. Chora Carolina
9. Como Você
10. Danadinho Danado
11. Pelo Telefone
12. Nota de Cem
13. Madalena do Jucú

Brasilatinidade (2005)
1. Quando essa onda passar
2. Sob a Luz do Candeeiro
3. Tempero do Prazer
4. Fetiche
5. Dar e Receber
6. Quem tá com Deus não tem medo
7. Roda de samba no céu
8. Uma casa nos ares (La Casa en el aire)
9. Suco de Maracujá
10. Um dia tu verás (Un Jour tu Verras)
11. Mirra, Ouro, Incenso
12. Eu não me canso de dizer

13. Um beijo, adeus (Primma Dammi un Bacio)
14. Dentre centenas de mastros
15. Feitiço da Vila

Brasilatinidade ao vivo (2005)
1. Sonho de um sonho
2. Suco de Maracujá / Eu não me canso de dizer
3. Feitiço da Vila
4. Quando essa onda passar
5. Mirra, ouro, incenso
6. Vai ou não vai
7. Devagar Devagarinho
8. Fetiche / Recriando a criação
9. Quem tá com Deus não tem medo
10. Roda de samba no céu
11. Sob a luz do Candeeiro
12. Bônus: Quem lhe disse
13. Bônus: Aquarela Brasileira

Do Brasil e do Mundo (2007)
1. Vou Viajar
2. O Amor da Gente
3. Ó que banzo, Preta
4. Te Encontro no Ilê
5. Nos Amamos
6. Madeleine I Love You (Madalena do Jucu)
7. Copacabana
8. Nossos Contrastes
9. Dê Uma Chance ao Amor (Take a Chance on Love)
10. Calumba (Kalumba)
11. Marcha de São Vicente
12. De Volta ao Chantecler / Perseguidor / Violação
13. Por Ti América
14. Glórias Gaúchas / Candongueiro
15. Filosofia da vida

O Pequeno Burguês (2008)
  1. Filosofia da vida
  2. Linha do Ão
  3. Menina Moça
  4. Casa de Bamba
  5. Pra que dinheiro?
  6. O Pequeno Burguês
  7. Quatro Séculos de Modas e Costumes
  8. Madrugada Carnaval e Chuva
  9. Yayá do Cais Dourado
  10. Jaguatirica
  11. Na Aba / Agora é moda
  12. No Embalo do Samba
  13. Meu País
  14. Tom Maior

Filosofia de Vida, O Pequeno Burgês – Trilha Sonora (2010)
  1. Filosofia da vida
  2. O Pequeno Burguês
  3. Ô Nega
  4. Linha do ão
  5. Meu Off Rio
  6. Pra Mãe Tereza
  7. Calumba (Kalumba)
  8. Vou Viajar
  9. Lisboa menina e moça
  10. Madalena do Jucú
  11. Aquarela brasileira
  12. Disritmia
  13. Filosofia da vida – Part. Ana Carolina

Lambendo a Cria (2011)
  1. Lambendo a cria
  2. Na Minha Veia
  3. Agradeço à vida (Gracias a la vida)
  4. Todos os Sentidos
  5. Jobiniando

6. Lara
7. O Amor da Gente / Casa de Bamba
8. Vivo pra Sentir Teu Prazer
9. Que Bom!
10. Volante com Cachaça não Combina
11. Melô do Xavier
12. Cuca Maluca
13. Filosofia de Vida
14. Linha do Ão (Tabela do Galão) / Calango Vascaíno
15. Noel – A Presença do Poeta
16. Cruz e Souza, Cria Lambida

Martinho da Vila – 4.5 Atual (2012)
1. Menina Moça
2. Boa noite / Carnaval de Ilusões / Caramba
3. Casa de Bamba
4. O Pequeno Burguês
5. Quatro Séculos de Modas e Costumes
6. Yayá do Cais Dourado
7. Quem é Do Mar Não Enjoa
8. Amor pra que nasceu?
9. Brasil mulato
10. Tom Maior
11. Pra que dinheiro?
12. Parei na sua / Nhem, Nhem, Nhem
13. Grande Amor
14. Samba dos Passarinhos
15. Pãozinho de Açúcar
16. Partido-alto de roda

Sambabook (2013)
1. Quem é Do Mar Não Enjôa
2. Queria Tanto Lhe Ver
3. Disritmia
4. Grande Amor
5. Meu Laiaraiá
6. Pra que dinheiro?

7. Roda Ciranda
8. Deixa a Fumaça Entrar
9. Meu Off Rio
10. Odilê, Odilá
11. Na Minha Veia
12. Pra Tudo se Acabar na Quarta-Feira
13. Menina Moça
14. Ex-Amor
15. Seguro Tudo
16. Amor não é brinquedo
17. Casa de Bamba
18. O Pequeno Burguês
19. Madalena do Jucú
20. Fim de Reinado
21. Filosofia de Vida
22. Renascer das Cinzas
23. Sonho de um sonho
24. Canta Canta, Minha Gente

Enredo (2014)
1. Carlos Gomes
2. Noel – A Presença do Poeta da Vila
3. Onde o Brasil Aprendeu a Liberdade / Sonho de Um Sonho
4. Por Ti América / Pra Tudo Se Acabar na Quarta-Feira
5. Raízes / Tribo dos Carajás
6. Carnaval de Ilusões /Gbalá, Viagem ao Templo da Criação
7. Machado de Assis
8. Vila Isabel Anos 30 / Ai, Que Saudade Que Eu Tenho
9. Quatro Séculos de Modas e Costumes / Iaiá do Cais Dourado / Glórias Gaúchas
10. De Alegria Pulei, De Alegria Cantei / Teatro Brasileiro
11. Tamandaré / Rui Barbosa
12. Trabalhadores do Brasil
13. Prece ao Sol / Iemanjá, Desperta!
14. A Vila Canta O Brasil, Celeiro do Mundo – Água no Feijão Que Chegou Mais Um

O Poeta da Cidade (2016)
1. Escuta, Cavaquinho!
2. Choro Chorão
3. Danadinho Danado
4. Amanhã É Sábado
5. Samba Sem Letra
6. Disritmou
7. Do Além
8. Daqui, De Lá E De Acolá!
9. Saravá, Saravá!
10. Muita Luz
11. Alegria, Minha Alegria!
12. De Bem Com A Vida
13. Sou Brasileiro
14. Gratidão Musical

Alô Vila Isabeeeel!!! (2018)
1. Quatro de Abril
2. Na Boca da Avenida / Só Sei que Sou Vila Isabel
3. Sempre a Sonhar
4. Kizomba, Festa da Raça
5. Vila Isabel / Graça Divina / No Embalo da Vila / Renascer das Cinzas
6. Segunda Opção
7. Samba do Samuel / Vem Pro Samba Meu Amor / Força Total
8. Filho Fiel
9. Palpite Infeliz / Feitiço da Vila / Alô Noel
10. Soy Loco Por Ti America (A Vila Canta a Latinidade) / La Bamba
11. Um Barraco Na Vila / Feliz da Vila / Filho da Vila / Isabel / Vilancete
12. Pagode do Seu China
13. A Vila Canta o Brasil, Celeiro do Mundo (Água no Feijão Que Chegou Mais Um) / Qui Nem Gilo

Bandeira da Fé (2018)
1. O Rei dos Carnavais
2. Depois Não Sei

3. Fado das Perguntas
   4. A Tal Brisa da Manhã
   5. Ó, Que Saudade
   6. Minha Nova Namorada
   7. Ser Mulher
   8. Não Digo Amém
   9. Bandeira da Fé
   10. O Sonho Continua
   11. Zumbi dos Palmares, Zumbi
   12. Baixou na Avenida

Martinho 8.0 – Bandeira da Fé: Um Concerto Pop-Clássico (Ao Vivo) (2020)
   1. Meu Off Rio (feat.Maíra Freitas)
   2. Kizomba, Festa da Roça (feat.Maíra Freitas)
   3. Depois do Não Sei
   4. Fado das Perguntas
   5. A Tal Brisa da Manhã
   6. Todos os Sentidos
   7. Não Digo Amém
   8. Escuta, Cavaquinho!
   9. Bandeira da Fé
   10. O Sonho Continua (feat. Rappin' Hood)
   11. Zumbi dos Palmares, Zumbi
   12. Devagar Devagarinho
   13. Casa de Bamba
   14. O Pequeno Burguês/Canta Canta, Minha Gente
   15. Baixou na Avenida (feat. Tunico)

Rio: Só Vendo a Vista (2020)
   1. Vila Isabel Anos 30
   2. O Rio Chora, O Rio Canta
   3. Rio: Só Vendo a Vista
   4. Minha Preta Minha Branca
   5. Na Ginga do Amor
   6. Você, Eu e a Orgia
   7. O Caveira

8. Pensando Bem
9. Menina de Rua
10. Eterna Paz
11. Assim Não Zambi
12. Umbanda Nossa

Mistura Homogênea (2022)
1. Unidos e Misturados part. Teresa Cristina
2. Vocabulário de um Partideiro part. Zeca Pagodinho, Xande De Pilares
3. Sim Senhora part. Tunico
4. Viva Martina
5. Muadiakime Semba dos Ancestrais part. Alegria Ferreira
6. Zuela de Oxum
7. Oração Alegre part. Carlinhos Brown
8. Vidas Negras Importam
9. Era de Aquarius part. Djonga
10. Dois Amores part. Hamilton De Holanda
11. Canção de Ninar
12. Odilê Odilá part. Raoni e Dandara
13. Canta Canta, Minha Gente/A Vila é de Martinho part. Mart'nália, Preto Ferreira, Jujuh Ferreirah, Maíra Freitas, Alegria Ferreira, Tunico, Analimar Ventapane, Martinho Filho

Negra Ópera (2023)
1. Abertura Negra Ópera (Zumbi dos Palmares, Zumbi)
2. Heróis da Liberdade
3. Timbó (feat. Will Kevin)
4. Exu das Sete (feat. Preto Ferreira)
5. Linda Madalena
6. Malvadeza Durão
7. Acender as Velas
8. Dois de Ouro
9. Diacuí
10. Mãe Solteira
11. A Serra do Rola Moça
12. Iracema

NOTAS

1   ASSIS, M. **Quincas Borba**. São Paulo: Principis, 2019.
2   ASSIS, M. **Memórias póstumas de Brás Cubas**. São Paulo: Principis, 2019.
3   MEU off Rio. Compositor e intérprete: Martinho da Vila. *In*: AO RIO de Janeiro. São Paulo: Columbia, 1994. Disco vinil, lado B, faixa 6.
4   BARRACÃO. Intérprete: Elizeth Cardoso, Zimbo Trio e Jacob do Bandolim. *In*: ÉPOCA de Ouro. Brasil: MIS, 1968.
5   FOLIA de Reis. Compositor e intérprete: Martinho da Vila. *In*: MEU laiáraiá. Rio de Janeiro: RCA Victor, 1970. Disco vinil, lado 2, faixa 2.
6   DANÇA de palhaço. Compositor e intérprete: Martinho da Vila. *In*: MARTINHO da Vila da roça e da cidade. Rio de Janeiro: Columbia Records, 2001. CD, faixa 13.
7   SER mulher. Compositor e intérprete: Martinho da Vila. *In*: BANDEIRA da fé. Rio de Janeiro: Sony Music, 2018. CD, faixa 7.
8   BARROS, M. A voz de meu pai. *In*: BARROS, M. **Poesia completa**. São Paulo: Leya, 2010.
9   MARIA Luiza. Intérprete: Bebeto e Martinho da Vila. *In*: FASES. Rio de Janeiro: Sony Music, 2018.
10 QUEM te viu, quem te vê. Compositor e intérprete: Chico Buarque. *In*: CHICO Buarque de Hollanda volume 2. Rio de Janeiro: RGE, 1967. Disco vinil, faixa 6.
11 VIDAS negras importam. Compositor e intérprete: Martinho da Vila. *In*: MISTURA homogênea. Rio de Janeiro: Sony Music, 2022. Álbum digital, faixa 8.
12 RIO: só vendo a vista. Intérprete: Martinho da Vila. Compositores: Martinho da Vila e Geraldo Carneiro. *In*: RIO: só vendo a vista. Rio de Janeiro: Sony Music, 2020. Álbum digital, faixa 3.
13 NEM réu nem juiz. Intérprete: Martinho da Vila. Compositores: Martinho da Vila e Hermínio Belo de Carvalho. *In*: CONEXÕES. Rio de Janeiro: MZA Music, 2003. CD, faixa 9.
14 ODILÊ, odilá. Intérprete: João Bosco. Compositores: Martinho da Vila e João Bosco. *In*: CABEÇA de nego. Rio de Janeiro: Universal Music, 1986. CD, faixa 9.
15 GAIOLAS abertas. Intérprete: João Donato. Compositores: Martinho da Vila e João Donato. *In*: COISAS tão simples. Rio de Janeiro: Universal Music, 1995. CD, faixa 6.
16 JOBINIANDO. Intérprete: Ivan Lins. Compositor: Martinho da Vila. *In*: JOBINIANDO. São Paulo: Abril Music, 2001. CD, faixa 13.

17   ZUELA de Oxum. Intérpretes: Moacyr Luz e Samba do Trabalhador. Compositores: Moacyr Luz e Martinho da Vila. *In*: SAMBA do trabalhador (ao vivo no Bar Pirajá). Rio de Janeiro: Universal Music, 2017. CD, faixa 13.
18   OS CINCO bailes da história do Rio. Intérpretes: Dona Ivone Lara e Toni Garrido. Compositores: Silas de Oliveira, Dona Ivone Lara e Bacalhau). *In*: AULA de samba. Rio de Janeiro: Biscoito Fino, 2008. CD, faixa 6.
19   HERÓIS da liberdade. Intérprete: Jorginho Pessanha. Compositores: Silas de Oliveira, Mano Décio da Viola e Manoel Ferreira. *In*: HISTÓRIA das escolas de samba: Império Serrano 1974. Rio de Janeiro: Acervo Digital Music, 1974. Disco vinil, faixa 6.
20   OBSESSÃO. Intérprete: Velha guarda do Império Serrano. Compositores: Mano Décio da Viola e Osório Lima. *In*: UM SHOW de velha guarda. Rio de Janeiro: Biscoito Fino, 2013. CD, faixa 11.
21   DONA Ivone Lara. Compositor e intérprete: Martinho da Vila. *In*: MARTINHO da Vila da roça e da cidade. Rio de Janeiro: Columbia Records, 2001. CD, faixa 10.
22   SORRISO negro. Intérprete: Dona Ivone Lara. Compositor: Délcio Carvalho. *In*: SORRISO negro. Rio de Janeiro: Warner Music, 1981. Disco vinil, lado B, faixa 1.
23   BUM BUM, paticumbum, prugurundum. Intérprete: Império Serrano. Compositores: Aluísio Machado e Beto Sem Braço. *In*: SAMBAS de enredo das escolas de samba do grupo 1A: Carnaval 82. Rio de Janeiro: Top Tape, 1981. Disco vinil, lado B, faixa 5.
24   PRA mãe Tereza. Intérprete: Martinho da Vila. Compositores: Martinho da Vila e Beto Sem Braço. *In*: O CANTO das lavadeiras. Rio de Janeiro: CBS, 1989. Disco vinil, lado 2, faixa 1.
25   DEIXA a fumaça entrar. Intérprete: Martinho da Vila. Compositores: Martinho da Vila e Beto Sem Braço. *In*: TERREIRO, sala e salão. Rio de Janeiro: RCA Victor, 1979. Disco vinil, lado 1, faixa 1.
26   MULHERES. Intérprete: Martinho da Vila. Compositor: Toninho Geraes. *In*: TÁ DELÍCIA, tá gostoso. Rio de Janeiro: Columbia Records, 1995. Disco vinil, lado 1, faixa 1.
27   NINGUÉM conhece ninguém. Intérpretes: Martinho da Vila e Mart'nália. Compositor: Martinho da Vila. *In*: + MISTURADO. Rio de Janeiro: Biscoito Fino, 2016. CD, faixa 1.
28   TOM maior. Compositor e intérprete: Martinho da Vila. *In*: MARTINHO da Vila. Rio de Janeiro: RCA Victor, 1969. Disco vinil, lado 2, faixa 3.
29   SAMBA do trabalhador. Intérprete: Martinho da Vila. Compositor: Darcy da Mangueira. *In*: MARTINHO da Vila. Rio de Janeiro: RCA Victor, 1992.
30   MANTEIGA de garrafa. Compositor e intérprete: Martinho da Vila. *In*: PRESENTE. Rio de Janeiro: RCA Victor, 1977. Disco vinil, lado 2, faixa 1.
31   LÔRABURRA. Compositor e intérprete: Gabriel o Pensador. *In*: GABRIEL o Pensador. São Paulo: CHAOS, 1993. CD, faixa 3.
32   THEODORO, H. **Martinho da Vila**: reflexos no espelho. Rio de Janeiro: Pallas, 2018.
33   MENINA moça. Compositor e intérprete: Martinho da Vila. *In*: CORAÇÃO malandro. Rio de Janeiro: RCA Victor, 1987. Disco vinil, lado B, faixa 1.

34 BETO bom de bola. Compositor e intérprete: Sérgio Ricardo. *In*: QUANDO menos se espera. Rio de Janeiro: Warner Chappel, 2001. CD, faixa 6.
35 RODA viva. Compositor e intérprete: Chico Buarque e MPB4. *In*: CHICO Buarque de Holanda – volume 3. Rio de Janeiro: RGE, 1968. Disco vinil, lado A, faixa 6.
36 CASA de bamba. Compositor e intérprete: Martinho da Vila. *In*: MARTINHO da Vila. Rio de Janeiro: RCA Victor, 1969. Disco vinil, lado 1, faixa 5.
37 DAQUI pra lá... de lá pra cá. Compositor e intérprete: Martinho da Vila. *In*: PRESENTE. Rio de Janeiro: RCA Victor, 1977. Disco vinil, faixa 4.
38 SCHILLING, V. Euclides e a tragédia da Piedade. **Terra**, 3 ago. 2018. Disponível em: https://www.terra.com.br/noticias/educacao/historia/euclides-e-a-tragedia-da-piedade,7d378c39c8297594fb1326e96abb5355afqxc07v.html. Acesso em: 23 out. 2023.
39 MENINA moça. Compositor e intérprete: Martinho da Vila. *In*: CORAÇÃO malandro. Rio de Janeiro: RCA Victor, 1987. Disco vinil, lado B, faixa 1.
40 STANISLAW, P. P. **Febeapá**: festival de besteira que assola o país. São Paulo: Companhia das Letras, 2015.
41 NEM todo crioulo é doido. Compositores e intérpretes: Martinho da Vila *et al*. Rio de Janeiro: Codil, 1968. Disco vinil.
42 MAPA musical do Brasil. Multiartistas. São Paulo: Discos Marcus Pereira, 1972. Disco vinil.
43 EH! BRASIL. Compositor e intérprete: Martinho da Vila. *In*: VAI meu samba, vai! Rio de Janeiro: Columbia Records, 1991. Disco vinil, lado 1, faixa 2.
44 CARLOS Gomes. Compositor e intérprete: Martinho da Vila. *In*: ENREDO. Rio de Janeiro: Biscoito Fino, 2014. CD, faixa 1.
45 TAMANDARÉ/Rui Barbosa. Compositor e intérprete: Martinho da Vila. *In*: ENREDO. Rio de Janeiro: Biscoito Fino, 2014. CD, faixa 11.
46 SALGUEIRO na avenida. Compositor e intérprete: Martinho da Vila. *In*: NOVAS palavras. Rio de Janeiro: RCA Victor, 1983. Disco, lado B, faixa 1.
47 MACHADO de Assis. [Compositor e intérprete]: Martinho da Vila. *In*: VINTE anos de samba. Rio de Janeiro: RCA Victor, 1988. Disco vinil, lado I, faixa 4.
48 AQUARELA brasileira. Intérprete: G.R.E.S. Império Serrano. Compositor: Silas de Oliveira. *In*: SAMBAS de enredo 2004. São Paulo: BMG, 2003. Faixa 12.
49 TAMANDARÉ/Rui Barbosa. Compositor e intérprete: Martinho da Vila. *In*: ENREDO. Rio de Janeiro: Biscoito Fino, 2014. CD, faixa 11.
50 BOA NOITE/Nem a lua/Vem pro samba, meu amor. Intérprete: Martinho da Vila. Compositores: Martinho da Vila *et al*. *In*: MARTINHO da Vila Isabel. Rio de Janeiro: RCA Victor, 1984. Disco vinil, lado 1, faixa 2.
51 CARNAVAL de ilusões. Intérprete: Martinho da Vila. Compositores: Gemeu e Martinho da Vila. *In*: CRIAÇÕES e recriações. Rio de Janeiro: RCA Victor, 1985. Disco vinil, lado A, faixa 6.
52 CARAMBA. Compositor e intérprete: Martinho da Vila. *In*: MARTINHO da Vila. São Paulo: RCA Victor, 1969. Disco vinil, lado 1, faixa 1.
53 GBALA – viagem ao templo da criação. Compositor e intérprete: Martinho da Vila. *In*: ESCOLAS de samba enredos – Vila Isabel. Rio de Janeiro: Sony Music, 1993. CD, faixa 10.

54 QUATRO séculos de moda e costume. Compositor e intérprete: Martinho da Vila. *In*: MARTINHO da Vila. Rio de Janeiro: RCA Victor, 1969. Disco vinil, lado 1, faixa 2.
55 MADRUGADA, Carnaval e chuva. Compositor e intérprete: Martinho da Vila. *In*: MEU laiáraiá. Rio de Janeiro: RCA Victor, 1970. Disco vinil, lado 1, faixa 5.
56 RENASCER das cinzas. Compositor e intérprete: Martinho da Vila. *In*: CANTA canta, minha gente. Rio de Janeiro: RCA Victor, 1974. Disco vinil, lado A, faixa 6.
57 PRA tudo se acabar na quarta-feira. [Compositor e intérprete]: Martinho da Vila. *In*: VINTE anos de samba. Rio de Janeiro: RCA Victor, 1988. Disco vinil, lado J, faixa 4.
58 ANDRADE, C. D. Sonho de um sonho. *In*: **Antologia poética**. Rio de Janeiro: Portugália, 1965.
59 RAÍZES. Intérprete: Martinho da Vila. Compositores: Martinho da Vila, Ovídio Bessa e Azo. *In*: ESCOLAS de samba enredos – Vila Isabel. Rio de Janeiro: Sony Music, 1993. CD, faixa 4.
60 RIBEIRO, D. **Maíra**. São Paulo: Global, 2014.
61 GULLAR, F. Poema sujo. *In*: GULLAR, F. **Poema sujo**. São Paulo: Companhia das Letras, 1976.
62 GULLAR, F. Cantada. *In*: GULLAR, F. **Dentro da noite veloz**. São Paulo: Companhia das Letras, 2018.
63 A NOVA onda. Compositor e intérprete: Martinho da Vila. *In*: MARTINHO da Vila. Rio de Janeiro: Columbia Records, 1992. CD, faixa 6.
64 SEMPRE a sonhar. Intérprete: Martinho da Vila. Compositores: Ruy Quaresma e Martinho da Vila. *In*: MARTINHO da Vila Isabel. Rio de Janeiro: RCA Victor, 1984. Disco vinil, lado B, faixa 1.
65 KIZOMBA, festa da raça. Intérprete: Martinho da Vila. Compositores: Rodolpho, Jonas e Luís Carlos da Vila. *In*: FESTA da raça. Rio de Janeiro: Discos CBS, 1988. Disco vinil, lado 2, faixa 1.
66 VAMOS kizombar. Intérprete: Martinho da Vila. Compositores: Mart'nália, J. C. Couto e Agrião. *In*: AO RIO de Janeiro. Rio de Janeiro: Columbia, 1994. Disco vinil, faixa 5.
67 NOEL, a presença do poeta. Compositor e intérprete: Martinho da Vila. *In*: LAMBENDO a cria. Rio de Janeiro: MZA Music, 2011. CD, faixa 15.
68 OS IMORTAIS. Intérprete: G.R.E.S. Unidos de Vila Isabel. Compositores: David da Vila *et al*. *In*: Isso sim é Carnaval! 2. Rio de Janeiro: Top Tape, 2017. CD, faixa 6.
69 PRA tudo se acabar na quarta-feira. Compositor e intérprete: Martinho da Vila. *In*: VINTE anos de samba. Rio de Janeiro: RCA Victor, 1988. Disco vinil, lado J, faixa 4.
70 TOM maior. Compositor e intérprete: Martinho da Vila. *In*: MARTINHO da Vila. Rio de Janeiro: RCA Victor, 1969. Disco vinil, lado 2, faixa 3.
71 MARTINHO da Vila e seus amigos do partido-alto. Intérpretes: multiartistas. Rio de Janeiro: Discnews, 1968. Disco vinil.
72 DE PAI pra filha. Compositor e intérprete: Martinho da Vila. *In*: VERSO e reverso. Rio de Janeiro: RCA Victor, 1982. Disco vinil, lado B, faixa 5.
73 BATUQUEIRO. Intérprete: Martinho da Vila. Compositores: Martinho da Vila *et al*. Rio de Janeiro: RCA Victor, 1986. Disco vinil.
74 MINHA viola. Intérprete: Martinho da Vila. Compositor: Noel Rosa. *In*: MARTINHO da Vila Isabel. Rio de Janeiro: RCA 1984. Disco vinil, lado A, faixa 1.

75 NA ABA. Intérprete: Martinho da Vila. Compositores: Ney Silva, Paulinho da Aba e Trambique. *In:* MARTINHO da Vila Isabel. Rio de Janeiro: RCA Victor, 1984. Disco vinil, lado A, faixa 4.
76 TREZE de maio. Intérprete: Joanna. *In:* Joanna em oração. Rio de Janeiro: Columbia Records, 2002. CD, faixa 7.
77 VIVA a mãe de Deus e nossa. Intérprete: Joanna. *In:* Joanna em oração. Rio de Janeiro: Columbia Records, 2002. CD, faixa 1.
78 TRANSANDO em Nova York. Intérprete: Martinho da Vila. Compositores: Rildo Hora e Martinho da Vila. *In:* CORAÇÃO malandro. Rio de Janeiro: RCA Victor, 1987. Disco vinil, lado B, faixa 3.
79 VOCÊ semba lá... que eu sambo cá! O canto livre de Angola. Intérprete: G.R.E.S. Unidos de Vila Isabel. *In:* SAMBAS de enredo 2012. Rio de Janeiro: Universal Music, 2011. CD, faixa 4.
80 A VILA canta o Brasil, Celeiro do mundo, Água no feijão que chegou mais um. Intérprete: Martinho da Vila. Compositores: Martinho da Vila *et al. In:* ENREDO. Rio de Janeiro: Biscoito Fino, 2014. CD, faixa 14.
81 VILA, M. **Os lusófonos**. Rio de Janeiro: Ciência Moderna, 2005.
82 LUSOFONIA. Intérprete: Martinho da Vila. Compositores: Martinho da Vila e Elton Medeiros. *In:* LUSOFONIA. Rio de Janeiro: Sony Music, 2000. CD, faixa 1.
83 CABRAL, A. Regresso. *In:* CABRAL, A. *et al.* **Poemas de mãe África**. São Paulo: LeBooks, 2020.
84 UM HOMEM, uma mulher. Direção: Claude Lelouch. França: Les Films 13, 1966. VHS (102 min).
85 NÃO DIGO amém. Compositor e intérprete: Martinho da Vila. *In:* BANDEIRA da fé. Rio de Janeiro: Sony Music, 2018. CD, faixa 8.
86 BANDEIRA da fé. Intérprete: Martinho da Vila. Compositores: Martinho da Vila e Zé Catimba. *In:* BANDEIRA da fé. Rio de Janeiro: Sony Music, 2018. CD, faixa 9.
87 UMBANDA nossa. Compositor e intérprete: Martinho da Vila. *In:* RIO: só vendo a vista. Rio de Janeiro: Sony Music, 2020. Álbum digital, faixa 12.
88 VAMOS cultivar. Intérprete: Martinho da Vila. Composição: Bassopa. Versão: Martinho da Vila. *In:* LUSOFONIA. Rio de Janeiro: Sony Music, 2000. CD, faixa 7.
89 COUTO, M. Identidade. *In:* COUTO, M. **Poemas escolhidos**. São Paulo: Companhia das Letras, 2016.
90 BARRETO, L. **Os bruzundangas**. São Paulo: Principis, 2021.
91 LOBATO, M. **Ideias de Jeca Tatu**. São Paulo: Globo, 2008.
92 VILA, M. **A rosa vermelha e o cravo branco**. São Paulo: Lazuli, 2008.
93 VILA, M. **Vamos brincar de política?** São Paulo: Global, 1986.
94 VILA, M. **Vermelho 17**. São Paulo: Jabuticaba, 2007.
95 VILA, M. **A rainha da bateria**. São Paulo: Lazuli, 2009.
96 PAREI na sua. Compositor e intérprete: Martinho da Vila. *In:* MARTINHO da Vila. Rio de Janeiro: RCA Victor, 1969. Disco vinil, lado B, faixa 5.
97 EU NÃO me canso de dizer. Compositor e intérprete: Martinho da Vila. *In:* BRASILATINIDADE. Rio de Janeiro: MZA Music, 2005. CD, faixa 12.

98 CORAÇÃO de malandro. Intérprete: Martinho da Vila. Compositores: Martinho da Vila e Gracia do Salgueiro. *In*: CORAÇÃO malandro. Rio de Janeiro: RCA Victor, 1987. Disco vinil, lado A, faixa 2.
99 NA OUTRA encarnação. Compositor e intérprete: Martinho da Vila. *In*: BATUQUE na cozinha. Rio de Janeiro: RCA Victor, 1972. Disco vinil, lado 1, faixa 3.
100 VOCÊ não passa de uma mulher. Compositor e intérprete: Martinho da Vila. *In*: MARAVILHA de cenário. Rio de Janeiro: RCA Victor, 1975. Disco vinil, lado 1, faixa 2.
101 COISA louca. Compositor e intérprete: Martinho da Vila. *In*: ROSA do povo. Rio de Janeiro: RCA Victor, 1976. Disco vinil, lado 2, faixa 1.
102 FETICHE. Intérprete: Martinho da Vila. Compositores: Claudio Jorge e Martinho da Vila. *In*: BRASILATINIDADE. Rio de Janeiro: MZA Music, 2005. CD, faixa 4.
103 VERDADE verdadeira. Compositor e intérprete: Martinho da Vila. *In*: MARAVILHA de cenário. Rio de Janeiro: RCA Victor, 1975. Disco vinil, lado 2, faixa 2.
104 EU VOCÊ, você eu. Compositor e intérprete: Martinho da Vila. *In*: CONEXÕES. Rio de Janeiro: MZA Music, 2003. CD, faixa 7.
105 MEU homem. Compositor e intérprete: Martinho da Vila. *In*: MARTINHO da vida. Rio de Janeiro: Discos CBS, 1990. Disco vinil, lado B, faixa 7.
106 ME AMA mô. Intérprete: Simone. Compositores: Martinho da Vila e Zé Catimba. *In*: SIMONE. Rio de Janeiro: Columbia Records, 1989. CD, faixa 5.
107 DANADINHO danado. Intérpretes: Martinho da Vila e Simone. *In*: DUETOS. Rio de Janeiro: MZA Music, 2014. CD, faixa 2.
108 AMANHÃ é sábado. Intérpretes: Roberta Sá e Martinho da Vila. [Compositor]: Rafael Rocha. *In*: DELÍRIO. Rio de Janeiro: Som Livre, 2015. CD, faixa 7.
109 DAR e receber. Intérprete: Adryana Ribeiro. Compositor: Martinho da Vila. *In*: ADRYANA RIBEIRO. Rio de Janeiro: Columbia Records, 1995. CD, faixa 13.
110 VOCÊ, eu e a orgia. Intérprete: Beth Carvalho. Compositores: Candeia e Martinho da Vila. *In*: DE PÉ no chão. Rio de Janeiro: RCA Victor, 1978. Disco vinil, lado B, faixa 1.
111 IAIÁ do cais dourado. Intérprete: Martinho da Vila. Compositores: Martinho da Vila e Rodolfo. *In*: MARTINHO da Vila. Rio de Janeiro: RCA Victor, 1969. Disco vinil, lado 1, faixa 4.
112 1800 colinas. Intérprete: Beth Carvalho. *In*: 2 EM 1: prá seu governo & canto por um novo dia. Rio de Janeiro: EMI, 2003. CD, faixa 2.
113 CAMARÃO que dorme a onda leva. Intérprete: Beth Carvalho. Compositores: Beto Sem Braço, Zeca Pagodinho e Arlindo Cruz. *In*: SUOR no rosto. Rio de Janeiro: RCA Victor, 1983. Disco vinil, lado A, faixa 6.
114 TRAÇO de união. Intérprete: Beth Carvalho. Compositores: João Bosco e Martinho da Vila. *In*: TRAÇO de união. Rio de Janeiro: RCA Victor, 1982. Disco vinil, lado B, faixa 1.
115 ENAMORADA do sambão. Intérprete: Beth Carvalho. Compositor: Martinho da Vila. *In*: PANDEIRO e viola. Rio de Janeiro: Tapecar, 1975. Disco vinil, lado B, faixa 1.
116 GRANDE amor. Intérprete: Clara Nunes. Compositor: Martinho da Vila. *In*: VOCÊ passa, eu acho graça. Rio de Janeiro: Odeon Records, 1968. Disco vinil, lado 2, faixa 3.

117 AMOR não é brinquedo. Intérprete: Martinho da Vila. Compositores: Candeia e Martinho da Vila. *In:* TENDINHA. Rio de Janeiro: RCA Victor, 1978. Disco vinil, lado B, faixa 1.

118 Ó, QUE BANZO, preta. Compositor e intérprete: Martinho da Vila. *In:* DO BRASIL e do mundo. Rio de Janeiro: MZA Music, 2007. CD, faixa 3.

119 PANDEIRO e cavaquinho. Intérprete: Martinho da Vila. Compositores: Alceu Maia e Martinho da Vila. *In:* MARTINHO da Vila. Rio de Janeiro: Columbia Records, 1992. CD, faixa 3.

120 O REI dos carnavais. Compositor e intérprete: Martinho da Vila. *In:* BANDEIRA da fé. Rio de Janeiro: Sony Music, 2018. CD, faixa 1.

121 DIZ que fui por aí. Intérprete: Zé Keti. Compositores: Zé Keti e Hortêncio Rocha. *In:* SUCESSOS de Zé Keti. Rio de Janeiro: Mocambo, 1968. Disco vinil, lado B, faixa 6.

122 CRESCI no morro. Compositor e intérprete: Martinho da Vila. *In:* MARAVILHA de cenário. Rio de Janeiro: RCA Victor, 1975. Disco vinil, lado 2, faixa 3.

123 SAMBA do trabalhador. Intérprete: Martinho da Vila. Compositor: Darcy da Mangueira. *In:* MARTINHO da Vila. Rio de Janeiro: Columbia Records, 1992. CD, faixa 1.

124 SE ALGUM dia. Compositor e intérprete: Martinho da Vila. *In:* MARAVILHA de cenário. Rio de Janeiro: RCA Victor, 1975. Disco vinil, lado 2, faixa 5.

125 PRO AMOR de Amsterdam. Intérprete: Martinho da Vila. Compositores: Rosinha de Valença e Martinho da Vila. *In:* CORAÇÃO malandro. Rio de Janeiro: RCA Victor, 1987. Disco vinil, lado B, faixa 4.

126 SINCRETISMO religioso. Compositor e intérprete: Martinho da Vila. *In:* COISAS de Deus. Rio de Janeiro: Columbia Records, 1997. CD, faixa 14.

127 NÃO TENHA medo, amigo. Compositor e intérprete: Martinho da Vila. *In:* ROSA do povo. Rio de Janeiro: RCA Victor, 1976. Disco vinil, lado 1, faixa 3.

128 MEU laiáraiá. Compositor e intérprete: Martinho da Vila. Rio de Janeiro: RCA Victor, 1970. Disco vinil.

129 MEMÓRIAS de um sargento de milícias. Intérprete: Martinho da Vila. Compositores: Martinho da Vila *et al.* Rio de Janeiro: RCA Records, 1971. Disco vinil.

130 BATUQUE na cozinha. Intérprete: Martinho da Vila. Compositores: Martinho da Vila *et al.* Rio de Janeiro: RCA Victor, 1972. Disco vinil.

131 TÁ DELÍCIA, tá gostoso. Intérprete: Martinho da Vila. Compositores: Martinho da Vila *et al.* Rio de Janeiro: Columbia Records, 1995. Disco vinil

132 VILA, M. **Kizombas, andanças e festanças**. Rio de Janeiro: L. Christiano, 1992.

133 VILA, M. **Joana e Joanes**: um romance fluminense. Rio de Janeiro: ZFM, 1999.

134 VILA, M. **2018**: um ano atípico. São Paulo: Kapulana, 2019.

135 VILA, M. **Barras, vilas & amores**. São Paulo: SESI-SP, 2015.

136 VILA, M. **Memórias póstumas de Tereza de Jesus**. Rio de Janeiro: Ciência Moderna, 2003.

137 VILA, M. **Contos sensuais e algo mais**. São Paulo: Patuá, 2022.

138 RIO: só vendo a vista. Intérprete: Martinho da Vila. Compositores: Martinho da Vila e Geraldo Carneiro. *In:* RIO: só vendo a vista. Rio de Janeiro: Sony Music, 2020. Álbum digital, faixa 3.

139 MODA da pinga. Intérprete: Inezita Barroso. Compositores: Ochelsis Laureano e Raul Torres. *In*: SELEÇÃO de ouro. Rio de Janeiro: SOM, 1977. Disco vinil, lado A, faixa 1.

140 VILA, M. **Ópera negra**. São Paulo: Global, 2001.

141 LINDA Madalena. Compositor e intérprete: Martinho da Vila. *In*: NOVAS palavras. Rio de Janeiro: RCA Victor, 1983. Disco vinil, lado A, faixa 6.

142 MELANCOLIA. Compositor e intérprete: Martinho da Vila. *In*: MEU laiáraiá. Rio de Janeiro: RCA Victor, 1970. Disco vinil, lado 1, faixa 4.

143 PENSANDO bem. Intérprete: Martinho da Vila. Compositores: João de Aquino e Martinho da Vila. *In*: VERSO e reverso. Rio de Janeiro: RCA Victor, 1982. Disco vinil, lado B, faixa 2.

144 MENINA de rua. Intérpretes: Martinho da Vila e Mart'nália. Compositores: Rildo Hora e Martinho da Vila. *In*: RIO: só vendo a vista. Rio de Janeiro: Sony Music, 2020. Álbum digital, faixa 9.

145 CAMAFEU. Compositor e intérprete: Martinho da Vila. *In*: MEMÓRIAS de um sargento de milícias. Rio de Janeiro: RCA Victor, 1971. Disco vinil, lado 1, faixa 3.

146 COCO da vida. Compositor e intérprete: Martinho da Vila. *In*: MARTINHO da vida. Rio de Janeiro: Discos CBS, 1990. Disco vinil, lado A, faixa 4.

147 A SERRA do Rola-Moça. Intérprete: Martinho da Vila. Compositor: Martinho da Vila/Poema de Mário de Andrade. *In*: CORAÇÃO malandro. Rio de Janeiro: RCA Victor, 1987. Disco vinil, lado B, faixa 5.

148 CRUZ e Souza, cria lambida. Compositor e intérprete: Martinho da Vila. *In*: LAMBENDO a cria. Rio de Janeiro: MZA Music, 2011. CD, faixa 16.

149 SALVE a mulatada brasileira. Intérprete: Martinho da Vila. *In*: MARAVILHA de cenário. Rio de Janeiro: RCA Victor, 1975.

150 JESUS, C. M. **Quarto de despejo**. São Paulo: Ática, 2019.

151 SÓ EM Maceió. Compositor e intérprete: Martinho da Vila. *In*: SENTIMENTOS. Rio de Janeiro: RCA Records, 1981. Disco vinil, lado A, faixa 6.

152 CORISCO. Intérprete: Nara Leão. Compositores: Sérgio Ricardo e Glauber Rocha. *In*: O CANTO livre de Nara. Rio de Janeiro: Philips, 1965. Disco vinil, lado 1, faixa 1.

153 PERSEGUIÇÃO. Intérprete: Sérgio Ricardo. Compositores: Sérgio Ricardo e Glauber Rocha. *In*: DEUS e o Diabo na terra do sol. São Paulo: Forma, 1963. Disco vinil, lado B, faixa 4.

154 CHICO rei. Intérprete: Martinho da Vila. Compositores: Geraldo Babão *et al*. *In*: SAMBA enredo. Rio de Janeiro: RCA Victor, 1980. Disco vinil, lado 2, faixa 1.

155 VASCOOO. Compositor e intérprete: Martinho da Vila. *In*: MARTINHO da Vila. Rio de Janeiro: Columbia Records, 1992. CD, faixa 13.

156 ORAÇÃO alegre. Intérpretes: Martinho da Vila e Carlinhos Brown. *In*: MISTURA homogênea. Rio de Janeiro: Sony Music, 2022. Álbum digital, faixa 7.

157 ERA de aquarius. Intérpretes: Martinho da Vila e Djonga. *In*: MISTURA homogênea. Rio de Janeiro: Sony Music, 2022. Álbum digital, faixa 9.

158 MISTURA homogênea. [Compositores e intérpretes]: Martinho da Vila *et al*. Rio de Janeiro: Sony Music, 2022. Álbum digital.

159 VIVA Martina. [Compositor e intérprete]: Martinho da Vila. *In*: MISTURA homogênea. Rio de Janeiro: Sony Music, 2022. Álbum digital, faixa 4.

160 BEIJA, me beija, me beija. Intérprete: Martinho da Vila. Compositores: Zé Catimba e Martinho da Vila. *In*: O CANTO das lavadeiras. Rio de Janeiro: CBS, 1989. Disco vinil, lado B, faixa 3.

161 EXU das sete. Intérpretes: Martinho da Vila e Preto Ferreira. *In*: NEGRA ópera. Rio de Janeiro: Sony Music, 2023. Álbum digital, faixa 4.

162 SALGUEIRO na avenida. Compositor e intérprete: Martinho da Vila. *In*: NOVAS palavras. Rio de Janeiro: RCA Victor, 1983. Disco vinil, lado B, faixa 1.

163 ANTONIO, João e Pedro. Compositor e intérprete: Martinho da Vila. *In*: ORIGENS (pelo telefone). Rio de Janeiro: RCA Victor, 1973. Disco vinil, lado 1, faixa 4.

164 POLÍGAMO fiel. Compositor e intérprete: Martinho da Vila. *In*: CRIAÇÕES e recriações. Rio de Janeiro: RCA Victor, 1985. Disco vinil, lado A, faixa 2.

165 POLEIRO de pato é no chão/Solteiro é melhor/Bacharel do samba. Intérprete: Nelson Gonçalves. *In*: BACHAREL do samba. São Paulo: BMG, 2002. CD, faixa 6.

166 GRANDE amor. Compositor e intérprete: Martinho da Vila. *In*: MARTINHO da Vila. São Paulo: RCA Victor, 1969. Disco vinil, lado 2, faixa 6.

167 JAGUATIRICA. Intérprete: Martinho da Vila. Compositores: Zé Catimba e Martinho da Vila. *In*: FESTA da raça. Rio de Janeiro: Discos CBS, 1988. Disco vinil, lado 1, faixa 3.

168 QUE PRETA, que nega. Compositor e intérprete: Martinho da Vila. *In*: CORAÇÃO malandro. Rio de Janeiro: RCA Victor, 1987. Disco vinil, lado A, faixa 1.

169 SAMBA dos passarinhos. Compositores e intérpretes: Moacyr Luz e Martinho da Vila. *In*: BATUCANDO. Rio de Janeiro: Biscoito Fino, 2009. CD, faixa 4.

170 PRETO Ferreira. Compositor e intérprete: Martinho da Vila. *In*: VOCÊ não me pega – musical infantil de Rilda Hora e Martinho da Vila. São Paulo: RGE, 1995. Disco vinil, lado A, faixa 1.

171 ALEGRIA, minha alegria! Intérpretes: Martinho da Vila e Criolo. Compositor: Martinho da Vila. *In*: DE BEM com a vida. Rio de Janeiro: Sony Music, 2016. CD, faixa 11.

172 MINHA PRETA, minha branca. Compositor e intérprete: Martinho da Vila. *In*: RIO: só vendo a vista. Rio de Janeiro: Sony Music, 2020. Álbum digital, faixa 4.

173 DAQUI, de lá e de acolá. Intérprete: Martinho da Vila. Compositores: Francis Hime, Olívia e Martinho da Vila. *In:* DE BEM com a vida. Rio de Janeiro: Sony Music, 2016. CD, faixa 8.

174 É CACHEADO. Compositor e intérprete: Martinho da Vila. *In*: PRESENTE. Rio de Janeiro: RCA Victor, 1977. Disco vinil, lado B, faixa 5.

175 GLÓRIAS gaúchas. Compositor e intérprete: Martinho da Vila. *In*: MARAVILHA de cenário. Rio de Janeiro: RCA Victor, 1975. Disco vinil, lado 2, faixa 6.

176 QUEM É do mar não enjoa. Compositor e intérprete: Martinho da Vila. *In*: MARTINHO da Vila. Rio de Janeiro: RCA Victor, 1969. Disco vinil, lado 2, faixa 1.

177 O PEQUENO burguês. Compositor e intérprete: Martinho da Vila. *In*: MARTINHO da Vila. Rio de Janeiro: RCA Victor, 1969. Disco vinil, lado 1, faixa 3.

178 PAREI na sua. Compositor e intérprete: Martinho da Vila. *In*: MARTINHO da Vila. Rio de Janeiro: RCA Victor, 1969. Disco vinil, lado 2, faixa 5.

179 CASA de bamba. Compositor e intérprete: Martinho da Vila. *In*: MARTINHO da Vila. Rio de Janeiro: RCA Victor, 1969. Disco vinil, lado 1, faixa 5.

180 LINHA do ão. Compositor e intérprete: Martinho da Vila. *In*: MEU laiáraiá. Rio de Janeiro: RCA Victor, 1970. Disco vinil, lado 2, faixa 4.

181 NA ABA. Intérprete: Martinho da Vila. Compositores: Nei Silva, Paulinho Correa e Trambique. *In*: MARTINHO da Vila Isabel. Rio de Janeiro: RCA Victor, 1984. Disco vinil, lado A, faixa 4.

182 É DOCE morrer no mar. Intérprete: Dorival Caymmi. *In*: CAYMMI e seu violão. [S.I.] Odeon, 1959. Disco vinil, lado A, faixa 4.

183 ETERNA paz. Intérprete: Martinho da Vila. Compositores: Martinho da Vila e Leonilda do Candeia. *In*: TERREIRO, sala e salão. Rio de Janeiro: RCA Victor, 1979. Disco vinil, lado A, faixa 5.

184 PASSADO de glória. Intérprete: Monarco. *In*: PIRAJÁ esquina carioca – a cozinha do samba. São Paulo: SESC-SP, 2021. CD, faixa 11.

185 TUDO, menos amor. Intérprete: Martinho da Vila. Compositores: Monarca e Walter Rosa. *In*: ORIGENS (pelo telefone). Rio de Janeiro: RCA Victor, 1973. Disco vinil, lado 1, faixa 5.

186 AMIGO Martinho. Intérpretes: Monarco e Juju Ferreirah. Compositor: Monarco. *In*: FELIZ da vila. Rio de Janeiro: MMT Produções musicais, 2013. Álbum digital, faixa 13.

187 MENINOS do Huambo. Intérprete: Ruy Mingas. [Compositores]: Manuel Rui e Ruy Mingas. *In*: MEMÓRIA. Angola: Maianga, 2011. CD, faixa 11.

188 À VOLTA da fogueira. Intérprete: Martinho da Vila. Compositores: Rui Mingas, Manoel Rui e Martinho da Vila. *In*: NOVAS palavras. Rio de Janeiro: RCA Victor, 1983. Disco vinil, lado B, faixa 2.

189 SALVE a mulatada brasileira. Compositor e intérprete: Martinho da Vila. *In*: MARAVILHA de cenário. Rio de Janeiro: RCA Victor, 1975. Disco vinil, lado 2, faixa 1.

190 O PEQUENO burguês. Compositor e intérprete: Martinho da Vila. *In*: MARTINHO da Vila. Rio de Janeiro: RCA Victor, 1969. Disco vinil, lado 1, faixa 3.

191 NOSSOS contrastes. Intérpretes: Martinho da Vila e Cidade Negra. Compositores: Nelson Sargento e Martinho da Vila. *In*: DO BRASIL e do mundo. Rio de Janeiro: MZA Music, 2007. CD, faixa 8.

192 MULATA faceira. Intérpretes: Martinho da Vila e Almir Guineto. Compositor: Martinho da Vila. *In*: TENDINHA. Rio de Janeiro: RCA Victor, 1978. Disco vinil, lado 1, faixa 3.

193 FARIA, T. **Escritos negros**: crítica e jornalismo literário. Rio de Janeiro: Malê, 2020.

194 SOUSA, A. G. T. **O filho do pescador**. Rio de Janeiro: Vermelho Marinho, 2020.

195 SONHAR não custa nada. Intérprete: Paulinho Mocidade. *In*: NOVO millenium – sambas de enredo II. Rio de Janeiro: Universal Music, 2006. CD, faixa 3.

196 PENSAMENTO que voa. Intérprete: Martinho da Vila. Compositores: Martinho da Vila e Nelson Rufino. *In*: VAI meu samba, vai! Rio de Janeiro: Columbia Records, 1991. Disco vinil, lado 2, faixa 6.

197 CARINHOSO. Intérprete: Orlando Silva. Compositores: Pixinguinha e João de Barro. *In*: Parlophon n. 12.877-B. Rio de Janeiro: RCA Victor, 1937. Disco vinil, lado A, faixa 1.

198 ERA de aquarius. Intérpretes: Martinho da Vila e Djonga. *In*: MISTURA homogênea. Rio de Janeiro: Sony Music, 2022. Álbum digital, faixa 9.

199 ALÔ, Noel. Intérprete: Martinho da Vila. Compositores: Martinho da Vila e Claudio Jorge. *In*: MARTINHO da Vila. Rio de Janeiro: Columbia Records, 1992. CD, faixa 12.

200 UM NOVO tempo. Intérpretes: Elenco da TV Globo. Compositores: Marcos Valle *et al*. *In*: TUDO a ver (Temas de abertura dos programas da Rede Globo). Rio de Janeiro: Som Livre, 2001. CD, faixa 24.

201 AXÉ pra todo mundo. Compositor e intérprete: Martinho da Vila. *In*: FESTA da raça. Rio de Janeiro: Discos CBS, 1988. Disco vinil, lado 2, faixa 6.

202 BOEMIA (La bohème). Intérprete: Martinho da Vila. Compositores: Jacques Plant e Charles Aznavour. Versão: Martinho da Vila. *In*: CONEXÕES. Rio de Janeiro: MZA Music, 2003. CD, faixa 11.

203 DENTRE centenas de mastros. Intérprete: Martinho da Vila. Compositores: Luciano Maia e Martinho da Vila. *In*: BRASILATINIDADE. Rio de Janeiro: MZA Music, 2005. CD, faixa 14.

204 NA BOCA da avenida. Intérprete: Martinho da Vila. *In*: ALÔ Vila Isabeeeel!!! Rio de Janeiro: Sony Music, 2018. CD, faixa 2.

205 CANTA, canta, minha gente! A vila é de Martinho! Intérprete: G.R.E.S. Unidos De Vila Isabel. Compositores: André Diniz *et al*. *In*: RIO Carnaval 2022. Rio de Janeiro: Universal Music, 2021. CD, faixa 8.

206 TÁ NA hora do Jair já ir embora. Intérpretes: Juliano Maderada e Tiago Doidão. Compositor: Tiago Doidão. [S. I.] Maderada Music, 2022. Single digital.

207 LULA lá. Intérprete: Esquerda Festiva. *In*: LULA presidente. [S. I.]: PT, 2022. Single digital.

208 SEMBA dos ancestrais. Intérprete: Martinho da Vila. Compositores: Rosinha de Valença e Martinho da Vila. *In*: CRIAÇÕES e recriações. Rio de Janeiro: RCA Victor, 1985. Disco vinil, lado B, faixa 6.

**Acreditamos
nos livros**

Este livro foi composto em Electra LT Std e
impresso pela Gráfica Santa Marta para a
Editora Planeta do Brasil em janeiro de 2024.